Movimentos Sociais e Serviço Social

uma relação necessária

Dados Internacionais de Catalogação na Publicação (CIP)
(Câmara Brasileira do Livro, SP, Brasil)

Movimentos sociais e serviço social : uma relação necessária / Maria Beatriz Abramides, Maria Lúcia Duriguetto, (orgs.). – São Paulo : Cortez, 2014.

Vários autores.
ISBN 978-85-249-2303-6

1. Assistência social – Brasil 2. Brasil – Política social 3. Luta de classes 4. Movimentos sociais 5. Serviço social – Brasil I. Abramides, Maria Beatriz. II. Duriguetto, Maria Lúcia.

14-10632 CDD-361.981

Índices para catálogo sistemático:

1. Brasil : Movimentos sociais : Serviço social : Problemas sociais 361.981

Maria Beatriz Abramides
Maria Lúcia Duriguetto (Orgs.)

Movimentos Sociais e Serviço Social

uma relação necessária

CORTEZ EDITORA

MOVIMENTOS SOCIAIS E SERVIÇO SOCIAL: uma relação necessária
Maria Beatriz Abramides e Maria Lúcia Duriguetto (Orgs.)

Capa: de Sign Arte Visual
Preparação de originais: Jaci Dantas de Oliveira
Revisão: Maria de Lourdes de Almeida
Composição: Linea Editora Ltda.
Assessoria editorial: Maria Liduína de Oliveira e Silva
Editora assistente: Priscila Flório Augusto
Coordenação editorial: Danilo A. Q. Morales

Obra em conformidade ao NOVO ACORDO da Língua Portuguesa

Direitos para esta edição
CORTEZ EDITORA
Rua Monte Alegre, 1074 – Perdizes
05014-001 – São Paulo – SP
Tel. (11) 3864 0111   Fax: (11) 3864 4290
E-mail: cortez@cortezeditora.com.br
www.cortezeditora.com.br

Impresso no Brasil – novembro de 2014

SONHO IMPOSSÍVEL

Letra e música: Joe Darion/Mitch Leigh
Versão: Chico Buarque de Hollanda e Ruy Guerra

Sonhar mas um sonho impossível
Lutar quando é fácil ceder
Vencer o inimigo invencível
Negar quando a regra é vender

Sofrer a tortura implacável
Romper a incabível prisão
Voar num limite improvável
Tocar o inacessível chão

É minha lei, é minha questão
Virar este mundo, cravar este chão
[...]

E o mundo vai ver uma flor
Brotar do impossível chão.

À assistente social, professora doutora Nobuko Kameyama pela trajetória histórica de lutas junto aos movimentos sociais e por seu compromisso e dedicação ao projeto ético-político profissional. Seu legado nos alimenta, anima e fortalece na perspectiva emancipatória.

Sumário

Apresentação

Esta coletânea vem contribuir com uma temática que é cara ao Projeto Ético-Político Profissional do Serviço Social Brasileiro. Compreendemos o compromisso com os interesses imediatos e históricos da classe trabalhadora, expresso na relação entre Movimentos Sociais e Serviço Social, como uma das objetivações centrais no processo de ruptura com o conservadorismo. Assim, reafirmar a relação entre Serviço Social e Movimentos Sociais é fortalecer o processo de renovação contínua da profissão, objetivo central desta coletânea.

A coletânea contempla 18 artigos escritos por intelectuais, pesquisadoras(es), militantes, assistentes sociais e outros profissionais. Encontra-se organizada em dois blocos: **Movimentos Sociais e Luta de classes na contemporaneidade** e **Movimentos Sociais e Serviço Social: produção de conhecimento, formação, intervenção e organização político-profissional**.

O primeiro bloco da coletânea apresenta artigos relacionados à história das lutas sociais desde a ditadura no Brasil até a atualidade. O surgimento da crise estrutural do capitalismo, no plano internacional, pós-1973, ocasionada pela crise de superprodução, pela queda tendencial da taxa de lucro imprime uma nova ofensiva do capital ao mundo do trabalho pela "acumulação flexível" com desemprego estrutural e desregulamentação das relações de trabalho. Na esfera do Estado, o neoliberalismo, pelas privatizações e contrarreformas que incidiram na quebra de direitos conquistados pelos trabalhadores.

Na esfera da cultura, houve uma investida ideopolítica da denominada "pós-modernidade" que nega: a existência das classes sociais, o trabalho em sua centralidade, o protagonismo do proletariado no processo histórico da revolução social. Nesse contexto, os(as) autores(as) analisam os desafios postos à classe trabalhadora para o seu projeto imediato e emancipatório a partir das contradições antagônicas da relação capital — trabalho e das diferentes concepções político-organizativas existentes no interior da classe trabalhadora.

Abrindo a coletânea, Valerio Arcary trata de duas teses sobre a situação internacional do capitalismo em suas sucessivas crises até 2008, e seu aprofundamento com rebatimentos sobre a classe trabalhadora. Explicita os desafios postos ao marxismo revolucionário a partir das determinações históricas fundadas no processo internacional de restauração do capitalismo, pós-1989, com a destruição das conquistas de direitos sociais dos trabalhadores. Retrata a prevalência do projeto reformista no interior do proletariado, bem como a programática dos governos latino-americanos que foram apoiados por setores populares e representam o projeto do capital. Denuncia a guerra civil na Síria, desde 2012, e a guerra genocida de Israel contra Gaza em 2014. No processo das lutas de classe, apresenta as inúmeras greves desde 2008, bem como a explosão de mobilizações de rua, no plano internacional e no Brasil, em que se evidenciam tendências mais moderadas e revolucionárias na luta contra o capitalismo e suas medidas destrutivas. Reafirma, ainda, o protagonismo histórico da classe e da necessidade de sua entrada em cena com mobilização revolucionária.

Mauro Iasi analisa as mobilizações explosivas de massas no país a partir de junho de 2013, que se iniciaram pela redução da tarifa de ônibus e se expandiram para outras reivindicações como: saúde, educação, habitação, contra os gastos com as obras da Copa do Mundo em 2014, contra a violência da polícia e pelo fim da criminalização dos movimentos sociais. Explicita as tensões existentes no interior do movimento e as táticas empreendidas pelos *black-blocs*, pelos setores da esquerda marxista e dos setores sociais estadistas cooptados a partir de 2003, com o governo Lula. Identifica o processo de "transformismo" do Partido dos Trabalhadores (PT), que se amoldou aos limites da ordem burguesa. Para o autor, o "apassivamento" de determinados setores sociais não significa ausência de lutas. Para ilustrar isso, destaca que em 2013 e 2014, houve um aumento significativo de greves no país (garis, rodoviários, construção civil, professores do ensino público federal e estadual, trabalhadores em serviço público, metroviários, entre outros) que explicitam a luta de resistência à exploração do capital e à dominação de classe do Estado.

Sâmbara Ribeiro trata da chamada quadra "pós-moderna" na ofensiva do capitalismo, em sua fase contemporânea, como expressão de uma perspectiva ideológica ao centrar sua análise nos elementos teóricos, ideopolíticos e culturais implícitos no projeto de hegemonia do capital de negação das teorias macroestruturais de análise da realidade, da interpretação da vida social de forma acrítica, dispersa, caótica e episódica que se configuram como elementos de alienação nos marcos do irracionalismo. A concepção dos "novos movimentos sociais" articula-se às teorias pós-modernas ao considerar: os questionamentos à existência das classes sociais, a negação dos partidos classistas, o fim da centralidade do trabalho, a negação do protagonismo do proletariado no processo histórico de transformação social. A autora afirma a necessidade de se reconhecer e se pensar teoricamente nas novas organizações, não nos limites do capital, mas ancoradas na perspectiva classista emancipatória.

Rosângela Batistoni recupera a trajetória autônoma da Organização Sindical Metalúrgica de São Paulo (OSM-SP) no movimento operário de 1964 até 1987. Analisa sua atuação nas grandes greves do operariado metalúrgico da capital paulista (1978/79) e suas formas de organização desde a base, por meio das comissões de fábrica, organização de seus congressos, na luta pela conquista do sindicato e formulação de um programa operário de sindicalismo livre, combativo, de massa, de auto-organização na direção do socialismo. O sindicato metalúrgico de São Paulo era o maior da América Latina e tinha a direção de uma diretoria vinculada ao patronato e se colocava à revelia do movimento grevista que se encontrava em curso. Em 1968, a partir do AI n. 5, amplia-se a repressão e violência policial e militar de um regime fascista em que os operários metalúrgicos Olavo Hansen e Luís Hirata são assassinados. O operário Santo Dias da Silva também é assassinado em 30/10/1979, no segundo dia de greve. Em um de seus congressos, a OSM, em 1984, passa a se autodenominar movimento, o MOSM-SP. A OSM teve um papel decisivo na organização do sindicalismo classista que culmina com a fundação da CUT em 1983. Uma de suas encruzilhadas é fruto dos retrocessos da CUT que inviabilizam a participação das oposições sindicais. Em 1997, foi criado o Projeto de recuperação da memória da combativa OSM.

Marcelo Badaró retrata o desafio da organização sindical no Brasil. Recupera a trajetória histórica do sindicalismo classista, de luta dos anos 1980; o processo de acomodação sindical dos anos 1990, com a evidência de um sindicalismo de cooptação a partir do governo Lula, e apresenta os desafios atuais, a partir de 2013, com um novo ciclo das lutas sociais no país com mobilizações massivas e greves que são amplamente analisadas. Os anos 1980 são lembrados pelas greves operárias no ABC paulista e pela greve geral em 1989. Os anos 1990 são marcados pela ofensiva do capital com a retirada de direitos; a classe se coloca em uma ação sindical institucionalizada em câmaras setoriais, notadamente no governo FHC. A partir de 2003, no governo Lula, os setores hegemônicos da CUT quebram sua autonomia sindical na perspectiva estadista. Indica questões relacionadas à necessidade de reorganização da classe que não aconteceu em 2010, entre Intersindical e Conlutas. Por fim, o autor defende e analisa a necessidade desta unificação para a perspectiva classista.

Cristina Bezerra debate as lutas e desafios políticos e organizativos dos trabalhadores rurais sem terra, o MST, a partir da hegemonia do grande capital internacional, de financeirização da economia que incide na propriedade da terra, da produção e dos bens agrícolas. O processo de centralização do capital na agricultura se estabelece pelas grandes corporações financeiras internacionais, sobretudo os bancos na lógica do "agronegócio", que destroem a natureza e o trabalho humano. Em resistência ao agronegócio, a autora destaca que os trabalhadores rurais se organizam no MST, no Movimento dos Atingidos por Barragens (MAB) e no Movimento dos Pequenos Agricultores (MPA). Esses movimentos compõem a Via Campesina e com outros movimentos latino-americanos fortalecem a luta de politização e formação da consciência de classe para a emancipação política e humana.

Tatiana Dhamer Pereira trata dos desafios postos aos Movimentos Sociais Urbanos considerando as ofensivas do capital de cooptação e criminalização na quadra histórica contemporânea. Refere-se à questão urbana desde a sociedade feudal e apresenta as novas contradições urbano-industriais com o desenvolvimento do capitalismo ao impor extensa jornada de trabalho e precárias condições de moradia. Expõe as diferentes correntes teóricas na temática e enfatiza a marxista no horizonte da emancipação humana. Revela as lutas sociais urbanas nos períodos ditatorial, de redemocratização, pós-implantação do neoliberalismo que destrói direitos sociais conquistados, com ênfase no período a partir do governo Lula, em que se aprofundam as contradições postas aos movimentos sociais urbanos, base de apoio eleitoral ao projeto democrático popular do PT que incorporam, em sua grande parte, a lógica das "reformas possíveis". A autora defende novas rearticulações combativas nas lutas sociais para a luta classista.

Encerrando a primeira parte da coletânea, Mirla Cisne e Silvana Mara dos Santos apresentam os movimentos relativos às lutas feministas e de liberdade de orientação e expressão sexual no enfrentamento ao conservadorismo e pelo reconhecimento da liberdade e diversidade humanas na perspectiva classista e emancipatória. Destacam que a exploração e opressão sobre as mulheres e o regime da heterossexualidade (compreendido para além da orientação sexual, mas, fundamentalmente, como uma ideologia de naturalização dos sexos) são determinados por um único sistema: o patriarcado. Esse sistema determina a desigualdade entre os sexos, consolida a propriedade privada, a família monogâmica e a divisão sexual do trabalho.

As autoras recuperam a origem e o desenvolvimento de movimentos feministas e pela liberdade sexual na concepção classista, respectivamente: Articulação de Mulheres Brasileiras (AMB) e a Marcha Mundial de Mulheres (MMM); a Associação Brasileira de Gays, Lésbicas e Transgêneros (ABGLT) e a Liga Brasileira de Lésbicas (LBL). As autoras chamam a atenção para que o Serviço Social conheça as lutas contra a violação de direitos e a exploração e opressão a esses segmentos na necessária defesa da diversidade humana, de seus direitos imediatos e na luta por um projeto emancipatório.

Os artigos que compõem a segunda parte da nossa coletânea tratam de tematizar, em desafios e perspectivas, as mediações que conectam a profissão às organizações, movimentos e lutas sociais por intermédio da produção do conhecimento, formação, intervenção e organização política profissional.

No artigo de Maria Lúcia Duriguetto, são retomados os elementos constitutivos da restauração capitalista (padrão de acumulação flexível e as contrarreformas estatais no campo das políticas sociais), materializados na realidade nacional a partir dos anos 1990, e seus impactos no campo das lutas sociais. É nesse contexto que a autora reflete acerca dos desafios e prospectivas da relação do Serviço Social com as lutas, movimentos e organizações dos trabalhadores. Apresenta o estado da arte dessa relação na produção de conhecimento da área e os termos do debate, acumulados pela profissão pós-anos 1980, que tratam de horizontes de possibilidade para o desenvolvimento de uma articulação da intervenção profissional nos processos de mobilização e organização popular.

Josefa Lopes, Marina Maciel Abreu e Franci Gomes Cardoso abordam os conteúdos que conformam a função pedagógica da intervenção profissional, destacando a práxis e o princípio educativo, referenciados nos construtos teóricos gramscianos, como fundamentos dessa intervenção. É com este norte analítico, que são problematizadas as mediações da relação profissional com as lutas sociais, em que a função pedagógica é tensionada pelas estratégias de controle social e pela sua relação com os projetos societários das classes subalternas, fonte de vitalização de uma pedagogia emancipatória. Um dos caminhos reivindicados para o fortalecimento dessa pedagogia emancipatória e de resistência é o investimento profissional nas instituições de organização política da categoria no estabelecimento de vínculos com partidos, movimentos e organizações que permanecem na resistência contra o capital.

Amanda Guazzelli e Ana Lívia Adriano trazem reflexões da dimensão ideopolítica do Serviço Social em articulação com as categorias que conformam a vida cotidiana. Localizam, no campo das organizações e lutas dos trabalhadores, a possibilidade da construção de um cotidiano emancipador. Esse campo adquire, assim, considerável relevância nos processos de construção de alternativas e resistências às relações e ações alienantes da vida cotidiana sob o jugo do capital. É na sintonia com este cotidiano de resistências e lutas que a direção contida no projeto ético-político pode constituir-se como vivência e resistência crítica à singularidade alienada formada na cotidianidade do mundo capitalista.

A organização sindical dos trabalhadores e da categoria profissional é retomada historicamente no artigo de Maria Beatriz C. Abramides. A autora particulariza as condições objetivas e subjetivas que possibilitaram avançar na superação da organização sindical por categoria profissional para o da organização por ramo de atividade econômica, associada à inserção das(os) assistentes sociais na divisão sociotécnica do trabalho. É apresentado, como desafio, que a organização sindical por ramos de atividade econômica (na esfera da produção e da reprodução social) deva incluir todos os segmentos dos trabalhadores, independente das formas de uso, contratação e dispensa de sua força de trabalho. Com esta apreensão, ratifica-se a defesa da organização sindical do conjunto dos trabalhadores por ramos de atividade econômica, condição necessária para o fortalecimento de suas resistências e lutas.

Dois artigos abordam a questão urbana e agrária em suas determinações econômicas e políticas de funcionalidade à reprodução da ordem do capital. O artigo de Eblin Farage expõe os fenômenos constitutivos do espaço urbano e da constituição das cidades, orientados pela segregação sócio-espacial, econômica e cultural. Em ofensiva a essa lógica segregativa, eclodem os movimentos sociais urbanos que inscrevem suas lutas à dimensão classista ou institucional (que aqui podem estar clivados pela colaboração e/ou pela cooptação). Defende-se a necessidade de avanços na organização coletiva e autônoma dos trabalhadores e da necessária articulação do Serviço Social com o campo das lutas urbanas — tanto nos espaços autônomos de organização dos trabalhadores como em espaços institucionais — condição para ir além dos limites das políticas públicas e sociais.

Raquel Sant'Ana tece os fios críticos do atual projeto de desenvolvimento agrário, que mantém a concentração de terra e que transforma a reforma agrária em política compensatória. O beneficiário da reforma agrária passa a ser usuário dos programas sociais destinados àqueles que não possuem renda, ou seja, demandatários da política de assistência social. A partir desses elementos, a autora apresenta desafios e horizontes de intervenção do assistente social em assentamentos rurais, como a precarização dos contratos de trabalho e a necessária interlocução da profissão com saberes e com as lutas estabelecidas pelos segmentos profissionais e os movimentos sociais. Essa relação é condição para que não restrinja sua intervenção nas políticas sociais, projetos institucionais e a imediaticidade posta pelo cotidiano profissional.

O artigo de Katia Iris Marro traz-nos reflexões acerca da relação do Serviço Social com os movimentos sociais a partir de um trabalho de extensão universitária realizado junto ao Movimento dos Trabalhadores Rurais Sem-Terra. A autora elucida que as práticas extensionistas junto aos movimentos e lutas sociais contribuem para a formação profissional na perspectiva da direção social do projeto ético-político, para a função social da universidade pública e para a própria qualificação dos processos de organização das classes subalternas. Afirma a importância da relação do Serviço Social com as lutas das classes subalternas por esta representar, entre outros ganhos, uma possibilidade da profissão processar criticamente sua função na reprodução das relações sociais, nos conflitos de classe e para pautar a produção de conhecimento em sintonia com a agenda de luta e reivindicação desses sujeitos.

Roseli Rocha apresenta os resultados de sua pesquisa sobre a inserção da questão étnico-racial na formação profissional e sua relação com a construção de uma educação antirracista. A autora desenvolve vários aspectos da importância da discussão deste tema na formação, como, por exemplo: o necessário conhecimento dos sujeitos sociais que são historicamente discriminados; quem mais demanda a intervenção profissional e sobre quem mais são dirigidas as políticas repressivas estatais. Esse conhecimento contribui para desocultar as resistências individuais e coletivas que esses sujeitos acionam. Segundo Roseli, o projeto profissional, ao ter como direção política a construção de uma nova sociabilidade, está em consonância com as lutas históricas da população negra. Todavia, permanece um hiato entre as conquistas legais da profissão no que se refere à incorporação do tema étnico-racial e a sua consolidação na realidade concreta dos processos de formação e de intervenção profissional.

Este convite ao mergulho no conhecimento dos sujeitos com os quais trabalhamos também é feito nas linhas tecidas por Juliana Abramides, que aqui nos revela o mundo dos quilombolas no Estado do Pará. A autora demonstra que a investigação do cotidiano, das práticas culturais e artísticas, da experiência, dos saberes e das resistências são elementos fundamentais para pensar estratégias do trabalho profissional na direção da sua dimensão ético-política. Discorre que as músicas e danças como a capoeira, o samba, as festas de rua e as rodas de batuque são afirmações do universo cultural africano que se contrapõem às diversas formas de opressão e exploração a que têm sido submetidos negros, afrodescendentes e trabalhadores. Juliana nos convida a desvelar e a tornar visível a memória e as representações dos povos escravizados que foram e são ocultas e reprimidas.

Esta Coletânea é finalizada com um artigo que trata das experiências de articulação desenvolvidas, pós-anos 1990, entre formação profissional — ensino, pesquisa e extensão — e as organizações, movimentos e lutas sociais em três universidades da Argentina, a partir dos anos 1990. Carolina Mamblona, Silvia Mansilla e Andrea Oliva apresentam-nos relatos de experiências dessa articulação por meio das particularidades dos processos de formação profissional e de constituição dos movimentos sociais nas realidades em que estão inseridas, especialmente sindicatos, fábricas recuperadas, organizações de desempregados e movimentos de bairro. Afirmam que a articulação da profissão com as organizações populares deve ser desenvolvida nos diferentes espaços sócio-ocupacionais, nos quais o profissional deve visibilizar suas lutas e necessidades, indo além dos atendimentos individuais e familiares. As autoras reconhecem a inexistência de estudos sistemáticos do trabalho social com o mundo das lutas na Argentina e pretendem contribuir com esse debate com o Serviço Social brasileiro.

Um fio reflexivo e propositivo é tecido nas várias mãos presentes nesta Coletânea, que alinham rigor analítico e engajamento militante: o necessário conhecimento e investimento teórico e prático-político no mundo das lutas, movimentos e organizações dos trabalhadores. É neste mundo que criaremos cotidianos *cheios de sentido*!

Agradecemos aos(às) autores(as), às colaboradoras do prefácio, orelha e quarta página, à assessora da editoria da área de Serviço Social e à Cortez a pronta acolhida e a adesão ao nosso projeto.

Maria Beatriz Costa Abramides
Maria Lúcia Duriguetto
São Paulo e Juiz de Fora, agosto de 2014

Prefácio

O livro *Movimentos Sociais e Serviço Social*: uma relação necessária repõe no âmbito do Serviço Social uma temática que desde os finais da década de 1970 mantém uma relação que se poderia considerar orgânica com a renovação teórica, ética e política do Serviço Social brasileiro. As Organizadoras — Bia Abramides e Malu Duriguetto, como são carinhosamente chamadas — nos brindam com 18 capítulos, divididos em duas partes: 1) *Movimentos sociais e luta de classes na contemporaneidade*; e 2) *Movimentos sociais e serviço social*: *produção de conhecimento, formação, intervenção e organização político-profissional*.

Participam da coletânea destacados(as) intelectuais da esquerda marxista que expõem cenários, tendências, hipóteses e questões da maior relevância para o debate contemporâneo sobre os movimentos sociais tradicionais e emergentes, além da relação entre o Serviço Social e os diversos movimentos, práticas e lutas sociais no Brasil e na Argentina.

No conjunto, o livro preserva um fio condutor, a crise, o processo de restauração capitalista e as inflexões nos movimentos sociais e na luta de classes. Na síntese de Arcary, "a superação da crise atual não só não é impossível, é até provável. Mas quando acontecerá vai depender do curso da luta de classes". Hipótese que requer a análise da correlação de forças entre as classes sociais; no caso brasileiro, segundo Iasi, uma das mediações daquela correlação localiza-se no fato de que "As classes dominantes no Brasil demonstram historicamente a incrível capacidade de antecipar as mudanças conservadoras e os acertos dentro da ordem, para evitar que a eclosão da luta dos trabalhadores possa se tornar uma alternativa real de poder e ameace sua ordem de dominação". Ainda o mesmo Iasi, encetando uma análise da direção política e das características das "jornadas de junho" no Brasil, em 2013, aponta outras mediações dos processos de dominação: os aparelhos de coerção e a ação dos aparelhos privados de hegemonia (meios de comunicação, instituições da sociedade civil burguesa, aparelhos ideológicos e organizações culturais) que desenvolvem pedagogias e estratégias para tornar subjetiva a objetividade da ordem burguesa.

Sobre a relação entre os Movimentos Sociais e o Serviço Social no Brasil, predominante nos ensaios da Parte II, identificamos como eixo das sistematizações e debates as relações entre as iniciativas restauradoras do capital e do Estado, a partir dos anos 1990 do século passado, e as mudanças na direção das práticas sindicais, partidárias e de alguns movimentos sociais. Igualmente, atravessam todos os textos os desafios do denominado projeto ético-político do Serviço Social e as mediações da prática político-organizativa (profissional e acadêmica) dos assistentes sociais, estudantes e docentes da área do Serviço Social, "particularmente as que se relacionam com a construção do projeto ético-político do Serviço Social", tese que compartilho.

Três ensaios despertaram nossa especial atenção: os de Lopes, abreu & Cardoso, o de Duriguetto e o de Beatriz Abramides. É instigante o ensaio de Lopes et al. quando aborda a função pedagógica do Serviço Social em relação à dimensão interventiva da profissão e ao lugar "da organização política profissional como mediadora na formação do sujeito coletivo, articulador autônomo frente ao mercado de trabalho na relação profissional com as lutas sociais, sob a orientação do projeto histórico de emancipação da classe trabalhadora e de toda a humanidade".

Igualmente, dois argumentos de Duriguetto são provocativos: o da subtração da dimensão intelectual da profissão e a defesa de que "uma das possibilidades para o enfrentamento dessa subtração da dimensão intelectual é o fomento de intervenções profissionais nos processos de mobilização e organização popular — que compõem um dos elementos da dimensão ideopolítica da ação profissional"; o outro, de que existe um processo contraditório, posto que, no mesmo período em que se consolida o projeto ético-político, ocorre a retração da relação entre o Serviço Social e os movimentos sociais. Referindo-se aos aportes constitutivos do projeto ético-político, afirma que eles "implicam no vínculo político e profissional com as lutas das classes subalternas".

O texto de Bia Abramides também estimula reflexões, especialmente quando enfoca o percurso histórico da organização sindical dos assistentes sociais, ressaltando o posicionamento de vanguarda da categoria nos anos 1980 do século XX — a organização por ramo de atividade/produção — que a Autora defende, sem deixar de reconhecer as contradições (em processo) dessa transição, na qual a consolidação de novas racionalidades ainda não permitiu "que o velho morresse e o radicalmente novo nascesse", como reflete Gramsci na sua teoria da transição.

Dentre essas contradições em processo, ainda que não aprofundadas, destaca Abramides o peso político-organizativo — embora não sindical e partidário — de entidades como o Conjunto CFESS/CRESS e ABEPSS, ambas com profundo enraizamento na categoria, mesmo tendo naturezas jurídicas distintas: a primeira, uma autarquia; a segunda, uma associação autônoma de unidades de ensino e pesquisadores. Afirma ela que, a despeito dessas distintas naturezas e finalidades, "o CFESS e a ABEPSS têm uma concepção e ação articuladas às lutas dos trabalhadores, e nesse sentido têm se colocado firmemente contra a ofensiva do capital, contra o neoliberalismo e na defesa dos direitos sociais historicamente conquistados, bem como apoiado e se solidarizado ativamente com os movimentos sociais, contrapondo-se à sua criminalização e à repressão às lutas sociais pela polícia militar, sob a anuência do Estado burguês de dominação.

Esta afirmação, longe de uma mera constatação, segundo meu ponto de vista, evidencia um dos meios diretos ou mediatos através dos quais se dá relação da profissão com os movimentos e lutas sociais, particularmente na conjuntura vigente nessa quadra histórica, tão bem descrita neste livro.

Sob meu ponto de vista, a relação entre os Movimentos Sociais e o Serviço Social não é apenas necessária; ela foi e é determinante da construção do que hoje denominamos como projeto ético-político profissional. Embora esta nominação surja nos anos 1990, sua constituição remonta aos finais dos anos 1970 do século passado, quando se inicia um movimento político, teórico e acadêmico-profissional de ruptura com o conservadorismo no Serviço Social. Sua referência temporal é o III Congresso Brasileiro de Assistentes Sociais, realizado em São Paulo, em 1979, ocasião em que uma parcela significativa da categoria profissional declara publicamente sua articulação com os interesses, necessidades e projetos da classe trabalhadora.

Desde então, a mediação dos movimentos sociais foi definitiva para o projeto profissional do Serviço Social brasileiro, que inaugura uma tendência radicalmente nova na profissão ao superar sua função pedagógica tradicional em favor da construção de uma cultura (no sentido gramsciano) emancipatória das classes subalternas. Segundo Lopes, Abreu e Cardoso, em capítulo publicado nesta coletânea, "através do exercício desta função, a profissão inscreve-se no campo das atividades formadoras da cultura, constituindo-se como elemento integrante da dimensão político-ideológica das relações de hegemonia, base em que gesta e desenvolve a própria cultura profissional".

Este processo, ao longo dos últimos 35 anos, deu direção teórica, ético-política e operativa à formação e ao exercício profissionais, com reflexos significativos na pesquisa, na pós-graduação e na produção intelectual do Serviço Social. Foi fortalecido pelo movimento político-organizativo da profissão e por inúmeras iniciativas no campo acadêmico e profissional, incidindo diretamente na formação de uma cultura profissional que prima pela criticidade e resistência em face dos rumos e conjunturas da sociedade brasileira.

Partimos da constatação de que o Serviço Social brasileiro vive, processualmente, metamorfoses/alterações que se relacionam mediata ou imediatamente com os rumos da realidade, razão do surgimento de novos espaços ocupacionais e de competências profissionais que convivem com os tradicionais, revelando significativas alterações no mercado de trabalho, nas demandas e nos conteúdos das ações dos assistentes sociais.

Ouso afirmar não ter havido um afastamento político do Serviço Social em relação às pautas dos movimentos sociais e das lutas mais gerais da sociedade. Ocorreu sim, em alguns setores, uma retração dos movimentos sindical e social, mas também houve uma ampliação e transversalidade das lutas sociais nos movimentos emergentes. Segundo Sambara Ribeiro, em ensaio ora publicado, "incorporar a diversidade humana no enfrentamento das opressões sociais não significa suprimir a compreensão da realidade social pautada nas contradições da totalidade histórica. Implica, sobretudo, alargar o conhecimento na perspectiva de apreensão da essência do ser social em sua materialidade".

Ora, se mudanças objetivas afetaram tanto a composição como a dimensão e as estratégias dos históricos movimentos sociais, também podemos especular se houve uma mudança nos meios e formas de relação da profissão com os movimentos sociais.

Defendo que o estatuto intelectual do Serviço Social brasileiro é algo inconteste, como demonstram a qualidade da sua produção bibliográfica, as pesquisas desenvolvidas, bem como as escolhas que orientam a formação profissional em nível de graduação e pós-graduação. Pondero que o avanço teórico-político da profissão, explicitamente herdeiro do pensamento social crítico, de inspiração marxiana, na atual conjuntura responde pela possibilidade de interlocução com outras áreas do saber e do conhecimento, com os objetos das lutas sociais e com a instrumentalização de pautas reivindicatórias, através de análises teóricas e de conjuntura e de formulação de propostas e políticas que lhe permite exercitar o seu papel intelectual na construção de alternativas coletivas, para além da intervenção e da execução de políticas sociais.

Mesmo sem os subsídios de um levantamento quantitativo (Mota, 2013), é notória a interlocução e a incorporação da bibliografia produzida pelos intelectuais da área do Serviço Social nas produções (mais à esquerda) das Ciências Humanas e Sociais no Brasil, assim como a formação de quadros intelectuais que migram de outras áreas para a do Serviço Social, em busca do pensamento crítico.

A estes, acrescenta-se a abertura do mercado editorial às produções de assistentes sociais, inclusive de editoras vinculadas ao movimento social, como é o caso da Expressão Popular. Ademais, verifica-se a incorporação de quadros docentes e intelectuais do Serviço Social como formadores de massa crítica no âmbito dos movimentos sociais, populares e sindicais, como revelam o caso do ANDES, de outras associações docentes como a APROPUC, dos quadros intelectuais de partidos políticos, das parcerias intelectuais, profissionais e acadêmicas com o MST a partir da criação dos PRONERA, da participação no movimento de mulheres e no LGBT (Lésbicas, Bissexuais, Travestis e Transgênero), inclusive como formuladores referenciados pelas bases, da participação na Universidade Popular dos Movimentos Sociais (Escola Florestan Fernandes), além da Frente Nacional contra a Privatização da Saúde, da Frente Nacional de Drogas e Direitos Humanos, do tráfico de pessoas e do Fórum da Reforma Urbana, dentre outros. Isso sem falar no peso intelectual dos profissionais do Serviço Social na participação direta e/ou na instrumentalização política dos participantes de conferências municipais, estaduais e nacionais, ligados aos movimentos organizados de diversas áreas.

Este movimento aqui identificado, na minha perspectiva, revela uma ampliação do âmbito da atuação da profissão, desta feita através de uma ativa participação na formação de uma massa crítica no campo da esquerda, cujas dimensões teórica, ideopolítica e intelectual são responsáveis por um acervo de conhecimentos críticos e práticas que, ante o espraiamento do pensamento pós-moderno no âmbito das ciências sociais e das "cooptações" operadas pela estatização de parte dos movimentos sindicais e sociais, apresenta-se como um vasto campo de resistência teórico-político e ideológico.

Sob o influxo do projeto ético político profissional, o Serviço Social ampliou sua função intelectual, sendo tributária da formação de uma cultura que se contrapõe à hegemonia dominante, protagonizada pela esquerda marxista e pelos movimentos anticapitalistas e revolucionários no Brasil. E o faz sem perder a relação de unidade com o exercício profissional, mas expondo o protagonismo intelectual do Serviço Social.

Por isso, caberia indagar se a relação entre o Serviço Social e os tradicionais movimentos sociais e os sindicatos rurais e urbanos não se teria tornado menos executiva e mais no campo da assessoria, da formação política, da montagem de cenários e discussão de estratégias. Note-se que ocorre até mesmo a ampliação de quadros profissionais em movimentos emergentes no campo sociojurídico, socioambiental, urbano, da discriminação sexual, racial e de mulheres, dentre outros.

Essas questões me levaram a trabalhar a hipótese de que o Serviço Social brasileiro adensa a sua intervenção na realidade e redesenha a sua relação com os movimentos sociais através da construção de uma cultura intelectual de cariz teórico-metodológico crítico, redefinindo, inclusive, a representação da profissão, até então caracterizada, prioritariamente, pelo exercício profissional, no qual a dimensão interventiva tinha primazia sobre o estatuto intelectual e teórico da profissão.

Ressalto, ainda, outra mediação da relação entre os Movimentos Sociais, o Serviço Social e o projeto ético-político profissional: a possibilidade de estarmos diante uma nova composição do coletivo profissional dos assistentes sociais brasileiros (a exemplo do que ocorre com o perfil da classe operária no Brasil) mediada pela existência de uma socialidade profissional até então desconhecida na categoria, resultado da massificação do ensino superior. Inegavelmente, existe um processo de renovação de quadros profissionais no Serviço Social brasileiro. Trata-se de um segmento jovem que vivencia a instabilidade do primeiro emprego e a desproteção social do trabalho; ocupa postos de trabalho precarizados e, possivelmente, encontra-se mais permeável à ofensiva tecnicista, pragmática, anti-intelectual e alienante, derivada do complexo contexto da formação profissional à distância, da interiorização do exercício profissional (afastada dos centros urbanos que vivem em ebulição política permanente) e das pedagogias e metodologias de ações institucionais municipais.

É nesse contexto que problematizo a relação do Serviço Social com os movimentos sociais, reafirmando que houve uma mudança nos meios e formas de relação da profissão com as lutas e os movimentos sociais no Brasil dos anos 2000, mas não um afastamento das bandeiras e pautas de luta das classes trabalhadoras e subalternas, reiterando a direção social estratégica que marcam os princípios dos nossos códigos de ética, os conteúdos e abordagens das diretrizes curriculares e o protagonismo político da esquerda marxista do Serviço Social. Encerro agradecendo a confiança das organizadoras pelo convite para prefaciar o livro e deixo aqui um convite ao debate que esta coletânea nos estimula a fazer.

Recife, agosto, 2014

Ana Elizabete Mota

PARTE I

Movimentos sociais e luta de classes na contemporaneidade

1

Duas teses sobre a situação internacional

Valerio Arcary*

> Se a produção capitalista gera um mercado suficiente para si, a acumulação capitalista (considerada objetivamente) é um processo ilimitado. Se a produção pode sobreviver, continuar a crescer sem obstáculos, isto é, se pode desenvolver as forças produtivas ilimitadamente, [...] desmorona um dos mais fortes pilares do socialismo de Marx. [...] Mas [...] o sistema capitalista é economicamente insustentável. [...] Se, no entanto, aceitarmos com os "especialistas" o caráter econômico ilimitado da acumulação capitalista, o socialismo perde o piso granítico da necessidade histórica objetiva. Ficamos perdidos nas nebulosidades dos sistemas pré-marxistas que queriam deduzir o socialismo somente da injustiça e maldade do mundo e da decisão revolucionária das classes trabalhadoras.[1]
>
> — Rosa Luxemburgo

* Doutor em História Social pela PUC-SP; professor do Instituto Federal de São Paulo.

1. Luxemburgo, Rosa. El problema en discusión. In: ______. La acumulación de capital, *Cuadernos de Pasado y Presente*, México, n. 51, p. 31, 1980. Este ensaio é também conhecido como a Anticrítica.

Primeira tese: a vitória de revoluções sociais anticapitalistas no século XX transformou-se em derrota com a restauração capitalista, mas não inverteu o signo da época histórica

A última crise do capitalismo aberta em 2007/2008 foi mais grave que a anterior de 1999/2001 que, por sua vez, foi mais severa que a de 1991/1992, que já tinha sido pior que a de 1987. A próxima será, provavelmente, mais destrutiva. Este é um dos fundamentos "graníticos" do marxismo que Rosa Luxemburgo menciona nesta citação que serve de epígrafe. Foi Rosa quem cunhou a frase de que o caminho da luta dos trabalhadores era uma via recheada de derrotas parciais que preparavam a vitória final. A dialética da história se manifestou, todavia, como uma via de vitórias nacionais bloqueadas que prepararam, com a restauração capitalista, uma derrota internacional.

Um bom ponto de partida da análise da etapa internacional é tentar não nos enganarmos a nós mesmos. E há mais de uma maneira de nos enganarmos. Podemos ver as circunstâncias do presente com lentes que aumentam ou diminuem as dificuldades, se perdemos o sentido das proporções. Se a alternância dos ciclos de expansão e contração do capitalismo demonstra que o sistema se aproxima de seus limites históricos, revela, também, que o capitalismo não terá uma morte "natural". O sistema precisa ser derrotado pela mobilização revolucionária da classe trabalhadora. Sem a entrada em cena de um sujeito social capaz de unir explorados e oprimidos, o capitalismo ganha tempo histórico de sobrevivência.

O que aconteceu entre 1989/91 foi uma mudança de situação ou etapa, não uma inversão da época. São níveis distintos de abstração para a compreensão da fase histórica que vivemos. Para o marxismo, definir o sentido da época, a natureza da etapa, as peculiaridades da situação é uma necessidade tão crucial como para cada um de nós a percepção das horas do dia, das semanas do mês, dos anos sobre as décadas. Vivemos na época histórica de decadência do capitalismo.

Ela se abriu há cem anos com a deflagração da Primeira Guerra Mundial, e permanece aberta. Uma etapa deve ser compreendida nos marcos de um quadro internacional relativamente estável.[2] Uma etapa se abriu ao final da Segunda Guerra Mundial entre 1945/1989. Desde então, estamos em outra etapa.[3]

Neste intervalo histórico entre 1989 e 2014 não nos faltaram situações revolucionárias. Entre 2000 e 2005, sucessivamente, no Equador, Argentina, Venezuela e Bolívia, a dominação capitalista foi ameaçada na América Latina. Depois de 2012, uma onda revolucionária atravessou o Magreb e o Médio Oriente. Estas situações foram, inicialmente, vitoriosas, com importantes conquistas democráticas, porém, depois, revertidas. Oportunidades extraordinárias de avançar

---

2. Etapas internacionais se abrem ou se encerram em função de desfechos mais ou menos duradouros na luta de classes, vitórias ou derrotas de significado incontornável, que estabelecem um novo quadro na relação de forças por todo um período. As relações de forças entre as classes, entre revolução e contrarrevolução que delas decorrem traduzem-se, também, em mudanças no sistema internacional de Estados. Referências para o tema podem ser encontradas em: Arcary, Valerio. *As esquinas perigosas da história.* São Paulo: Xamã, 2004.

3. Nem o crescimento sustentado dos "trinta anos gloriosos" entre 1945/75, nem a nova etapa mundial aberta pela restauração capitalista na URSS a partir da Perestroika, em 1986, por certo fenômenos de importância crucial, justificam a conclusão de que uma nova época histórica progressiva do capitalismo teria se aberto. Com menos razão, as apressadas fanfarronadas sobre o impacto de desenvolvimento irrefreável da microeletrônica, para não fazer referência aos impressionismos ainda menos razoáveis sobre o impacto econômico mais recente da engenharia genética, podem sustentar, seriamente, a defesa de uma inversão do sentido da época. As ameaças crescentes às conquistas do Welfare State nos países centrais, assim como o processo de recolonização dos países dependentes remetem à contraofensiva capitalista desde o final dos anos 1970, quando a necessidade de inverter a tendência à queda da taxa média de lucro e à estagnação prolongada permitiu unir as fileiras burguesas em torno dos programas neoliberais de ajuste fiscal, ortodoxia monetária, privatizações etc. Não tiveram, todavia, o significado de uma inversão de época. Ao menos, não no sentido atribuído a esta classificação pela tradição do marxismo: não interrompem a dinâmica de decadência. A rigor, uma mudança de época (entendida como a época do imperialismo) esteve seriamente colocada quando, nas palavras de Vitor Serge, foi "a meia-noite do século". No período compreendido entre 1937/42, uma situação mundial contrarrevolucionária, no marco de uma etapa histórica defensiva pelo menos desde 1921/23 (derrota da segunda vaga da revolução alemã, ascensão do triunvirato na URSS) ameaçou transformar-se em uma mudança de época: os fatores decisivos teriam sido, simultaneamente, o auge do nazi-fascismo e do stalinismo. Conferir em: Mandel. *Sobre o fascismo.* Disponível em: <http://www.ernestmandel.org/es/escritos/pdf/ernest-mandel-el-fascismo.pdf>. Acesso em: jul. 2014.

na luta pelo socialismo se perderam. O que nos faltou, portanto, não foram revoluções políticas, mas revoluções sociais. Triunfos anticapitalistas exigem forte presença de revolucionários socialistas.

Esta fragilidade subjetiva do marxismo revolucionário merece uma contextualização. Ela remete, em primeiro lugar, ao impacto mundial da restauração capitalista. Estamos em condições tão adversas após a restauração capitalista ter se consolidado na URSS, na China e, infelizmente, também em Cuba, que são talvez até piores que aquelas que viveram os internacionalistas da II Internacional, quando estavam em ínfima minoria, antes da vitória da revolução de 1917.

Antes da revolução de outubro, nas concentrações mais importantes do proletariado na Europa ocidental e central, os trabalhadores aderiram a alguma forma de socialismo. Existia um poderoso movimento operário e sindical. Nestas duas primeiras décadas do século XXI, a maioria da classe trabalhadora, mesmo nos países em que a industrialização já permitiu a configuração de uma classe operária importante, não abraça sequer a esperança do socialismo. A juventude interpreta que socialismo é sinônimo de ditaduras de partido único, escassez material e monolitismo ideológico. E o internacionalismo revolucionário é uma corrente sobrevivente, porém, minoritária, marginal.[4] O papel histórico do estalinismo foi tão destruidor que a reorganização da esquerda recomeça em condições muito difíceis. Admitir esta situação subjetiva não nos diminui nem nos enfraquece. Ao contrário, nos fortalece. A angústia é um privilégio da lucidez.

Nossa aposta deve ser que as próximas crises do capitalismo serão maiores do que as ficaram para trás. Devemos confiar no protagonismo na classe trabalhadora. O proletariado do século XXI é mais poderoso do que o do século XX. Ele não sabe, não tem consciência da sua força, mas é maior, mais concentrado, mais educado,

4. O esfacelamento do movimento trotskista foi terrível, nos últimos vinte e cinco anos. A IV Internacional, um movimento dividido em três ou quatro correntes internacionais entre 1968 e 1991, se pulverizou, ainda que tenha sobrevivido, preservando um fio de continuidade. Para conferir mais sobre o tema: Disponível em: <https://www.archivoleontrotsky.org/download.php?mfn=012908>. Acesso em: jul. 2014.

mais influente, e seu destino deverá ser o de atrair para o seu campo a maioria dos oprimidos. Ele resistirá e veremos combates maiores do que os do passado. A realidade vem evoluindo depois de 2008 de forma mais interessante. Na luta de classes, forças minoritárias podem se transformar em maioria, até rapidamente, quando estão à altura das circunstâncias. As ideias contam. Ideias poderosas são extraordinariamente atrativas. Nossas ideias abrirão o caminho, se os marxistas estiverem à altura dos acontecimentos.[5]

Mas ainda temos enormes dificuldades na reorganização da esquerda marxista à escala mundial. Sabemos que partidos são organizações em luta pelo poder, e representam interesses de classe. Isso remete aos fundamentos da existência do movimento operário e do próprio surgimento da corrente marxista. A explicação para as dificuldades e divisões da representação dos que vivem do trabalho se alicerça na tripla condição de existência da classe trabalhadora. O proletariado é economicamente explorado, é socialmente oprimido,

5. O tema espinhoso, porém, incontornável remete à compreensão de por que a esquerda está dividida, sempre esteve dividida e esta divisão não diminuirá. O problema é explicar por que, quase cem anos depois da vitória da revolução de outubro, o reformismo, em suas diferentes variantes nacionais, tem tanta influência. Temos que atualizar uma teoria marxista para explicar a longevidade dos reformismos. A explicação marxista foi, historicamente, a divisão da classe trabalhadora pela ação da social-democracia e do stalinismo. Recordemos quais foram os fundamentos da influência desses aparelhos. A teoria da aristocracia operária foi apresentada por Lênin, quando da deflagração da Primeira Guerra Mundial no ensaio "A falência da II Internacional". Esta teoria tem como objetivo explicar por que as organizações construídas no período histórico anterior, a social-democracia europeia, tinham, na sua grande maioria, se mostrado obstáculos contrarrevolucionários. O que nós temos que nos perguntar é se ela ainda é satisfatória. Ela mantém vigência? O que diz a teoria da aristocracia operária? Diz que na época imperialista uma fração minoritária da classe trabalhadora nos países centrais, uma aristocracia, recebe uma parte do bombom que cai da mesa do banquete da repartição do mundo realizado pelo capital. O tema da longevidade do stalinismo nos obriga a recordar a permanência de sua influência durante a etapa da guerra fria ou coexistência pacífica. Passaram-se cem anos desde 1914, vinte e cinco anos desde a queda do muro de Berlim, e os reformismos permanecem muito influentes, ainda que com novas roupagens. A questão é, portanto, saber se as explicações histórico-sociais permanecem ou não válidas. Devemos nos perguntar, também, se elas são adequadas para analisar os proletariados dos países periféricos, constituídos em sua maioria depois da Segunda Guerra Mundial, alguns somente nos últimos trinta anos. Conferir em Lênin, *A falência da socialdemocracia*. Disponível em: <http://www.marxists.org/portugues/lenin/1916/01/falencia.htm>. Acesso em: jul. 2014.

e é politicamente dominado. Nunca, na história da humanidade, nenhuma classe que tenha vivido circunstâncias de inserção social semelhante se colocou um projeto de dirigir a sociedade. Não seria razoável ter expectativas facilistas para este projeto.

Uma classe que vive esta tripla condição tem, necessariamente, heterogeneidade política no seu interior. Isto é assim porque só muito excepcionalmente, em condições extraordinárias, ou seja, em circunstâncias nas quais se abre a possibilidade da luta pelo poder é possível unir a maioria do proletariado em torno de um projeto anticapitalista. Em condições normais da classe trabalhadora, inevitavelmente, considerando as diferenciações internas em seu interior, prevalece o projeto reformista de lutar para diminuir as condições de exploração.[6] Ideias revolucionárias sempre foram minoritárias entre os trabalhadores, se não se abre uma situação revolucionária. Cada ofício tem os seus vícios. É porque o nosso projeto tem pressa que tão repetidamente somos vítimas de autoengano, e nos equivocamos na percepção de qual é a relação de forças. A distorção profissional dos marxistas foi o chamado robusto "otimismo" no protagonismo dos trabalhadores na luta contra o capital.

Este processo de construção da consciência de classe assumiu e assumirá formas diferentes em distintas sociedades. Estas diferenças explicam-se pela combinação de muitos fatores. Depende da maior maturidade objetiva e subjetiva das classes trabalhadoras o que, por sua vez, corresponde ao estágio de desenvolvimento econômico e social do capitalismo em cada região do mundo. Demonstrou-se até o momento uma luta feroz: na Europa do Mediterrâneo, desde 2008, a resistência da classe trabalhadora e da juventude fez, por exemplo, a Grécia viver mais de quinze greves gerais, um incrível recorde

6. Acontece que estamos ainda em um altíssimo grau de abstração. O que pode explicar por que existem vários partidos operários em luta entre si. O que pode ser, talvez, ainda insuficiente. Porque o instinto de poder não se desenvolve de forma espontânea entre os trabalhadores. Ele precisa ser introduzido de fora para dentro. O que se demonstrou, em incontáveis experiências históricas, especialmente difícil. Conferir em Lênin, na obra clássica *O que fazer?* Disponível em: <http://www.marxists.org/portugues/lenin/1902/quefazer/>. Acesso em: jul. 2014.

histórico. Na Espanha, também, ou em Portugal, aconteceram as maiores mobilizações de rua desde o final das ditaduras franquista e salazarista. Essas lutas heroicas, contudo, encerradas dentro de fronteiras nacionais contra um inimigo internacional, não conseguiram barrar a ofensiva de destruição de direitos.

A representação política dos trabalhadores não pode ser feita, evidentemente, por um só partido, e surgem tendências mais moderadas que querem a reforma do capitalismo, e tendências mais radicais que querem eliminar as causas da opressão, da exploração e da dominação. As primeiras, as moderadas, são, em última análise, uma refração da influência no interior do proletariado dos interesses de outras classes: frações burguesas, e da classe média, por exemplo. Expressam, também, os obstáculos ao internacionalismo.[7] A conquista da hegemonia do marxismo revolucionário nas organizações de massas dos trabalhadores não será possível sem uma luta corajosa e honesta contra os aparelhos burocráticos. Desde 2008, o capitalismo está se confrontando, a cada crise, com seus limites históricos; a perspectiva de situações revolucionárias nos elos mais frágeis do sistema

7. Construir um partido em escala internacional? O que justifica a necessidade dessa ferramenta, a internacional, é uma análise que parte de outros considerandos. O considerando fundamental é que não é possível vencer na luta pelo poder sem uma ferramenta de luta que esteja adequada à análise de quem é o inimigo. O inimigo é o Estado. Mas se é verdade que os Estados são nacionais, é importante saber que os Estados assumiram, ao longo dos últimos séculos, a forma de um sistema internacional. Não há um governo mundial, mas há um sistema internacional de Estados, uma ordem mundial. Qualquer projeto que desconsidere a força do Estado capitalista, das suas bases sociais de sustentação que são nacionais, porém, também, internacionais, é uma aventura que condena os trabalhadores, desde a partida, à derrota. Uma burguesia nacional pode governar com o apoio de 20% da população ou até menos, e governar até com estabilidade política, desde que tenha apoio internacional. É isso que toda a experiência histórica demonstrou. Logo, a existência do movimento operário é a existência inevitável de luta, sem quartel, entre as tendências reformistas e as tendências revolucionárias em defesa do internacionalismo. Isto é o básico. Mas aí vem o problema. A luta da classe trabalhadora se desenvolve dentro de fronteiras nacionais. Assim como o instinto de poder, o internacionalismo é um programa O INTERNACIONALISMO É UM PROGRAMA? SERIA UMA IDEIA, UM CONCEITO, UM TENDÊNCIA? que depende, essencialmente, de uma introdução de fora para dentro. Até hoje, revelou-se muito difícil. Um texto de referência sobre o tema é *Por um novo internacionalismo*, de Michael Löwy. Disponível em: <http://www.pucsp.br/neils/downloads/v5_artigo_michael.pdf>. Acesso em: jul. 2014.

está, portanto, mais próxima, contudo, paradoxalmente, as duas premissas anteriores não permitem concluir que o socialismo está mais perto.

Segunda Tese: a crise aberta em 2007/2008 sinaliza os limites históricos da dominação capitalista

A interpretação da etapa histórica aberta em 1989 pela restauração capitalista encontra-se dividida em dois grandes campos. Em um primeiro campo estão aqueles que consideram a destruição econômica precipitada pela crise em 2008 conjuntural. Ainda quando admitem que ela permaneça longe de ter se esgotado, afirmam que será efêmera. Liberais ou keynesianos de vários matizes retiram a conclusão que o capitalismo conserva, neste início do século XXI, a potencialidade de cumprir um papel progressivo, ou até dinâmico, na produção da riqueza social, pelo menos por uma etapa histórica indefinida. A esquerda social-democrata ou pós-stalinista não oferecem nada muito diferente, um novo New Deal.[8]

A consequência dessa análise tem sido a defesa de diferentes programas de incentivo e/ou regulação para garantir a retomada do crescimento econômico, uns mais intervencionistas ou desenvolvimentistas (Kirchner, Chávez, Morales, Correa, ou Lula e Dilma Roussef na América do Sul), outros menos. Diferentes fórmulas para a distribuição de renda e atenuação das desigualdades nacionais têm sido sugeridas pelo FMI e pelo Banco Mundial com a estratégia de preservação da governabilidade internacional.

8. O New Deal (em português, Novo Acordo), inspirado nas ideias keynesianas de regulação estatal do mercado, é o nome do programa do governo do Presidente Roosevelt com o objetivo de recuperar a economia norte-americana durante a depressão dos anos 1930. Entre 1933 e 1937, os investimentos do Estado agigantaram-se, provocando grandes déficits públicos, e a economia dos EUA voltou a crescer, mas a depressão só foi superada durante a Segunda Guerra Mundial.

Não obstante, estamos diante de um impasse histórico, um período transitório, que poderá mergulhar a sociedade em um abismo regressivo, com crescentes elementos de barbárie, como a destruição das conquistas do Welfare State na Europa desde 2008, a guerra civil na Síria desde 2012, a guerra genocida de Israel contra Gaza em 2014.

Abismos regressivos já vitimaram sociedades contemporâneas, desde o final da Segunda Guerra Mundial, incontáveis vezes, e das mais diferentes e terríveis formas. Na forma de limpezas étnicas, por exemplo, quando da fundação do Estado de Israel, a *nakba* palestina em 1948[9]; ou na forma de genocídios, como em Ruanda, em 1994, ou na Bósnia, entre 1992/95. Mas ocorreram, tragicamente, outras formas de regressão histórica, como as ditaduras no Cone Sul da América Latina nos anos 1970, ou as sequelas da restauração capitalista na Rússia nos anos 1990 do século XX.

A perspectiva de uma estagnação econômica internacional por uma década, como tem sido admitida por analistas das mais diversas tendências, merece ser caracterizada, também, como uma regressão, pelas consequências sociais e políticas imprevisíveis que provocará. Uma das mais plausíveis é a confirmação da tendência a uma queda acentuada do salário médio nos países centrais (EUA, União Europeia e Japão). Pela primeira vez, desde o pós-guerra, a geração mais jovem será mais pobre que a mais velha. Outra consequência, também provável, é a revogação das políticas públicas do chamado bem-estar social, sendo a previdência dos mais velhos, o salário-desemprego dos ativos e o acesso à educação gratuita dos mais jovens três dos alvos prioritários dos ajustes. As relações entre o centro e a periferia do capitalismo deverão conhecer, também, transformações reacionárias como reprimarização, desnacionalização e recolonização. Em que

9. *Nakba* é uma palavra árabe que significa "catástrofe" ou "desastre", e se refere ao êxodo palestino de 1948, quando mais de 700.000 árabes palestinos, segundo dados da ONU, fugiram ou foram expulsos de seus lares, em razão da guerra civil de 1947-1948 e da Guerra Árabe-Israelense de 1948. Limpezas étnicas são remoções forçadas de populações com o uso de violência estatal que resultam em migrações forçadas.

proporção cada um desses processos atingirá cada Estado nacional em geral, ou o Brasil em particular, não é ainda razoável prever.

Vivemos em uma época histórica em que os destinos políticos e econômicos da civilização se decidem na arena mundial, ainda que a luta política se desenvolva, aparentemente, em marcos nacionais. Do futuro desta luta de classes internacional dependerá a longevidade do capitalismo. O que é previsível é que a senilidade do sistema exigirá mudanças regressivas, historicamente reacionárias. Mesmo em comparação ao passado do capitalismo. Regiões inteiras do mundo estão vendo as condições de vida retrocederem, em alguns aspectos, ao século XIX, com o avanço da precarização. O futuro deste passado será cada vez mais próximo ao prognóstico de barbárie crescente.

Em alguns períodos, os horizontes histórico-sociais do capital se contraíram. Depois da vitória da revolução russa de 1917; depois da crise de 1929; depois da revolução chinesa de 1949; depois da revolução cubana de 1959; depois do Maio de 1968; depois da revolução portuguesa de 1974. Já em outros se expandiram. Depois do New Deal de Roosevelt em 1934; depois do acordo de Yalta/Potsdam, ao final da Segunda Guerra Mundial em 1945; depois de Reagan/Thatcher em 1980. A pulsação do capital não é imune ao desenlace da luta de classes. No entanto, o capitalismo não terá "morte natural", o que não é o mesmo que dizer que não se manifestou na história uma tendência ao desmoronamento, isto é, uma tendência a crises cada vez mais sérias e destrutivas, que ficou conhecida na tradição marxista como a teoria do colapso.[10]

Os últimos cento e cinquenta anos já foram um intervalo histórico suficiente para se concluir que a hipótese da crise final estava

10. Há um debate interessante sobre o tema, conhecido como a discussão sobre a *Zusammenbruchstheorie*, ou teoria do colapso ou desmoronamento. Uma referência pode ser encontrada no livro organizado por: Colletti, Lucio. *El marxismo y el "derrumbe" del capitalismo*. 3. ed. México: Siglo Veintiuno Editores, 1985.

errada: suas crises convulsivas, por mais terríveis, não resultam em processos revolucionários, a não ser quando surgem sujeitos sociais com disposição revolucionária. Os critérios objetivistas que diminuem a centralidade do protagonismo do proletariado e das classes oprimidas foram refutados pela história. Os vaticínios políticos catastrofistas neles inspirados se aproximaram perigosamente de uma versão marxista para um novo milenarismo.[11]

Enquanto o capitalismo vivia sua época histórica de gênese e desenvolvimento, estas crises destrutivas eram, relativamente, mais rápidas e suaves. O debate histórico mais interessante da atualidade remete, portanto, a este tema: a época em que o capitalismo ainda tinha um papel progressivo ficou ou não para trás? O argumento que defendemos é que estamos diante de um período histórico de decadência do sistema. Uma época em que reformas são mais difíceis, embora não sejam impossíveis, e revoluções mais prováveis, embora o desenlace da luta pelo socialismo permaneça muito incerta.

Todos os Estados, mesmo aqueles que têm uma posição dominante no mercado mundial, estão condicionados pela pressão do capital financeiro. Desde 2008, os mágicos keynesianos substituíram os ilusionistas neoliberais à frente de vários governos, mas enfrentam muitas dificuldades para "salvar" o capitalismo dos capitalistas. Os impostos futuros, consumidos desde 2008 na forma de emissão de dívida tanto nos EUA quanto na Europa e no Japão para a compra de participação estatal em empresas e bancos privados ameaçados de falência, comprometerão a possibilidade de emissão de novos títulos amanhã, sob pena de uma desvalorização das moedas de entesouramento (dólar norte-americano; libra inglesa; franco suíço; euro; yen), ou seja, o perigo de inflação. A crise aberta em 2008 vem confirman-

11. São caracterizados por uma parte da historiografia como milenaristas alguns movimentos populares europeus de inspiração mística e, algumas vezes, messiânicas, da Idade Média e Moderna, que acreditavam no advento de um novo mundo com a inauguração de um novo milênio. O livro de Norman Cohn é uma das referências para esse tema: *Na senda do Milênio*: milenaristas revolucionários e anarquistas místicos da Idade Média. Lisboa: Editorial Presença, 1970.

do as análises que estimam que ela só pode ser comparada com a crise de 1929, e não deve ser considerada somente a forma da última crise cíclica, como em 2000/2001, 1991/1992, 1987, ou 1981/1982.[12]

A economia capitalista conheceu, ao longo dos últimos trinta anos, três ciclos de relativo crescimento econômico, que dependeram muito da expansão do consumo do mercado norte-americano, portanto, da financeirização. Assim como a indústria armamentista e o endividamento estatal, durante a etapa da Guerra Fria 1945/1989, a inovação mais significativa do capitalismo nos últimos vinte e cinco anos foi a financeirização. A alavancagem de capitais assumiu uma nova escala, totalmente diferente do passado. Financeirização sempre existiu, porque o recurso ao crédito é inerente à operação do capitalismo. O que mudou foi que a grandeza da fuga de capitais da produção para o mercado financeiro, e a magnitude da explosão de dívidas. Dívidas de consumo das famílias nos países centrais, em especial, dívidas para aquisição da casa própria, dívidas empresariais, em especial para aquisições e fusões e, sobretudo, dívidas públicas, em proporções muito maiores que no passado. A financeirização permitiu ao capital ganhar tempo, na medida em que a dimensão colossal do volume de capitais acumulados compensaram, transitoriamente, a lentidão da valorização, ou seja, a queda da taxa média de lucro. Assistimos agora à crise gerada pela financeirização acelerada desde os anos 1980 com a criação dos derivativos.[13]

---

12. O livro de Robert Brenner, *O boom e a bolha*, publicado em português pela Record, em 2003, é uma apresentação do tema da crise que explodiu ao final dos anos 1990.

13. Derivativos são ativos financeiros que derivam do valor de outro ativo, que pode ser, também, financeiro (moedas, títulos de dívidas públicas, ações) ou uma mercadoria (ouro, imóveis, *commodities*). Podem ser, também, operações financeiras que tenham como base de negociação o preço de um ativo negociado nos mercados futuros. De todos os derivativos, os mais perigosos parecem ser os *swaps* (em inglês, *credit default swaps*, CDS). Os *swaps* são uma cobertura de risco, algo parecido com uma apólice de seguro para cobrir (em inglês, fazer *hedge*) uma possível moratória de uma dívida. Mas há grandes diferenças com relação aos seguros. Por exemplo, essas operações não estão reguladas. As instituições que oferecem esse tipo de contrato não estão obrigadas a manter reservas relacionadas com as operações que realizam. Os CDS foram inventados pelos bancos precisamente para evitar as exigências de fiscalização sobre as suas reservas. Se outra instituição absorvia o risco (em troca de um prêmio), o banco

Foi a financeirização que facilitou a expansão do crédito que impulsionou os mini-booms dos anos 1980 com Reagan, dos anos 1990 com Clinton, e dos anos de 2001/2008 com Bush. Operaram, com força de influência variada, os outros quatro fatores identificados por Marx como contra-tendências de freio à queda da taxa média de lucro, expressão da decadência do capitalismo: o barateamento das matérias-primas; a renovação de tecnologias; a internacionalização até à última fronteira e, o mais importante, o aumento da exploração do trabalho.

Nos dois primeiros mini-booms verificaram-se quedas importantes nos preços do petróleo e dos grãos, embora não na última, quando subiram, favorecendo as exportações de *comodities* da América Latina e África; o desenvolvimento da microeletrônica e da telemática foram significativas para o impulso da restruturação produtiva, sobretudo nas duas últimas duas décadas do século XX; o crescimento chinês e, em menor medida, da Índia, foi um fator de impulso nos últimos vinte e cinco anos; a estagnação do salário médio nos EUA e a restauração capitalista, incorporando centenas de milhões à produção de mais-valia, e ao mercado mundial, pressionou para baixar o salário médio nos EUA, Europa e Japão.[14]

---

podia liberar suas reservas. A alavancagem disparou para o espaço, e o volume dos derivativos passou a ser incalculável. Os CDS foram usados, também, para contornar as restrições que os fundos de pensão tinham para emprestar recursos a empresas com uma qualificação de risco insuficiente por parte das agências. A crise atual se manifestou como crise financeira quando ocorreu a desvalorização destes papéis, ou seja, quando começaram a derreter esses capitais fictícios. Um estudo do banco Morgan Stanley informa que o volume dos contratos de CDS chegará, em 2012 e 2013, a uma altura, respectivamente, de 3,2 e 3,3 trilhões de dólares. Disponível em: <http://www.alencontre.org/index.html>. Acesso em: jul. 2014.

14. Outro debate sobre a situação internacional nos remete à discussão da crise da liderança norte-americana, tanto na esfera do mercado mundial, quanto no plano político, como potência dominante. O debate do tema não é diletante. Aqueles que lutam pela revolução mundial devem dedicar muita atenção ao estudo dos seus inimigos. A liderança norte-americana à frente da defesa da ordem mundial foi uma das constantes mais estáveis desde o final da Segunda Guerra Mundial. Não há dúvida alguma que o desastre político dos oito anos da gestão George W. Bush enfraqueceu a posição relativa de Washington. O argumento deste texto, contudo, é que a hipótese da crise irreversível da supremacia norte-americana, apresentada de forma pioneira e apaixonada por André Gunder-Frank, em seu livro *Reorient, global*

A recuperação da taxa média de lucro com a economia de guerra depois da invasão do Afeganistão e Iraque foi um dos fatores que voltaram a favorecer o investimento, mas em uma escala inferior à etapa política do pós-guerra (1945/89). O barateamento do crédito foi, também, um fator da recuperação. A montanha de derivativos cresceu até atingir o pico de US$ 600 trilhões, ou mais de 10 PIBs mundiais, segundo o Banco de Compensações Internacionais de Basiléia, e transformou-se em um obstáculo, porque o movimento de rotação de capital não foi mais possível nesta escala.

Deixou de ser política e socialmente razoável a valorização de capital, mesmo que muito lenta, quando o volume de capitais fictícios atingiu esta dimensão estratosférica.[15] Em outras palavras, o estoque estimado de capitais fictícios, se a valorização for à escala de 2,5% ao

---

economy in the Asian age, São Francisco, UC Press, 1998, há quinze anos, merece ser problematizada. A hipótese de Gunder-Frank se apoia em premissas econômicas e demográficas que procuram sustentar a ideia de que existiriam ciclos realmente muito longos, na escala de dois séculos e meio, para cada fase A, de crescimento, e uma fase B simétrica de contração. Defende que a liderança norte-americana será substituída, irremediavelmente, pela chinesa. O lugar de cada imperialismo no Sistema Internacional de Estados dependeu, historicamente, de um conjunto de variáveis, que poderiam ser resumidos na fórmula riqueza e poder, ou em cinco grandes questões: (a) as dimensões de suas economias, ou seja, os estoques de capital, os recursos naturais — como o território, as reservas de terras, os recursos minerais, a autossuficiência energética etc. — e humanos — entre estes, o peso demográfico e o estágio cultural da nação — assim como a dinâmica, maior ou menor, de desenvolvimento da indústria (b) a estabilidade política e social, maior ou menor, dentro de cada país, ou seja, a capacidade de cada burguesia imperialista para defender o seu regime político de dominação diante de seu proletariado, e das classes populares, ou seja, a coesão social interna e o grau de identificação nacionalista que ofereça sustentação às ambições imperialistas; (c) o nível de sua superioridade econômica, influência cultural e ideológica, ou as dimensões e capacidade de cada um desses impérios em manter o controle de suas colônias ou semicolônias, ou seja, áreas de influência; (d) a força militar de cada Estado, que dependia não só do domínio da técnica militar ou da qualidade das Forças Armadas, mas do maior ou menor grau de coesão social da sociedade, portanto, da capacidade do Estado de convencer a maioria do povo da necessidade da guerra; (e) as alianças de longa duração dos Estados imperialistas, uns com os outros, e o equilíbrio de forças que resultavam dos blocos formais e informais etc. Se considerarmos estes cinco critérios, não parece provável que a liderança dos EUA venha a ser desafiada, porque suas vantagens relativas são insuperáveis.

15. Desde 2010, o BIS de Basiléia passou a fiscalizar um acordo que prevê a exigência de aumento das reservas bancárias de 4,5% para 6% do valor dos ativos bancários, o que não resolve o problema dos bancos *too big to fail*. A informação está disponível em: <http://www.

ano, ou seja, o nível da inflação anual dos países centrais teria que consumir 25% do PIB mundial. Um quarto da produção mundial para a remuneração de capitais fictícios só seria verossímil com a restauração de condições de vida semelhantes às da escravidão, e regimes como o de Hitler. Uma parte importante desta massa de capitais fictícios já foi destruída pela desvalorização desde 2008. Pelo menos 50%, se considerarmos a queda do dólar, do euro e das principais Bolsas de Valores, e dos imóveis, por exemplo, e a fogueira ainda está ardendo.[16]

O mesmo problema está na raiz da crise dos endividamentos públicos acima dos 100% dos PIBs nos países centrais. O endividamento do Estado não é senão a antecipação para o presente de receitas fiscais futuras, os impostos que serão pagos nos anos por vir e, em prazo mais longo, pelas futuras gerações. Ao contrário de empresas, Estados não podem falir, mas podem cair em situação de inadimplência por incapacidade de rolagem dos juros, com moratória das dívidas. Foi o que aconteceu com o Brasil durante o Governo Juscelino Kubitschek, nos anos 1950, e José Sarney, nos anos 1980. Isso significa que Estados, mesmo os Estados centrais, não conseguem se endividar além de sua capacidade de pagamento, porque os investidores perderão a confiança nos títulos, e exigirão em contrapartida juros mais elevados para a renovação dos empréstimos.

Um maior endividamento se traduzirá em um comprometimento de despesas que impedirá investimentos futuros. Esta combinação de fatores provocará uma recessão crônica, ou desestabilização política pelos cortes nas despesas dos serviços públicos com sequelas sociais imprevisíveis.[17] A expectativa dos rentistas condicionou, historicamente, o volume de estoque das dívidas públicas e o custo de

---

swissinfo.ch/por/specials/crise_financeira/Novas_regras_para_reforcar_os_bancos.html?-cid=28321876>. Acesso em: jul. 2014.

16. Uma referência instigante sobre o impacto mundial da destruição de capitais fictícios pode ser encontrado nos artigos do economista suíço Charles André Udry. Em português no *site*: <http://www.combate.info/index.php?option=com_content&view=article&id=289:uma-nova-guerra-social-abre-se-na-europa&catid=23:forma-marxista&Itemid=41>. Acesso em: jul. 2014.

17. Uma referência indispensável para contextualizar este tema tem sido o trabalho de Claúdio Katz, que pode ser consultado no *site*: <http://lahaine.org/katz/>. Acesso em: jul. 2014.

rolagem dos empréstimos.[18] A financeirização transformou os títulos públicos de qualquer Estado — inclusive, no limite, os dos EUA — em papéis que podem, também, apodrecer, desde que os investidores percam a confiança de que o Estado poderá honrar seus compromissos. Não há qualquer garantia, *a priori*, de que os títulos públicos não virem tóxicos, ou seja, inegociáveis pelo valor de face.[19]

Por isso é que os marxistas afirmam que o limite do capital é o próprio capital. Quando a valorização encontra obstáculos intransponíveis, começa a destruição de capital. Essa destruição assumiu, em outras crises, inicialmente, a forma de desvalorização. Essa é a forma leve, ainda que a escala da destruição seja terrível, superando as centenas de trilhões de dólares. Mas, quando o pânico se precipitar — e o pânico poderá se instalar a qualquer momento, porque isso já aconteceu no passado —, quando os governantes perderem a credibilidade, a fuga dos ativos será a antessala de uma ruína nunca vista.

Em outras palavras, a superação da crise atual não só não é impossível, é até provável. Mas quando acontecerá vai depender do curso da luta de classes. Uma derrota da classe trabalhadora terá o custo de uma regressão econômica social imensa — a destruição do

---

18. A parasitagem das dívidas públicas foi um dos negócios mais rentáveis da expansão mundial da liquidez das últimas três décadas. Os credores dos títulos públicos se entesouram nesses papéis, buscando a máxima rentabilidade e a máxima segurança. O aumento da dívida do Estado em relação ao PIB eleva, contudo, o custo da rolagem da dívida. O que se revelou, no passado, incompatível com a preservação dos gastos públicos, e traz como ameaça um agravamento da recessão. Desde que Washington renunciou à convertibilidade fixa do dólar, em 1971, e preferiu que ela flutuasse livremente, em função da oferta e procura, o Estado aumentou as possibilidades de endividamento. Foi uma resposta fiscal de tipo keynesiano à desaceleração do crescimento do pós-guerra nos anos 1970, permitindo a redução dos custos produtivos dentro dos EUA, comparativamente à Alemanha e ao Japão, com a redução do salário médio. A moeda norte-americana desvalorizou-se, porém, preservou o seu papel de moeda de reserva mundial. A política de Obama para evitar a depressão após 2008 foi, portanto, uma reedição da política de Nixon no início dos anos 1970, mas diante de uma ameaça imensamente mais grave: os custos da "fuga em frente" são imprevisíveis. Seus limites ficam claros com a crise da dívida da Argentina.

19. Uma boa referência sobre o tema é o economista marxista Anwar Shaik, estudioso da tendência histórica à queda da taxa média de lucro. Uma conferência está disponível em: <http://radicalnotes.com/journal/2009/06/13/anwar-shaikh-on-marx-and-the-global-economic-crisis/>. Acesso em: jul. 2014.

padrão de vida na Europa no último meio século, por exemplo — reatualizando o prognóstico marxista de socialismo ou barbárie.[20]

Referências

BRENNER, Robert. *O boom e a bolha*. Rio de Janeiro: Record. 2003.

COLETTI, Lucio. *El marxismo y el "derrumbe" del capitalismo*. 3. ed. México, Siglo Veintiuno Editores, 1985.

KONDRATIEFF, Nicolai. *Les grands cycles de la conjoncture*. Paris: Economica, 1992.

LUXEMBURGO, Rosa. El Problema en discusión. In: ______. La acumulación de capital. México, *Cuadernos de Pasado y Presente*, n. 51, 1980.

MANDEL, Ernest. *El poder y el dinero*: contribución a la teoría de la posible extinción del estado. Trad. Manuel Aguilar Mora. México: Siglo Veintiuno Editores, 1994. (Col. Sociología y política.)

SHAIK, Anwar. The first great depression of the 21st century. *Socialist Register*, 2011, Fall 2010.

---

20. Mudanças desta magnitude só foram possíveis depois de bruscos deslocamentos da relação social de forças entre as classes em cada país, e uma alteração do posicionamento dos Estados no sistema mundial. Essas gigantescas transferências de riqueza e poder entre classes, entre monopólios, e entre Estados nunca puderam ser feitas sem enfrentar resistências. Quando a reação fracassa, e a possibilidade de concessões parciais, por variados fatores, fica diminuída ou é mais restrita, a probabilidade de situações revolucionárias aumenta. O que está em disputa é uma reconfiguração econômica, social e política do mundo tal como o conhecemos. A hipótese teórica que orienta este texto é que reformas do capitalismo serão mais difíceis e situações revolucionárias mais prováveis. Um novo New Deal, como nos anos 1930, é impensável. Um novo Bretton Woods, como em 1944, é implausível. Um novo *big boom*, como no pós-guerra, é impossível. Quando uma ordem econômica, social e política revela incapacidade para realizar mudanças por métodos de negociação, concertação ou reformas, as forças sociais interessadas em resolver a crise de forma progressiva recorrem aos métodos da revolução para impor a satisfação de suas reivindicações. Essa foi a forma que assumiu a defesa de interesses de classe na história contemporânea. A história, contudo, não é sujeito, mas processo. O seu conteúdo é uma luta. Essa luta assume variadas intensidades. A revolução política é uma dessas formas, e a frequência maior ou menor em que ela se manifesta é um indicador do período histórico. Todas as revoluções contemporâneas tiveram uma dinâmica anticapitalista, maior ou menor, mas não foram todas revoluções, socialmente, proletárias. Todas as revoluções socialistas da história começaram como revoluções políticas, ou como revoluções democráticas.

2

As manifestações de massa e a dimensão estratégica*

Mauro Iasi**

> É absolutamente falso imaginar a greve de massas como ação isolada. A greve de massas é antes um signo que designa globalmente todo um período da luta de classes que se estende por vários anos, às vezes por decênios.
>
> — Rosa de Luxemburgo[1]

As grandes manifestações de massa que eclodiram no Brasil a partir de junho de 2013 marcam uma inflexão importante na conjuntura; no entanto, acreditamos que trazem elementos que indicam,

* Este texto foi publicado inicialmente no livro *As jornadas de junho*, organizado por Plínio de Arruda Sampaio Jr. (ICP, 2014) e modificado para a presente publicação.

** Professor da Escola de Serviço Social da UFRJ. Membro do Núcleo de Pesquisas e Estudos Marxistas (NEPEM); Núcleo de Educação Popular (NEP-13 de Maio) e do Comitê Central do PCB.

1. Luxemburgo, Rosa de. *Greve de massas, partido e sindicatos*. São Paulo: Kairós, 1979. p. 43.

também, algumas pistas importantes para a reflexão da dimensão estratégica da revolução brasileira.

Nossa compreensão se fundamenta na premissa de que as contradições próprias da ordem capitalista — em última instância, as que se referem à contradição entre o desenvolvimento das forças produtivas e as relações sociais de produção (Marx, 2007, p. 45) — se expressam em conjunturas que ora revelam nitidamente essa contradição, ora a ocultam e a disfarçam sob o manto da harmonia. Desta maneira, não há contradição entre o apassivamento da classe trabalhadora, característica marcante do ciclo da democracia de cooptação (Fernandes, 1975; Iasi, 2012), e a explosão de massas verificada.

A forma socialmente necessária de expressão das contradições mais profundas e de sua manifestação mais imediata na conjuntura vinha se manifestando na consolidação de uma hegemonia burguesa fundada no apassivamento de setores da classe trabalhadora, operada pelo transformismo[2] do Partido dos Trabalhadores (PT), que fez uma profunda inflexão, primeiro ao centro e, depois, amoldando-se nos limites da ordem burguesa.

Esse apassivamento, é bom que se diga, não significa ausência de lutas, como prova o crescimento do número de greves e a resistência de várias categorias de trabalhadores, como a construção civil, funcionários públicos, professores do ensino público federal, garis, rodoviários e outros. No entanto, essas lutas expressavam uma resistência diante de uma hegemonia soldada por um pacto de classes entre a pequena burguesia política, representada pelo PT, e setores das camadas dominantes da burguesia monopolista (industrial, agrária, comercial e financeira), que impunha os termos de uma democracia de cooptação, isto é, a busca de adesão das camadas proletárias e das massas urbanas e rurais à ordem burguesa, ainda que oferecendo pouco em termos de direitos e acesso a bens e serviços.

---

2. Segundo Gramsci, *transformismo* seria "absorção gradual, mas contínua, e obtida com métodos de variada eficácia, dos elementos ativos surgidos dos grupos aliados e mesmo dos adversários e que pareciam irreconciliáveis inimigos" (Gramsci, 2011, p. 318).

A instabilidade dessa forma, encontrada para solucionar os problemas da hegemonia burguesa no Brasil, reside no fato de que a ordem monopolista e imperialista exigia a contrarreforma do Estado e seu saneamento financeiro, o que implica na política de *superávits* primários, a responsabilidade fiscal, o equilíbrio monetário e outros elementos que levam, necessariamente, ao garroteamento das políticas públicas e dos investimentos necessários no sentido das reais necessidades da maioria da população.

A solução encontrada foi, nos termos do pacto de classes capitaneado pelos governos petistas, uma política de desenvolvimento econômico que garantisse os marcos necessários para a acumulação de capitais que supostamente levaria ao aumento da arrecadação e a lenta e focalizada transferência para políticas de amenização da miséria extrema. Nos termos idealizados do pacto e da democracia de cooptação, todos sairiam ganhando: os trabalhadores, pelo aumento da oferta de emprego (ainda que achatando os salários no topo da pirâmide de assalariados e precarizando direitos e vínculos trabalhistas) e pelo acesso ao consumo, via facilitação de crédito; para aqueles abaixo da linha da miséria absoluta (menos de um dólar ao dia), com políticas compensatórias como o Bolsa família; para os grandes empresários do capital monopolista, além das condições macroeconômicas e o saneamento do Estado, subsídios diretos e "previsibilidade" para fazer seus investimentos e garantir suas taxas de lucro.

Ao que parecia, o único setor que supostamente não se beneficiaria desse "novo contrato social" seria o "capital financeiro especulativo", como se pode ver nas resoluções do 12º Encontro Nacional do PT, que antecede a eleição de Luiz Inácio Lula da Silva em 2002:

> Um novo contrato social, em defesa das mudanças estruturais para o país, exige o apoio de amplas forças sociais que deem suporte ao Estado-nação. As mudanças estruturais estão todas dirigidas a promover uma ampla inclusão social — portanto, distribuir renda, riqueza, poder e cultura. *Os grandes rentistas e especuladores serão atingidos diretamente pelas políticas distributivistas e, nessas condições, não se beneficiarão do novo contrato social. Já os empresários produtivos de qualquer porte* estarão con-

> templados com a ampliação do mercado de consumo de massas e com a desarticulação da lógica financeira e especulativa que caracteriza o atual modelo econômico. Crescer a partir do mercado interno significa dar previsibilidade para o capital produtivo[3] (grifos do autor).

Como vemos, o meio para viabilizar o pacto seria o desenvolvimento de um "mercado de consumo de massas" que exigiria facilidades para o capital em todos seus setores, industrial, exportador e importador, agrário etc. O setor financeiro não ficaria de fora, uma vez que a inclusão via acesso ao mercado exigia a intermediação dos bancos, seja, por um lado, pela política de oferta de crédito, seja pela financeirização das políticas sociais via bolsas e cartões (Granemann, 2012).

Num primeiro momento, os efeitos dessa resposta se fizeram sentir em níveis de crescimento econômico, de emprego e de consumo, que garantiram patamares razoáveis para a acumulação de capitais e o funcionamento da democracia de cooptação. O correspondente político da alternativa econômica escolhida exigia um pacto de classes; no entanto, aquilo que de fato se entregava como "concessão" aos trabalhadores era muito pouco. Nesse sentido, não podemos entender a cooptação como se fosse possível estendê-la ao conjunto da classe. Como afirmou Eli Diniz (1997, p. 187):

> O que se procura é alcançar um equilíbrio entre a viabilidade econômica do programa de ajuste e sua exequibilidade política. Tal equilíbrio não se obtém espontaneamente, senão que resulta de uma estratégia deliberada de busca do consentimento ativo dos grupos sociais estratégicos, trabalhadores e empresários, que formam uma das partes do tripé constituído pelo governo, partidos e organizações de cúpula representantes do capital e do trabalho.

Notem que a autora corretamente indica que o pacto é firmado entre organizações de cúpula dos representantes das classes. Na par-

---

3. Resoluções do 12º Encontro Nacional (2001). Diretório Nacional do Partido dos Trabalhadores, São Paulo, 2001, p. 38.

te do capital, ainda que existam tensões, a distância entre a representação e a classe é menos problemática, mas, no caso da classe trabalhadora, supõe-se que a sua representação fale em seu nome para exercer uma política contra seus interesses reais.

Nenhuma política nessa direção se sustentaria se não houvessem bases materiais para um consentimento ainda que parcial. Essa base material se alicerçou no controle da inflação, que poupava parte dos salários da corrosão de seu poder de compra no ritmo que existia antes, no aumento dos níveis de emprego e na facilidade do acesso ao consumo via ampliação do crédito. Vejam que mesmo os elementos supostamente favoráveis aos trabalhadores implicam em transferência do fundo público para o setor monopolista da economia capitalista desenvolvida. Para manter os níveis de emprego, operam-se desonerações, subsidia-se o consumo via renúncia fiscal e mantêm-se um certo patamar de juros para garantir a estabilidade do setor financeiro.

O preço a pagar por essa estabilidade é a inviabilização do Estado como indutor de um desenvolvimento mesmo nos termos reformistas apontados pelo programa do PT. As políticas sociais têm que se manter nos limites das políticas compensatórias e focalizadas tal como defendidas pelo Banco Mundial, os serviços públicos não podem dar o salto necessário para enfrentar sua grave crise de sucateamento aprofundada por décadas de descaso. Mais uma vez, a solução beneficia a lógica do mercado: as parcerias público-privadas e a intensificação das privatizações.

No campo político, o pacto social exigia, assim como no econômico, a manutenção das chamadas macrocondições econômicas, a continuidade da forma política que assumiu o Estado brasileiro na transição para a ordem democrática. A crise da autocracia burguesa e o processo de democratização que se seguiu não podia simplesmente quebrar as formas autoritárias e instituir formas de representação política que refletissem a real disputa que ocorria na sociedade, uma vez que esta expressava um acirramento da luta de classes.

No início da transição, os militares, testas de ferro dos interesses da grande burguesia monopolista e imperialista, impuseram as chamadas "salvaguardas" e mantiveram uma série de dispositivos que eram identificados à época como "entulhos autoritários". A Constituição Federal aprovada em 1988, chamada de "cidadã", revela um equilíbrio de forças instável, mas uma clara hegemonia. Ainda que a luta dos trabalhadores tenha imposto certos aspectos no texto constitucional (a maioria dependendo de legislações complementares), é inegável que o setor conservador não teve dificuldade de garantir o essencial de seus interesses. Seja na ordem econômica, seja na forma política de seu Estado.

O que ainda carece de uma análise mais aprofundada é que o chamado processo de democratização democratizou muito pouco a forma política. Ofuscado pela aprovação da eleição direta para Presidente, os olhos desatentos nem perceberam que a estrutura fundamental de poder das camadas dominantes seguia intacta. Os chefes dos Executivos governariam com casas legislativas na forma do que Limonge e Figueiredo (1998) denominaram de presidencialismo de coalizão, ou seja, a governabilidade se daria pela formação de bases de apoio buscando alianças com as bancadas e seus líderes, tendo como moeda de troca a oferta de cargos no governo, aprovação de emendas orçamentárias visando atender aos *lobbies* que atuam por meio dos parlamentares, ou na liberação de recursos de formas lícitas e, como vimos, ilícitas.

Antes da chegada ao governo, o PT via essa forma como um limitador de sua autonomia de governar e na implantação de reformas mais profundas. Na situação de governo, tratava-se de manter a governabilidade e garantir as condições de continuidade e, nessa direção, a forma do presidencialismo de coalizão se mostrou, como de fato é, muito eficaz. É por isso que a reforma política, que era vista como uma precondição nas resoluções anteriores a 2002, foi abandonada por dez anos sem sequer ter sido insinuada como debate central das preocupações de governo.

A reeleição para um segundo mandato de Lula e a continuidade com a eleição de Dilma Rousseff levou o núcleo dirigente petista à ilusão de que a democracia de cooptação e o apassivamento eram seguros e estáveis como forma política de sua perpetuação. Para os mais ingênuos, um mal necessário para ir se acumulando forças e gotejando melhorias até transformações mais profundas, que tocassem nas raízes das desigualdades sociais, regionais, culturais, políticas, que marcavam como uma cicatriz a carne de nossa formação social.

Quando as massas explodem nas ruas em junho de 2013, tendo por estopim o aumento das passagens de ônibus, para a cúpula petista a rebelião não tem nenhuma explicação e devemos entender a surpresa da pequena burguesia política em seu casulo de degeneração burocrática. Afinal, o Brasil havia passado pelo pior da crise internacional que se agravou em 2008 com a quebra dos EUA, havia enfrentado com prepotência e arrogância a greve dos professores do ensino público federal e dos servidores públicos, sem ceder e alterar sua prioridade de garantir a estabilidade do setor privado; a economia, ainda que debilitada, se aguentava; o país havia sido escolhido para sediar grandes eventos esportivos, os níveis de aceitação do governo Dilma ultrapassavam a casa dos 60% e o governo impunha condições para as alianças nas eleições de 2014. De onde brotara aquele oceano tormentoso de insatisfação?

Não se podia culpar (ainda que se tenha tentado) a oposição de direita por dois motivos simples: além de a direita brasileira sofrer de uma doença histórica, o udenismo, isto é, ter enorme dificuldade em se apresentar como uma verdadeira alternativa de massas (quando conseguiu, foi com o desastre político de Jânio Quadros), a direita viu suas bandeiras e pressupostos roubados pelo governo do PT, que manteve, na essência, as mesmas linhas da política chamada de neoliberal. Por outro lado, a direita apresentava-se cindida entre sua expressão política (PSDB, PPS e as diferentes máscaras com as quais a ARENA tentou se disfarçar no processo de abertura — liberais, democratas, republicanos e outras metáforas), que claramente esperava a crise do atual governo para se apresentar como alternativa, e sua expressão direta de classe, que é sua substância, as personificações da grande burguesia monopolista e imperialista. Esta não só participa do governo como vem logrando taxas de lucro inimagináveis com a direção adotada.

Evidente que a oposição partidária da direita tentou tirar proveito da crise instalada, mas não parece ter tido sucesso além da sangria dos níveis de popularidade do governo, isto é, tal desgaste não transfere apoio para alternativas ou candidaturas desse campo de forma natural, como mostram as dificuldades de Aécio Neves.

A oposição de esquerda, representada por aqueles que não aderiram ao pacto e que resistiram duramente contra os ataques aos interesses dos trabalhadores — refiro-me ao PCB, PSTU, PSOL e PCO, mas também a uma série de organizações e grupos que não optaram por assumir a forma de organização instituída —, certamente contribuíram e estiveram presentes nos atos, mas não se pode afirmar que os tenham produzido e possam dirigi-los na direção que gostariam, seja na sua potencialização eleitoral, seja na perspectiva de ruptura. Como reflete Rosa de Luxemburgo (1979, p. 43) ao tratar das greves de massas, a dinâmica das explosões sociais de massa nascem sempre de "incidentes particulares, locais e fortuitos, e não de um plano preconcebido e deliberado".

Como tudo na luta política, o sentido dos atos de massa estão sendo disputados, alguns com mais substâncias, outros de forma burlesca. As forças governistas, depois de uma vã tentativa de se fingir de morto e fazer de conta que os acontecimentos não lhes diziam respeito, enquanto rezava para passar rápido, construíram um discurso pitoresco, segundo o qual as massas estavam na rua porque estavam tão contentes com o que já havia sido feito que queriam mais. Outros setores do governismo, um pouco mais sensatos, não se recusavam a ver as contradições e tentaram mover suas bases sociais, ou o que restou delas, para apoiar os atos e se fazerem presentes numa espécie de psicose louvável e necessária, procurando diferenciar o governo que foi pelo caminho do pacto e suas organizações sociais que estavam ligadas às lutas em sua origem. O problema dessa segunda opção, ainda que inegavelmente mais coerente que a primeira, é que esses setores, diante da necessidade de defender o governo, não buscaram se diferenciar — durante os últimos dez anos, em situações dramáticas como a Reforma da Previdência, a aprovação dos transgênicos, as alianças com a direita e o centro na base de sustentação — do governo que impunha alianças regionais com a fina flor da política conservadora, a destruição dos serviços públicos pela política direta ou indireta de privatizações e muitos outros episódios que eram sempre considerados menores diante da prioridade que era garantir o governo contra um suposto retrocesso.

Tal postura isolou os setores mais à esquerda da base governista em relação às bases sociais, fazendo com que minguassem dentro da estrutura partidária. Além disso, sua maior dificuldade sempre foi participar ativamente das manifestações tentando abstrair que elas se dirigiam, também, contra o governo do PT e sua opção política, como no caso evidente do prefeito de São Paulo, Fernando Haddad, ou dos governos de Eduardo Paes e Sérgio Cabral, no Rio de Janeiro, que contam com o apoio e a participação direta do PT.

Bourdieu (1998, p. 185) afirma que:

> O campo político é o lugar de uma concorrência pelo poder que se faz por intermédio de uma concorrência pelos profanos, ou, melhor, pelo monopólio do direito de falar e de agir em nome de uma parte ou da totalidade dos profanos. O porta-voz apropria-se não só da palavra do grupo dos profanos, quer dizer, na maioria dos casos, do seu silêncio, mas também da força desse mesmo grupo, para cuja produção ele contribuiu ao prestar-lhe uma palavra reconhecida como legítima no campo político.

A direita, através dos seus meios de comunicação, tentou de igual maneira se apoderar do "silêncio dos profanos" e de sua força para represá-la nos limites da ordem, impondo bandeiras de luta, palavras de ordem e mesmo tentando impor uma identidade fundada em um nacionalismo despolitizado e moralizador, que vicejou por um tempo para logo em seguida ser descartado. A extrema direita e seu já citado "udenismo" tentou pegar uma carona e também foi deixada pelo caminho, voltando aos esgotos que é seu lugar.

No espectro da esquerda, também há uma disputa pelo sentido das manifestações. Também entre nós, temos tentativas ridículas e algumas grosseiras, mas é evidente que a esquerda se sentiu muito mais à vontade com as manifestações do que a direita e a rebaixada política da pequena burguesia conformista. O eixo central da diferenciação no interior de um espectro de esquerda se encontra, de um lado, na direção da ação direta e, de outro, na direção da ação política das organizações mais instituídas no campo político.

Não nos parece possível apresentar as manifestações como se fosse inequivocamente expressão apenas da intencionalidade política que opta pela ação direta, ao mesmo tempo que se condena qualquer outra direção política como um desvio da intencionalidade pura das massas.

A tática da ação direta tem toda a legitimidade de disputar a direção política ou o sentido das manifestações e creio que, por um momento, essa tática foi exitosa nesse intento, mas, como afirmamos, as manifestações em si mesmas são uma reação às contradições que germinavam, não sendo expressão da intencionalidade política de um ou outro grupo, organização ou quem busca se apresentar como "não organizado".

A força da tática da ação direta acaba por se impor por vários motivos. Talvez o mais fundamental deles seja o desgaste e a crise da forma da democracia representativa e das instituições a ela ligadas. A política foi identificada como a mera conveniência de um jogo de interesses para conquistar posições de poder da ordem institucional, seja numa dimensão maior, como governos municipais, estaduais e federal, seja em escala menor, como mandatos e cargos administrativos. No fundo, as manifestações cobram soluções e, ao mesmo tempo, afirmam não acreditar na imensa superestrutura política e seu intrincado funcionamento, que quer se apresentar como mediador natural e inevitável entre as demandas apresentadas e os meios para realizá-las.

Colocada nesses termos, essa constatação está correta. Deixemos aos adoradores da ordem democrática burguesa a tarefa de defendê-la no momento de sua decomposição evidente; para os marxistas revolucionários, a atual crise é a evidência de que o Estado Burguês não consegue mais manter, sob manto enganoso da universalidade abstrata de direitos de uma ordem democrática, seus verdadeiros e particulares interesses de classe.

Estamos diante de um aspecto central da estratégia democrática popular que hegemoniza o período histórico no qual nos encontramos. As lutas sociais e as demandas da classe trabalhadora geram tensões que se manifestam em ações, protestos, greves e outras formas de resistência, que servem de forma de pressão sobre o Estado para gerar políticas públicas, direitos ou medidas imediatas que atendam à reivindicação particular apresentada. O conjunto dessas lutas é um meio de acúmulo de forças que deveria se expressar em um aumento da representação política institucional daquelas forças que participam dessas lutas. Essa seria uma das "verdades consagradas", como ironizava Caio Prado Jr. (1978), que boa parte da esquerda tomou como forma natural de desenvolvimento da ação política. Tal forma apresenta claros sinais de esgotamento.

A ação direta se apoia nessa insatisfação real e daí sua correspondência com a consciência que desperta. Outro aspecto é a forma tática propriamente dita do confronto das quais os *Black-blocs* são apenas uma das expressões. Caso consideremos a tática em si mesma, isolando-a momentaneamente de outras dimensões, ela representa a necessidade de superar uma forma meramente defensiva de manifestação, forçando o Estado Burguês e seus instrumentos repressivos a revelar sua verdadeira função e caráter. Cumprem, de início, uma função defensiva, protege os manifestantes da ação repressiva da polícia; em seguida, cumpre uma função didática e simbólica ao atacar ícones da ordem capitalista, seja no ataque a bancos e estabelecimentos comerciais, seja no ataque aos símbolos da ordem política burguesa como as assembleias legislativas, câmaras de vereadores, sedes de governo e figuras públicas que identificam o poder estabelecido.

Essa ação constituiu um fato novo e imprimiu uma marca original ao momento conjuntural, sendo eficaz naquilo que pretendia. Ainda que não concordemos inteiramente com a forma como foi executada, os revolucionários de orientação marxista não devem condenar e muito menos criminalizar os que praticam a ação direta, escondendo-se atrás do discurso que tais atitudes prejudicam os atos e seus verdadeiros objetivos, ou que se opõem à consciência imediata das massas trabalhadoras afastando-as das manifestações.

Os dois argumentos são falhos. As manifestações trazem um aspecto, a nosso ver, muito positivo, que é a pluralidade de demandas e a fusão de identidades. Vejamos mais detidamente esse fenômeno. Os atos se iniciaram por uma resistência contra o aumento das passagens e logo se estenderam para lutas pela educação, pela saúde, contra as obras da Copa do Mundo de Futebol, contra a violência da polícia etc. Não se trata de contrabando de demandas para colá-las na manifestação dos outros, mas do momento da formação de uma identidade essencial para a conformação da consciência de classe, momento no qual cada um vê na luta do outro sua própria luta, permitindo o que Sartre (1979) denominou de fusão.

Essa fusão expressa nas manifestações de massa é multifacetada, mas não despolitizada, isso porque tem um alvo claro; e, depois de momentos de indefinição, purgou-se de elementos que lhe eram estranhos (claramente os contrabandos, estes sim, da mídia burguesa e o oportunismo da extrema direita) e mirou a ordem burguesa e suas expressões mais evidentes. Ora, falar das "verdadeiras motivações" contra o caráter radical das manifestações pode nos levar a cobrar que estas recuem até as formas bem comportadas de reivindicações específicas e particularizadas que caracterizavam o último período.

Afastadas essas perturbações, resta o debate político, que é o que nos interessa. Considerando que a ação direta é uma tática legítima e que não é incompatível com uma postura militante de confrontação contra a ordem burguesa na perspectiva de sua superação, ela é exatamente isto, uma tática. Sua principal virtude é ter provocado a reação da ordem na forma como o fez, desmascarando-a e colocando a nu seu verdadeiro caráter. Como dizia Gramsci (1977, p. 65), os revolucionários devem "obrigar a burguesia a sair do equívoco democrático, a sair da legalidade, e determinar uma sublevação dos estratos mais profundos e vastos da classe trabalhadora". Diante dessa reação e dos efeitos esperados e graves, que incluem a criminalização, as prisões, os processos, coloca-se a questão dos próximos passos.

Parece haver uma compreensão de que se trata apenas de uma intensificação dos mesmos procedimentos até sua inevitável generalização. Não acreditamos nesse caminho e isso por um motivo elementar: o caráter do Estado burguês no Brasil.

As classes dominantes no Brasil demonstram historicamente a incrível capacidade de antecipar as mudanças conservadoras e os acertos dentro da ordem para evitar que a eclosão da luta dos trabalhadores possa se tornar uma alternativa real de poder e ameace sua ordem de dominação. Florestan Fernandes (1975), ao analisar a Revolução Burguesa no Brasil, denominou esse processo de uma "contrarrevolução permanente", ou "preventiva".

Nos momentos mais agudos da crise, quando se gestam alternativas revolucionárias, as classes dominantes se antecipam e ocupam o espaço com transformações pelo alto e nos limites da ordem. Foi assim também com a crise da ditadura e o processo de democratização como descrevemos. Há um mito no Brasil e que perambula em nossas formulações estratégicas como um cadáver insepulto: o mito da fraqueza estrutural de nossa burguesia. Nessa aproximação é a fraqueza da classe dominante que faz com que ela se ampare em formas coercitivas e não possa conviver com processos democráticos. Segundo esse mito, a falta de força e independência da burguesia a levou a fazer concessões aos interesses das oligarquias e deixar inconcluso o processo da revolução burguesa no Brasil.

Estamos diante de um reviver desse mito, só que agora com sinais trocados. Com a crise do capitalismo monopolista, na ausência de condições políticas para formas abertamente ditatoriais e de alternativas para a burguesia impor seu domínio com amplo apoio de massas (pela impossibilidade de um Estado de bem-estar social no Brasil), as classes dominantes seriam obrigadas a se apoiar em setores dos trabalhadores que, com isso, se beneficiariam com um tipo de desenvolvimento mais inclusivo, que iria diminuindo as desigualdades que marcam nossa sociedade.

Florestan (1975), na mesma obra já citada, nos alerta para o seguinte: "não existe uma 'burguesia débil', mas outras classes (ou setores de classe) que tornam a dominação burguesa mais ou menos vulnerável" (op. cit., p. 213). No caso brasileiro, a burguesia não se coligou à oligarquia por nenhuma fraqueza, mas por força, isto é, uma vez que logrou impor seu padrão de civilização e consonância com o desenvolvimento econômico mundial, a ordem burguesa e sua consolidação passam a ser uma garantia da oligarquia contra as pressões que poderiam vir de baixo. Aproveitando-se das oportunidades,[4] a burguesia logrou consolidar uma aliança com as oligarquias não para ceder ao padrão oligárquico, mas para consolidar o padrão burguês.

Por analogia em relação ao argumento do sociólogo brasileiro, a burguesia não vai em direção ao pacto de classe com setores das classes trabalhadoras — mais especificamente setores que se deslocam dessa classe em direção a uma posição pequeno-burguesa num processo de transformismo — por ela se encontrar débil ou fraca para enfrentar dificuldades que se antepõem ao processo de acumulação de capitais, mas, ao contrário, ela consegue atrair setores da classe trabalhadora para a aceitação da ordem burguesa como único caminho para a realização, ainda que limitada, dos interesses dos trabalhadores.

É preciso que se afirme que a burguesia monopolista brasileira e os grandes monopólios imperialistas foram vitoriosos em sua estratégia de transição no Brasil, com a ordem burguesa consolidada e o país plenamente integrado à ordem capitalista e imperialista mundial, relativamente sem grandes custos políticos para a ordem burguesa. Isso não é demonstração de debilidade, mas de força. As manifestações são um problema para essa ordem, que funcionava aparentemente tão bem;

4. "O que determinou a transição não foi a 'vontade revolucionária' da burguesia brasileira nem os reflexos do desenvolvimento do mercado interno sobre uma possível revolução urbano-industrial dinamizável a partir de dentro. Mas o grau de avanço relativo e de potencialidades da economia capitalista no Brasil, que podia passar, de um momento para o outro, por um amplo e profundo processo de absorção de práticas financeiras, de produção industrial e de consumo inerentes ao capitalismo monopolista. Esse grau de avanço relativo e de potencialidades abriu a oportunidade decisiva que a burguesia brasileira percebeu e aproveitou avidamente, modificando seus laços de associação com o imperialismo" (Fernandes, 1975, p. 215).

daí a violência com que são atacadas, assim como as persistentes manifestações de miséria, como as favelas, tinham que ser "pacificadas".

O que queremos indicar é que há um risco em acreditar que podemos mudar este país a golpes de manifestações e essa ilusão deriva de uma incorreta definição de quem são nossos reais inimigos. Nosso adversário real é a ordem burguesa; sua personificação é uma burguesia monopolista e imperialista, que conta com poderosos instrumentos de poder na forma de Estados nacionais e aparelhos militares e policiais altamente competentes para aquilo que foram criados. Entre nossas demandas e necessidades e eles, há não apenas esses aparelhos de coerção, como aparelhos privados de hegemonia na forma de meios de comunicação, instituições da sociedade civil burguesa, aparelhos ideológicos, organizações culturais e toda uma gama de instâncias que assumem a forma fetichizada da sociedade contra a real substância que a constitui, que somos nós, os trabalhadores e nossas necessidades pobres, nossas casas feias, nossos bairros caóticos, nossas crianças sujas, nossa saúde debilitada, nossa persistente alegria e disposição de viver, apesar de tudo.

Nós ainda nem sequer arranhamos suas estruturas de poder; no máximo, atrapalhamos o jogo de espelhos que escondiam a brutalidade desta ordem sob a forma de uma harmonia democrática inquestionável, perturbada por fatos isolados de violência. As passagens não aumentaram naquele momento. Quando um trabalhador era torturado e assassinado pela PM no Rio de Janeiro, ou um jovem abatido a tiros pela PM de São Paulo, iam para as estatísticas e o esquecimento. Agora explodem em manifestações e em revolta dirigida contra a ordem. É bom, mas é pouco.

A ordem pode reciclar-se, livrar-se de seus capachos que tão bem lhes serviram até agora, mudar as pessoas, mascarar as formas antigas e apresentá-las como grandes novidades e nos impor, novamente, a continuidade da mesma velharia reformada. De certa forma, foi o que resultou na transição da ditadura para a democracia.

É necessário que compreendamos que a crise atual é a crise de uma formulação estratégica e não um mero momento de seu desvio, um descaminho de uma proposta em si mesma correta. O fundamento dessa estratégia, que procurou superar a Estratégia Democrática Nacional tal como apresentada pelo PCB até os anos 1980, consiste em afirmar que, diante da impossibilidade de uma alternativa socialista e da incompletude das tarefas da revolução democrática burguesa, porque a burguesia não mais as efetivará, nos levaria à necessidade de uma revolução protagonizada pelos trabalhadores em aliança com os setores médios da sociedade, que apresentasse como tarefa mudanças estruturais que, devido ao caráter da burguesia brasileira, não seriam aceitas sem uma ruptura. Uma vez que, segundo tal formulação, essa transformação teria que sera expressão da vontade majoritária das massas, essa ruptura teria que ser antecedida por um acúmulo de forças que se lograria pela combinação da organização social e popular de um lado e a ocupação de espaços institucionais (governativos e parlamentares) de outro.

Ora, o fundamento para tal estratégia é a possibilidade de ter ocorrido no Brasil uma transformação que teria alterado a natureza do Estado, isto é, nos termos de Carlos Nelson Coutinho (2008), o Brasil teria deixado de ser uma sociedade "oriental", na qual o Estado age diretamente sobre a sociedade sem a mediação de uma sociedade civil, ou com uma sociedade civil "gelatinosa", para uma sociedade "ocidental", que se caracteriza pela constituição de uma sociedade civil forte, que realiza a mediação entre os indivíduos que compõem a sociedade e o Estado como sua expressão política genérica.[5]

O problema que esta constatação pode ser e foi compreendida de várias e diferentes formas. Constatando que o Estado brasileiro percorreu esse caminho, podemos entender que ele não perdeu seu caráter de classe, continua, como sempre foi, um Estado que garante os interesses de classe da classe economicamente dominante, apenas somando aos instrumentos de caráter mais diretamente coercitivo,

---

5. "Malgrado todos os limites, a transição revelou, em seu ponto de chegada, um dado novo e extremamente significativo: o fato de que o Brasil, após vinte anos de ditadura, havia se tornado definitivamente uma sociedade 'ocidental', no sentido gramsciano do termo" (Coutinho, 2008, p. 133).

outros que visam a formação do consenso. O petismo governista parece acreditar que a modernização do Estado o desloca para algo acima dos conflitos de classe, tornando possível que seu caráter seja determinado pela correlação de forças. Dominado por forças conservadoras, ele é burguês; numa correlação de forças de um governo petista em aliança com setores da burguesia, ele é um Estado "democrático"; caso a correlação de forças apresente-se a favor das forças populares, torna-se "democrático e popular" e assim por diante.[6]

O que a experiência histórica e as recentes manifestações comprovaram é que o Estado burguês, na forma de um Estado democrático sob a condução de um pacto de classes do PT com a burguesia, cumpre zelosamente sua função de garantir os interesses da burguesia, inclusive no que diz respeito à manutenção da ordem. Os limites e impasses no rumo da estratégia democrática popular nos impõem a necessidade de pensar os caminhos da transformação social no Brasil nos termos de uma estratégia socialista e revolucionária.

Referências

BOBBIO, Norberto. *Teoria geral da política*. Rio de Janeiro: Campus, 2000.

BOURDIEU, Pierre. *O poder simbólico*. Rio de Janeiro: Bertrand Brasil, 1998.

COUTINHO, Carlos Nelson. *Contra a corrente:* ensaios sobre democracia e socialismo. 2. ed. São Paulo: Cortez, 2008.

DINIZ, Eli. *Crise, reforma do Estado e governabilidade*. Rio de Janeiro: FGV, 1997.

GRAMSCI, Antônio. *Cadernos do cárcere*: O risorgimento [notas sobre a história da Itália]. Rio de Janeiro: Civilização Brasileira, 2011.

6. É o que pensa Norberto Bobbio: "Em uma sociedade fortemente dividida em classes contrárias, é provável que o interesse da classe dominante seja assumido e sustentado até mesmo coercitivamente enquanto interesse coletivo. Em uma sociedade pluralista e democrática, na qual as decisões coletivas são tomadas pela maioria (ou pelos próprios cidadãos, ou por seus representantes), considera-se interesse coletivo aquilo que foi aprovado pela maioria" (Bobbio, 2000, p. 220-221).

GRAMSCI, Antônio. Os revolucionários e as eleições. In: ______. *Escritos políticos*. Lisboa: Seara Nova, 1977. v. II.

GRANEMANN, Sara. Fundos de pensão e a metamorfose do "salário em capital". In: SALVADOR, Evilásio et al. (Orgs.). *Financeirização, fundo público e política social*. São Paulo: Cortez, 2012. p. 243-260.

IASI, Mauro L. Democracia de cooptação e o apassivamento da classe trabalhadora. In: SALVADOR, Evilásio et al. (Orgs.). *Financeirização, fundo público e política social*. São Paulo: Cortez, 2012. p. 285-317.

FERNANDES, Florestan. *A revolução burguesa no Brasil*. Rio de Janeiro: Zahar, 1975.

LIMONGE, F.; FIGUEIREDO, A. "As bases do presidencialismo de coalizão". *Lua Nova*, n. 48, p. 81-215, 1998.

LUKÁCS, G. *Táctica y ética:* escritos tempranos 1919-1929. Buenos Aires: El Cielo por Asalto, 2005.

LUXEMBURGO, Rosa. *Greve de massas, partido e sindicatos*. São Paulo: Kairós, 1979.

MARX, Karl. *Contribuição à critica da economia política*. São Paulo: Expressão Popular, 2007.

PT. Resoluções do 12º Encontro Nacional (2001). Diretório Nacional do Partido dos Trabalhadores, São Paulo, 2001.

PRADO JR., Caio. *A revolução brasileira*. São Paulo: Brasiliense, 1978.

SARTRE, Jean-Paul. *Critica de la razón dialéctica*. Buenos Aires: Losada, 1979. v. II.

3

Oposição sindical metalúrgica de São Paulo: história, organização e lutas

Maria Rosângela Batistoni*

1. As raízes da Oposição Sindical Metalúrgica de São Paulo: resistência e *exílio nas fábricas*[1] (1967-1977)

Há mais de três décadas a sociedade brasileira foi marcada pela reinserção da classe operária na cena política, sinalizada pela eclosão de um vigoroso movimento grevista que se alastrou pela concentração industrial na região metropolitana de São Paulo, como é de conhecimento. Produto histórico da consolidação da acumulação monopo-

* Professora adjunta do Curso de Serviço Social da UNIFESP; docente colaboradora do Programa de Pós-Graduação em Serviço Social da UFJF; pesquisadora e colaboradora da Associação Projeto Memória da OSMSP/IIEP.

1. Exílio nas fábricas: expressão precisa que tomo de Faria (1986).

lista sob a ditadura militar, os *novos proletários* impuseram as suas reivindicações, como exigências de classe, e atingiram o coração de uma burguesia despótica e de seu Estado autocrático, na fábrica e fora dela. A luta dos trabalhadores por aumento salarial e acesso aos ganhos de produtividade feriu a economia política da ditadura, transformando-se em contestação política ao desmascarar o caráter de outorga e tutela de seu projeto de autorreforma.[2]

Na atividade silenciosa, clandestina e persistente de reaproximação dos núcleos de resistência nas fábricas, bairros e sindicatos, após as derrotas sofridas no primeiro momento da ditadura (1964-1968), desenvolveram-se as experiências das chamadas *oposições sindicais*.[3] Alinharam-se em torno da luta contra a estrutura sindical oficial e pela organização de base nos locais de trabalho, especialmente através das comissões de fábrica (Silva e Paciornik, 1982, p. 23-40).

No universo das *oposições sindicais*, a experiência da *Oposição Sindical Metalúrgica de São Paulo*[4] foi a mais emblemática, por sua longa e combativa trajetória, pelo projeto político-sindical sustentado, referência que deu nascimento a várias *oposições* entre os trabalhadores da cidade e do campo.

Em sua trajetória, a OSM-SP afirmou-se como uma *frente de trabalhadores*, centrada em um *programa* de defesa de um sindicalismo livre, democrático e de massa e pela auto-organização dos trabalhadores nas fábricas, através de grupos e comissões orientados pela perspectiva de independência *política e ideológica* dos organismos

2. A compreensão destes processos exige contextualizações e explicitação de premissas de análise que, nos limites do texto, são apenas referidas em suas fontes. Fernandes (1976, 1982), Ianni (1981), Netto (2014), Antunes (1991), Toledo (1997), entre outros referidos.

3. Trata-se de grupos de militantes oriundos da experiência ou não da luta armada, da esquerda católica e sindicalistas, que mantiveram prática permanente nas fábricas e regiões industriais, diferenciando-se das frentes formadas para disputar eleições dos sindicatos.

4. As linhas interpretativas desenvolvidas neste artigo são sistematizadas de pesquisa e produção em Batistoni (2001, 2010) e Faria (1986), além de extensa e vasta documentação da OSM, organizados no Acervo Projeto Memória, disponíveil no *site*: <www.iiep.org/index1.html>. Parte deste acervo encontra-se também no Centro de Documentação e Pesquisa Vergueiro/CPV. Disponível em: <www.cpvsp.br/acervo.php>. Acesso em: jul. 2014.

operários. A esta *direção*, a OSM subordinou a ocupação e a atuação no aparelho sindical oficial. Seu objetivo imediato foi o de conquistar a diretoria do Sindicato dos Metalúrgicos do Município de São Paulo, pela via das eleições sindicais, portanto, *por dentro* da estrutura, assentada no apoio e na organização de base nas fábricas do centro da maior concentração operária do país.

As origens da OSM remontam aos anos entre 1966-1968, período em que passada a repressão imediata ao golpe militar, o movimento operário se reativara, seja pressionando as articulações sindicais toleradas à luta contra o arrocho (a exemplo do Movimento Intersindical/MIA de 1967), seja pela retomada das greves fabris como as de Contagem/MG e de Osasco/SP em 1968.[5]

A OSM nasceu no marco dessa ofensiva operária, com a formação de uma chapa de oposição nas eleições sindicais de 1967, integrada por militantes da esquerda católica, sindicalistas e trabalhadores de fábricas médias e pequenas da base metalúrgica. Essa frente representou um esforço embrionário de retomada do aparelho sindical, abrindo a disputa com a diretoria de antigos interventores no Sindicato dos Metalúrgicos da capital paulista na denúncia à sua prática policialesca, antidemocrática e entreguista.[6] Nas eleições sindicais de 1969, o grupo não apresentou chapa; em 1972, organizou uma chapa com o objetivo de propagandear a existência de uma oposição sindical e de se aproximar da categoria.

Com a decretação do AI-5, em dezembro de 1968, a repressão e violência policial-militar institucionalizaram-se em todo seu alcance

5. Greves que foram manifestações abertas e diretas contra a política de contenção salarial do regime, criando novas formas de organização e luta, com ocupação das fábricas, piquetes de autodefesa e a comissão de fábrica. O desfecho destas greves é conhecido: o confronto direto dos trabalhadores com o regime, a invasão policial dos sindicatos, cassações e prisões. A greve da Cobrasma em Osasco, em especial, permaneceu como um marco de ruptura resgatado, de modos distintos, no ressurgimento do movimento grevista no final dos anos 1970. A respeito dessas experiências e das lutas de resistências nos locais de trabalho, ver Ibrahim (1986), Frederico (1987), Faria (1986), Mattos (2009), Santana (2014), Batistoni (2001).

6. A diretoria do sindicato foi assumida por interventores de origem da base metalúrgica dos sindicatos de Osasco, Guarulhos e do ABC, liderados por Joaquim dos Santos Andrade, que permaneceu como seu presidente até 1984.

nos poros do Estado, estendendo-se para a sociedade. O regime político *fascista* compeliu as forças sociais e políticas e da esquerda sobreviventes ao isolamento, à prática de resistência fragmentada, clandestina, residual e molecular. Livre de qualquer contestação, a ditadura militar garantira as condições sob as quais o grande capital monopolista, nacional e estrangeiro alcançava as mais altas taxas de lucros, — uma *espécie de mais-valia extraordinária* — com a superexploração dos trabalhadores (Ianni, 1981, p. 79).

Nos *anos de chumbo* que se seguiram, impôs-se à OSM o enfrentamento de sua própria sobrevivência. Ainda em 1968, formou-se, no seu interior, a União Metalúrgica de Luta (UML), uma face legal e aberta, visando resguardá-la, mas o cerco repressivo a atingiu diretamente com o assassinato pela ditadura de seus militantes. Olavo Hanssen era militante do Partido Operário Revolucionário, o POR(T), ex-estudante integrado à produção, foi preso ao distribuir panfletos no Estádio Maria Zélia, nas comemorações de 1º de Maio de 1970. Oito dias depois foi retirado do DOPS em estado de coma, após sofrer torturas que o levaram à morte, agonizando por 48 horas. Luís Hirata era operário, militante da Ação Popular, foi coordenador da OSM e havia integrado a chapa de Oposição em 1967, foi morto em dezembro de 1971, em consequência das torturas sofridas por três semanas.[7]

Acuados e dispersos pela repressão, os militantes da OSM *buscaram raízes coletivas no trabalho fabril, num cotidiano miúdo, difícil, sem rosto, manutenção do fôlego,* passando a viver, conforme precisa apreensão de Faria (1986, p. 88-89), o *exílio nas fábricas* e a se multiplicar em uma pluralidade de pequenos grupos. A prática militante inscreveu-se nas duras condições impostas ao operariado nas fábricas: arrocho salarial, a intensidade extenuante do trabalho, as horas extras, os inúmeros acidentes, os atrasos de pagamentos, a opressão e controle

---

7. A respeito do assassinato de Hanssen, ver Leal (2013): *Justiça para Olavo Hanssen* — Boletim Especial IIEP e Projeto Memória OSM-SP, maio de 2013. Ver Projeto *Biografias* da Comissão Estadual da Verdade Rubens Paiva e TV ALESP. *Depoimento de Olavo Hanssen.* Disponível em: <https://www.youtube.com/watch?v=vGUN9sNZUnA>. *Depoimento de Luís Hirata.* Disponível em: <www.youtube.com/watch?=LKYXZzTVs>. Ver ainda: <www.sedh.gov.br/assuntos/mortos-e-desaparecidos.políticos>. Acesso em: maio 2014.

das chefias, a repressão policial generalizada. Desse modo, vinculou a *resistência* operária ao despotismo da *ditadura do capital sobre o trabalho, no âmbito da fábrica,* — face da autocracia burguesa *sob a forma de ditadura militar fascista no âmbito da sociedade,* na análise de Ianni (1981, p. 82-83). As *lutas de resistência,* através de ações diversas, defensivas e espontâneas, resultavam em sabotagem e diminuição do ritmo de produção (operação-*tartaruga,* operação *boicote,* paralisação *gato-selvagem,* operação *amnésia* etc.), numa clara demonstração de insatisfação e rebeldia. Essas lutas deram identidade coletiva aos trabalhadores, demarcaram as potencialidades da organização de base e *demonstraram a existência de um saber operário que se vale da forma pela qual o capital organiza a produção para organizar a resistência do trabalho.*

A atividade da OSM no sindicato tornara-se escassa, cujas ações no espaço restrito e controlado (*lugar também de delação, perseguição e controle*), resultavam muito pouco em organização e aproximação com os trabalhadores. Lembremos que a diretoria do Sindicato dos Metalúrgicos de São Paulo atuou como um sindicalismo governista: sob as amarras da estrutura estatal, sujeitaram-se ao estreito controle da ditadura militar, desdobrando-se na implantação de uma racionalidade técnico-burocrática e de maior eficácia no desempenho de suas funções administrativas e de prestação de serviços assistenciais. A atuação da diretoria ultrapassou as atribuições previstas pela legislação oficial no controle sindical ao articular novas funções nos planos burocrático-legal, assistencial, demagógico e policial (Faria, 1986; Martins, 1979).

O período de 1973 a 1978 foi decisivo para a conformação da OSM em um organismo operário permanente depois de experimentar o resultado extremo da repressão que a desarticulou, quando todos os membros de sua coordenação geral foram presos em 1974.[8]

---

8. Foram presos: Vito Giannotti, Waldemar Rossi, José Raimundo Silva, Elias Stein, Antônio Flores, Alcides S. Filho e Carlúcio Castanha, além do ex-presidente do Sindicato dos Metalúrgicos antes de 1964, Afonso Delelis. Em 1976, a militância da Oposição se mobilizou na denúncia do assassinato do operário Manuel Fiel Filho em consequência da tortura nas dependências do DOI-CODI/SP. Cf. depoimentos do Fundo OSMSP — Memória Oral/Projeto Memória da OSM. Audiovisuais disponíveis no IIEP.

Nas eleições sindicais de 1975, a OSM não conseguiu formar uma chapa, o que foi sentido, por longo tempo, como uma traumática derrota.

A partir de meados de 1975, a OSM começava a sair da árdua clandestinidade, ainda sob o controle repressivo, uma fase em curva ascendente culminando nas greves de 1978-1979 e encontrava-se, sobretudo, com os seus militantes *nas fábricas*. Reorganizada, travou um rico debate sobre seu programa básico cujo conteúdo extrapola, em sua importância, os limites da própria ação da Oposição, e diz respeito a uma nova perspectiva do *novo sindicalismo classista* centralizada na organização nas fábricas e no sindicato, orientada pela independência política e ideológica da classe trabalhadora. Contava ainda, com a sustentação de múltiplas atividades coletivas nas regiões e nos bairros periféricos, numa rede de relações articuladas pelas comunidades de bases, associações, grupos culturais, cursos de profissionalização e supletivos — redutos de resistência nos anos de forte repressão. Outro sinal relevante de sua organização foi o lançamento, em fevereiro de 1976, do jornal *Luta Sindical* como órgão porta-voz da OSMSP.[9]

A OSM viveu o seu *exílio nas fábricas* e aí deitou raízes como estratégia do confronto com o capital, a sua ditadura, mas também contra a estrutura e a diretoria sindical que se tornaram instrumento da dominação burguesa. Defrontou-se com as jornadas grevistas no final da década de 1970, com uma enraizada prática sindical *constituída a partir de dentro das fábricas*. A OSM despontou, assim, como alternativa sindical para a categoria metalúrgica paulistana e como referência para o conjunto do movimento operário e sindical.

9. A OSM teve antes dois pequenos periódicos, *Luta Operária* (em 1969) e *Notícias Metalúrgicas* (a partir de 1971), ambos clandestinamente distribuídos nas fábricas e com regularidade variada. Deixou de editar "jornalzinho" apenas em 1974/1975, período em que sofreu maior repressão. Ver *Luta Sindical*: Radiografia de um jornal operário, 1984, dossiê organizado pela comissão de imprensa da OSM, que aborda questões referentes ao seu projeto político, editorial e gráfico. Disponíveis para consulta no IIEP/Projeto Memória da OSM e no Centro de Pesquisa e Documentação Vergueiro/CPV.

2. A OSM nas greves e comissões de fábricas

As greves metalúrgicas da capital paulista no período assumiram os mesmos elementos fundantes comuns às paralisações de massa desencadeadas por várias categorias de trabalhadores no contexto de crise da ditadura militar. Na luta por aumento salarial e outras reivindicações de natureza econômica, as greves assumiram "uma *nítida dimensão política,* expressa no confronto que efetivaram contra a base material e a superestrutura jurídico-política da autocracia burguesa" (Antunes, 1988, p. 167). Mas a reconstrução dos processos grevistas dos metalúrgicos de São Paulo evidencia outras determinações que lhe conferem particularidades em relação ao conjunto das greves operárias, postas pelas forças sindicais em confronto — o sindicato e o OSM, inscritas num quadro de heterogeneidade, dispersão e concentração da indústria e do operariado metalúrgico na cidade (Batistoni, 2001; Nogueira, 1997).

Em maio-junho de 1978, quando eclodiram as greves nas fábricas metalúrgicas da capital, a categoria encontrava-se em meio às eleições para o Sindicato, fazendo confluir a atuação da OSM num mesmo processo de mobilização pela greve, com a palavra de ordem *Braços cruzados, máquinas paradas*![10]

Na raiz das greves de maio de São Paulo estiveram os núcleos e grupos de fábrica organizados e a ação molecular da militância dos anos de resistência. Mas foi a eclosão das greves na Ford e Scania, generalizando-se pela região do ABC, o ponto de efervescência para desencadeá-las, com o incontestável protagonismo dos militantes da OSM e da Chapa 3, envolvendo aproximadamente 120.000 trabalhadores em 132 empresas com aumento salarial médio de 15% e 10%

10. Palavra de ordem de boletim de propaganda da greve e título do documentário de longa-metragem realizado no processo dos acontecimentos grevista e eleitoral de 1978. Relançado em 2008, *Braços Cruzados, Máquinas Paradas,* de Roberto Gervitz e Sérgio Segall, o DVD contém Extras: depoimentos de militantes e grevistas 30 anos depois, as greves de maio de 1978, a Oposição Sindical Metalúrgica, entrevistas com os realizadores e fotos de Nair Benedito.

de antecipação em 103 acordos coletivos, firmados através de grupos ou comissões de fábrica.[11]

A particularidade das greves em São Paulo, em grande medida, decorreu da total inoperância da diretoria omissa e pelega do Sindicato dos Metalúrgicos em representar os interesses dos grevistas. As paralisações foram desencadeadas pela ação operária à revelia da entidade sindical que a ela não se reportou, prescindindo do sindicato como um mediador e interlocutor. Com a rejeição ao sindicato, os trabalhadores se expressaram através das comissões, que se impuseram como *necessidade no processo das greves* — única alternativa de negociação no conflito fabril, paradoxalmente tanto para os grevistas como para o patronato. Mas as comissões de fábrica de 1978 não foram uma natural derivação daquele quadro sindical. Ressaltou-se que a direção consciente e organizada da OSM não se ateve à espontaneidade da greve e identificou a alternativa gestada no confronto, com potencialidade de imprimir-lhe traços que ultrapassassem as exigências da negociação imediata: *a organização operária pela base através das comissões de fábrica e das interfábricas.* A Oposição Metalúrgica *fecundou a espontaneidade operária,* sustentada na lição de Lênin de que: "o 'elemento espontâneo', no fundo, não é senão 'a *forma embrionária* do consciente'".

Estes organismos de base se situaram no campo da negociação de salários, preenchendo lacunas e funções abandonadas e esvaziadas pela ineficácia da estrutura sindical, mas *ultrapassaram o sindicato oficial, de um modo prático e espontâneo.* A formação das comissões, representando *todos os operários de uma fábrica — sindicalizados ou não*

11. Experiências de greves com a formação de comissões de fábrica ocorreram a partir da primeira fábrica a entrar em greve, Toshiba do Brasil, seguida por Metalúrgica Barbará, Massey Fergusson e Caterpillar, todas com trabalhadores militantes da OSM e da Chapa 3. A análise da organização nestas fábricas permitiu apreender com no *ir sendo das* greves, como a OSM vinculou suas propostas à dinâmica fabril e, numa ação consciente, direcionou o processo de organização das comissões de fábrica. Em 35 empresas, as comissões foram reconhecidas pelo patronato; em 13, as comissões conseguiram estabilidade de 1 a 2 anos. Batistoni, (2010, p. 40-56); Dossiê Greves de maio de 1978, Acervo do Projeto Memória da OSM, disponíveis para consulta no IIEP e CPV.

— e a articulação das interfábricas anunciaram possíveis caminhos de *um sindicalismo democrático de massas*. Mas, a despeito de todos os avanços, as comissões fabris não se consolidaram. A maioria desapareceu tão logo enfrentado o conflito imediato; parte foi desmantelada pelas demissões, outras descaracterizadas e esvaziadas de seu papel.

Sob o signo da greve geral, com a palavra de ordem "a campanha salarial se faz nas fábricas", a OSM jogou suas forças na mobilização e preparação de comissões e grupos de fábrica para este novo ciclo de lutas, com uma pauta de reivindicações a ser levada na campanha salarial unificada com os metalúrgicos de São Paulo, Osasco e Guarulhos. A prática da OSM foi conduzida pela decisão de "convergir para o sindicato a mobilização da campanha e da greve como o espaço possível de negociação" da categoria metalúrgica na tentativa "de ocupar do aparelho sindical e liderar a greve". Mas foi uma precária e ambígua condução. Os metalúrgicos de São Paulo, Osasco e Guarulhos decidiram pela paralisação que atingiu cerca de 300 mil grevistas protagonizando primeira greve geral de operariado metalúrgico depois de 1964, em novembro de 1978. Mas a diretoria do sindicato de São Paulo iniciou o boicote à greve antes mesmo de sua deflagração e com o conflito em andamento; a diretoria negociou com patronato acordo que pôs fim à greve à revelia dos metalúrgicos, com parecer favorável da Justiça do Trabalho.

O movimento deparou-se com a burguesia refeita das greves de maio, recorrendo ao uso de velhos e novos mecanismos de controle e intimidação dos trabalhadores. Fora dos seus locais de trabalho, por impedimento das medidas patronais de fechamento dos portões das fábricas e policiamento, os metalúrgicos não tiveram condições de realizar a greve a partir do espaço fabril e criar mecanismos outros de resistência e sustentação. Coesa em torno de suas medidas e jogando força na negociação com as diretorias dos sindicatos, que lhes era favorável, a burguesia (representada pela FIESP) abateu o movimento grevista.

Para o operariado metalúrgico, a greve geral foi uma derrota: da tentativa de tirar comissões nas fábricas sem objetivos definidos, passando pela ausência de uma direção alternativa que a conduzisse à conquista de suas reivindicações, até a "traição" e o acordo firmado pelo sindicato, o término confuso e frustrante da greve e as demissões das lideranças.

Na greve geral de 1979, o operariado metalúrgico afirmou-se em um novo confronto com o patronato e com o regime, em meio à intensificação das greves dos assalariados em número, dimensões, reinvindicações e formas (Noronha, 1991). Momento da nova contextualidade política da ditadura militar, com as medidas de *distensão gradual*, uma "nova política salarial" que no contexto de recessão econômica ampliava a depressão salarial e os índices de desemprego. O aceno e a articulação de um "pacto social" com restrições às negociações salariais e trégua das greves, com o objetivo claro de contenção do movimento grevista (Moraes, 1986, p. 40-43).[12]

Respaldada na experiência e nas lições extraídas da derrota da greve de 1978 e antevendo acirrado confronto com o patronato, a OSM e outros grupos sindicais de oposição buscaram maior unidade e organicidade às suas ações, assentando com maior enraizamento as comissões e comandos nas regiões. A greve foi decretada pela força e radicalidade da combativa parcela dos metalúrgicos, que imediatamente sofre forte repressão, com a invasão policial de subsedes, comandos regionais, igrejas e outros locais de organização, efetuando centenas de prisões de trabalhadores e ativistas para impedir que a greve se estruturasse. Iniciou-se um confronto desigual entre os grevistas organizados nas regiões e a violenta repressão, sem que a grande massa tivesse condições de assumir a luta, mas tampouco a rejeitava, com uma adesão parcial e em queda nos dois primeiros dias.

No segundo dia da greve, na terça-feira de 30 de outubro, ocorreu então o fato que iria alterar a fisionomia do movimento: o assas-

12. A vasta documentação da OSM neste período contém inúmeras informações, denúncias destes processos e seus impactos para o conjunto dos trabalhadores, em particular dos metalúrgicos, além das análises e denúncias dos rumos da autorreforma da ditadura. Dossiês Campanha Salarial e Greve Geral de 1979. OSMSP. Disponíveis no acervo do IIEP e CPV. A análise por dentro da greve encontra-se em Batistoni, 2010, p. 99-122; e Faria, 1986, p. 325-348.

sinato de Santo Dias da Silva, vítima inevitável da violência a que foi submetido o movimento. Operário metalúrgico na Filtros Mann (região Sul), membro da Pastoral Operária e Oposição Sindical, Santo foi morto quando policiais dissolviam um piquete em frente à indústria Sylvania, em Santo Amaro. A partir de seu assassinato, o movimento, que se mantinha encurralado pela repressão, abriu-se em uma *vigorosa denúncia da violência policial e de defesa do direito de greve.*[13]

Após a morte de Santo Dias, a repressão recuou, mas permaneceu com policiamento e enormes piquetes foram formados, os *piquetões* com cerca de 10 mil metalúrgicos ocorreram na zona sul, transformando-se em passeatas e manifestações públicas. A greve generalizou-se atingindo de 80 a 90%, quando a repressão voltou a agir fortemente com invasões dos espaços e novas prisões, momento em que o TRT declarou a ilegalidade do movimento, pressionado pela FIESP, que assina o acordo com o sindicato. A greve chegava ao seu declínio, mas o processo de sua suspensão foi de difícil resolução e esteve aquém do que o operariado metalúrgico havia realizado naqueles 12 dias de greve, em que pese as diferenças experimentadas pela parcela avançada e o conjunto.

Em meio às greves de 1979, a Oposição realizou seu I Congresso[14] com a aprovação de suas Teses, retomando seu debate sobre o programa básico, agora sob o crivo do movimento de massa, sintetizado em dois eixos: "desmantelar a atual estrutura sindical e construir uma nova, independente dos patrões e do governo, a partir da organização da fábrica".[15] As resoluções do Congresso passaram a ser a linha estratégica política e sindical da OSM e, também, a principal referência na formação do amplo e diversificado universo das *oposições sindicais*.

---

13. Neste processo, a Oposição Sindical, aliada a outras forças, assumiu a direção do movimento, realizando várias manifestações políticas de massa, no velório — uma passeata fúnebre pelo centro da cidade (da igreja da Consolação à catedral da Sé) — e no enterro do líder assassinado.

14. O I Congresso foi marcado pela ruptura da unidade orgânica da OSM, com a retirada do "Grupo dos 21", manifestação para além de sua dinâmica interna, em si conflituosa e heterogênea, mas da disputa política no seio do movimento sindical do período.

15. Disponível em: <http://www.iiep.org.br/index1.html: (textos históricos). Acesso em: ago. 2014.

As teses finais podem ser tomadas como a principal expressão de uma tendência de política sindical classista e nitidamente de corte socialista que vincou o sindicalismo depois de 1964. Realizou seu II Congresso em 1980 e III Congresso em 1984, ocasião em que a OSM-SP passou a se autodenominar MOSM-SP (Movimento de Oposição Sindical Metalúrgica de São Paulo).

Ao longo dos anos 1980, a retomada da atividade da OSM se deu sob o impacto da crise recessiva, da introdução ainda que incipiente de reestruturação do processo produtivo com a intensificação do trabalho associada a desemprego e medidas repressivas, impondo novas lutas e impasses na difícil afirmação das comissões de fábricas e organização nos locais de trabalho e na tentativa de articulação, através da CUT, com outras categorias.

Nesse contexto, a Oposição Sindical Metalúrgica de São Paulo e outras forças sindicais confluíram na formação da Central Única dos Trabalhadores, marcando uma nova ofensiva sindical e política das classes trabalhadoras da cidade e do campo no confronto de classes na sociedade brasileira. Tiveram protagonismo relevante as diversas iniciativas que resultaram na criação da CUT, como o ENOS (Encontro Nacional de Oposições Sindicais), ENTOES (Encontro Nacional dos Trabalhadores em Oposição à Estrutura Sindical) e Anampos (Articulação Nacional dos Movimentos Populares e Sindicais). No processo de consolidação da CUT, na diversidade política e ideológica que a conforma, a OSM tornou-se um dos polos mais importantes de uma das suas tendências, — A CUT pela Base — na disputa pela hegemonia do projeto *sindical anticapitalista* referenciado por uma opção *socialista*. (Gianotti e Netto, 1990).

3. Eleições e articulações sindicais na base metalúrgica de São Paulo

Os processos eleitorais no Sindicato dos Metalúrgicos de São Paulo, a partir de 1978, adquiriram grande relevância política, não apenas pelas dimensões da base industrial e da categoria do operariado que a entidade representa ("o maior sindicato da América Latina"), mas por ser uma "matriz" duradoura do sindicalismo atrelado. "A história da entidade sindical condensa grande parte das diferenças, aventuras e desventuras da classe operária nos anos de modernização capitalista sob a ditadura militar", como sintetiza Moraes (1986, p. 94-95).

Em 1978, em meio às greves das *comissões de fábrica*, a diretoria do Sindicato, formada por antigos interventores e legitimada pelos pleitos anteriores, lançou mão de vários expedientes para impedir eleições verdadeiras, como o cumprimento "rigoroso" das legislações e portarias oficiais e uma escandalosa fraude. As oposições foram impedidas de ter acesso às listas de votação e ao roteiro das urnas itinerantes, de indicar mesários e fiscais na coleta e apuração dos votos, além de as duas chapas terem sofrido acusações. A Chapa da OSM posicionou-se imediatamente contra qualquer tipo de intervenção ou prorrogação do mandato da diretoria, defendendo novas eleições, a ser aprovada em assembleia da categoria, dirigida por uma junta governativa composta de metalúrgicos. Contudo, o então ministro do trabalho restabeleceu a validade das eleições e ordenou a imediata posse de Joaquim dos Santos Andrade, configurando uma verdadeira "segunda intervenção" (Faria, 1986, p. 337-339).

A formação das chapas da *Oposição* para as eleições sindicais representava o esforço de busca de unidade — nem sempre alcançada — das oposições, com a composição de várias forças atuantes entre os metalúrgicos. Nas eleições de 1981, concorreram três chapas, com a vitória da OSM em todas as grandes fábricas nos dois turnos, derrotada apenas nas urnas dos aposentados e das pequenas fábricas e oficinas que deram vitória à diretoria. Em 1984, com chapa única, a Oposição venceu pelo voto da base operária nas fábricas e Joaquim é novamente reconduzido pelo voto do seu fiel reduto.[16]

---

16. Nesse período, o Sindicato dos Metalúrgicos sofria mudanças política e organizacional qualificadas por Nogueira (1997) como uma modernização conservadora, resultado de ações da unidade sindical, em especial do PCB e partidários do MR-8, visando tornar o Sindicato a

Em 1987, a oposição concorre dividida com duas chapas no campo da CUT para a chapa da diretoria, agora pela primeira vez não mais com Joaquim Andrade, uma inflexão no embate político-sindical com as forças renovadas da diretoria sindical na base metalúrgica de São Paulo. A chapa do MOSM-SP, sob a bandeira da CUT, sofreu nos dois escrutínios devastadora derrota na totalidade das fábricas. A derrota de 1987 foi a marca crucial da encruzilhada com que se defrontou a OSM: o desenraizamento em relação às bases operárias, no momento em que o capital ceifava a organização nas fábricas com as medidas da ofensiva do capital sobre o trabalho, na consolidação do projeto hegemônico burguês no país, do qual o sindicato dos metalúrgicos tornou-se um instrumento eficaz; e as mudanças e retrocessos no interior da CUT já em curso com alterações internas que inviabilizavam a participação das oposições sindicais e suas organizações horizontais, consolidando a estrutura confederativa controlada pela burocracia sindical majoritária.

A aguerrida Oposição Sindical Metalúrgica de São Paulo desaparecia do movimento operário e sindical, no contexto das derrotas sofridas pelas posições e correntes que procuraram unir a ação sindical à luta por uma organização societária fundada na perspectiva socialista e de emancipação social. A trajetória da OSM se inscreve na história dos vencidos. E a estes se impõe compreender todo o processo de sua história e por que se deu de modo diverso do que foi projetado, numa lição do velho historiador Hobsbawm de que a "história pode ter vencedores em curto prazo, mas em longo prazo, os ganhos têm advindo dos derrotados".

Um coletivo de antigos militantes e colaboradores investe forças na formação *autônoma* do Arquivo da Oposição Sindical Metalúrgica de São Paulo, através do *Projeto Memória da OSM-SP*, criado em 2007. Seu objetivo é o de preservar e construir a história/memória daquele movimento sob o ponto de vista dos seus(suas) trabalha-

referência do sindicalismo moderado e conciliador, implicando em novos enfrentamentos para a OSM no aparelho sindical e agora sobretudo, nas fábricas.

dores(as) e do protagonismo de sua militância para torná-la disponível às gerações atuais e futuras. E compreende que a reconstrução do passado pelas narrativas da história operária e sua memória é um campo de disputa política e ideológica quanto ao seu significado e seu reconhecimento como experiência de classe e também como meio mobilizador e fonte que alimenta a memória coletiva e a consciência de classe.

Referências

ANTUNES, R. *A rebeldia do trabalho*. Campinas: Ed. da Unicamp/Ensaio, 1988.

______. *O novo sindicalismo*. São Paulo: Brasil Urgente, 1991.

BATISTONI, M. R. *Entre a fábrica e sindicato*: os dilemas da Oposição Sindical Metalúrgica de São Paulo (1967-1987). Tese (Doutorado em Serviço Social) — Pontifícia Universidade Católica, São Paulo, 2001.

______. *Confronto operário*: a oposição metalúrgica de São Paulo nas greves e comissões de fábrica (1978-1980). São Paulo: IIEP; Rio de Janeiro: NPC, 2010.

BOITO JR., A. (Org.). *O sindicalismo brasileiro nos anos 80*. São Paulo: Paz e Terra, 1991.

DE GRACIA, G. R. *Da autonomia à institucionalização*: a proposta de organização autônoma *e* independente desenvolvida na região da Mooca. Dissertação (Mestrado em Ciências Sociais) — Universidade de São Paulo, São Paulo, 1999.

FARIA, H. J. B. de. *A experiência operária nos anos de resistência*: a oposição metalúrgica de São Paulo e a dinâmica do movimento operário (1964-1978). Dissertação (Mestrado em Ciências Sociais) — Pontifícia Universidade Católica, São Paulo, 1986.

FERNANDES, F. *A revolução burguesa no Brasil*. Rio de Janeiro: Zahar, 1976.

______. *A ditadura em questão*. São Paulo: T. A. Queiroz, 1982.

FREDERICO, C. (Org.). *A esquerda e o movimento operário (1964-1984).* São Paulo/Belo Horizonte: Novos Rumos/Oficina de Livros, 1987, 1990. v. 1, 2.

GIANNOTTI, V. *A liberdade sindical no Brasil.* São Paulo: Brasiliense, 1986.

GIANNOTTI, V.; NETO, S. L. *A CUT por dentro e por fora.* São Paulo: Vozes, 1990.

IANNI, O. *A ditadura do grande capital.* Rio de Janeiro: Civilização Brasileira, 1981.

IBRAHIM, J. *O que todo cidadão precisa saber sobre Comissão de Fábrica.* São Paulo: Global, 1986.

LEAL, M. *Olavo Hanssen*: uma vida em desafio. São Paulo: Cultura Acadêmica, 2013.

MARQUES, A. J.; STAMPA, I. T. Arquivo, Memória e Resistência dos trabalhadores no campo e na cidade. In: SEMINÁRIO INTERNACIONAL MUNDO DOS TRABALHADORES E SEUS ARQUIVOS, 2., Rio de Janeiro: Arquivo Nacional; São Paulo: CUT, 2012.

MARTINS, H. de S. *O estado e a burocratização do sindicato no Brasil.* São Paulo: Hucitec, 1979.

MATTOS, M. B. *Trabalhadores e sindicatos no Brasil.* São Paulo: Expressão Popular, 2009.

MORAES, R. *Pacto social*: da negociação ao pacote. Porto Alegre: L&PM, 1986.

NETTO, J. P. *Pequena história da ditadura brasileira (1964-1985).* São Paulo: Cortez, 2014.

NOGUEIRA, A. F. M. *A modernização conservadora do sindicalismo brasileiro*: a experiência do Sindicato dos Metalúrgicos de São Paulo. EDUC/FAPESP, 1997.

NORONHA, E. A explosão das greves na década de 80. In: BOITO JR., A. (Org.). *O sindicalismo brasileiro nos anos 80.* São Paulo: Paz e Terra, 1991.

SALLES, P. R.; NETO, S. L. Remando contra a maré. Projeto Memória da Oposição Sindical Metalúrgica de São Paulo, uma experiência de memórias e arquivos não oficiais. S/l: s.d.

SANTANA, M. A. Trabalhadores, sindicatos e regime militar no Brasil. In: PINHEIRO, M. (Org.). *Ditadura:* o que resta da transição. São Paulo: Boitempo, 2014.

SILVA, C.; PACIORNIK, C. M. Oposições sindicais: atuais e necessárias. *Revista Polêmica*, p. 23-40, 1982.

TOLEDO, C. N. de (Org.). *1964:* visões críticas do golpe. Democracia e reformas no populismo. Campinas: Ed. da Unicamp, 1997.

4

Movimento sindical brasileiro:
o desafio da reorganização

Marcelo Badaró Mattos*

Com variações na forma, mas essencialmente com o mesmo sentido, tenho escutado, com frequência cada vez maior, a seguinte pergunta: os sindicatos são um instrumento superado para as lutas da classe trabalhadora? Neste momento, tão importante quanto responder à pergunta é entender por que ela tem se posto com tanta frequência nos últimos tempos. Especificamente em relação ao caso brasileiro, as explicações para isso parecem residir na constatação de que as organizações sindicais, — que representaram um papel tão decisivo na fase final de luta contra a ditadura militar e alcançaram protagonismo nas mobilizações sociais dos anos 1980 (quando surgiu a expressão "novo sindicalismo" para definir esse ressurgimento das lutas sindicais) — desde os anos 1990, vêm demonstrando uma menor capacidade de intervenção social. A partir do ponto de vista dos

* Professor titular de História do Brasil na Universidade Federal Fluminense.

analistas e militantes comprometidos com projetos de transformação social, é inegável que a maior parte do movimento sindical brasileiro, aí incluídas as organizações que surgiram das lutas do "novo sindicalismo", vive uma fase de acomodação, se não de explícita incorporação, à ordem capitalista.

Este texto procura, inicialmente, analisar o processo de recuo das lutas sindicais e acomodação à ordem do sindicalismo brasileiro desde os anos 1990, apontando, em um segundo momento, para uma resposta à pergunta recorrente assinalada, ao discutir o processo de reorganização sindical que está em curso.

1. A trajetória da incorporação

Após mais de uma década de ascensão das mobilizações da classe trabalhadora organizada, vertebradas pelo movimento sindical, desde a greve de São Bernardo em 1978 até a greve geral de 48 horas em 1989, que parou 35 milhões de trabalhadores (entre os cerca de 50 milhões da População Economicamente Ativa), mesmo ano em que quase quatro mil greves foram anotadas no país, a década de 1990 pode, sem dúvida, ser vista como um período de recuo das lutas.[1] Apenas para tomar as greves como indicador que permita comparações, aconteceram 557 greves em 1992, 653 no ano seguinte, 1034 greves em 1994, 1056 em 1995 e, no ano mais agitado da década sob este aspecto, em 1996, 1258 greves, que se reduziram, em 1997, para 630. A média de 800 greves por ano daquela década cairia ainda mais

1. Discuto com mais profundidade vários aspectos apresentados de forma muito sintética nos próximos parágrafos no último capítulo de Mattos (2009) e em alguns outros capítulos de Mattos (2009a). Uma síntese brilhante sobre o período pode ser encontrada em Antunes (1995). Outra análise, mais recente e abrangente, pode ser encontrada em França (2013). Os números sobre greves podem ser encontrados em várias fontes, mas a mais completa para o período até 1992 é o artigo de Noronha (1994). Para o conjunto do período pós-1978, há a pesquisa sobre greves do Dieese, cujo balanço geral pode ser localizado no *site*: <http://www.dieese.org.br/balancodasgreves/2012/estPesq66balancogreves2012.pdf>. Acesso em: jul. 2014.

nos anos 2000, para cerca de 400 greves por ano, segundo os dados do Dieese. Por quê?

Qualquer resposta deve incluir a observação das mudanças nas condições objetivas das relações de trabalho no Brasil que aconteceram, ou se aceleraram, nos anos 1990. Foram anos marcados pelo crescimento do desemprego até atingir patamares muito elevados. Segundo o IBGE (cuja metodologia de cálculo reduz os desempregados aos que procuraram emprego naquele mês e não exerceram qualquer tipo de atividade remunerada), o desemprego nas principais regiões metropolitanas do país subiu de 3,4% em 1989 para 7,8% em 1999 (atingindo 12,3% em 2003). Já segundo o Dieese (cuja metodologia capta um número de desempregados mais próximo do real), era de 8,7% o patamar de desemprego em 1989 e em 1999 atingiu-se os 19,5% de desempregados, na Grande São Paulo. Período em que se acelerou também o processo de reestruturação na organização das relações de trabalho nas empresas privadas e nas antigas estatais que são privatizadas nesse período,[2] e pela intensa retirada de direitos dos trabalhadores, através de reformas na legislação.

Esse conjunto de mudanças nas relações de trabalho teve, certamente, um efeito muito negativo sobre a capacidade de mobilização da classe trabalhadora porque, como sabemos, em momentos de desemprego muito elevado, o temor das demissões é um freio nas mobilizações sindicais. A retirada de direitos cria uma fração cada vez maior da classe trabalhadora com relações de trabalho informais ou, mesmo no chamado mercado formal, cria relações precárias, através de contratos temporários, terceirizações — que, tal como a informalidade, também cresceram absurdamente no Brasil a partir dos anos 1990. Embora não haja estatísticas precisas sobre o fenômeno, calcula-se entre 8 e 10 milhões (numa População Economicamente Ativa de 105 milhões de pessoas em 2011) os trabalhadores terceirizados, ou seja, contratados formalmente, mas através de empresas

2. Sobre a chamada reestruturação produtiva, da qual não se tratará aqui por falta de espaço, ver o livro já clássico de Antunes (1999).

prestadoras de serviços pelas empresas em que efetivamente trabalham, com salários menores e menor cobertura de direitos.[3]

Sendo tais condições objetivas inescapáveis para qualquer explicação do recuo das lutas sindicais a partir dos anos 1990, não são, entretanto, suficientes para entendermos toda a dimensão do processo. Há um outro elemento central a destacar: a permanência de uma estrutura sindical corporativista montada, no seu aspecto mais geral, nos anos 1930, na qual o Estado cumpre um papel de regulador da atividade sindical. Uma estrutura que os próprios sindicalistas mais combativos nos final dos anos 1970, início dos anos 1980, denunciavam como instrumento de burocratização. Em entrevista concedida em 1979, Luís Inácio Lula da Silva, que estão despontava como principal liderança do "novo sindicalismo", afirmava: "os líderes sindicais deveriam lutar para acabar com o imposto sindical, para que os próprios trabalhadores sustentassem diretamente os sindicatos. É o imposto que liga os sindicatos ao governo".[4] O mesmo personagem, quando na Presidência da República, aprovou uma reforma sindical que incorporou as centrais sindicais à estrutura sindical oficial, inclusive como arrecadadoras de uma parcela do imposto sindical. Em 2011, o total de imposto sindical arrecadado superou um bilhão de reais, dos quais 370 milhões foram para os cofres das 6 centrais então reconhecidas pelo Ministério, a maior parcela dentre elas para a CUT.

Após ajustes como os da Constituição de 1988 e as reformas empreendidas nos anos 2000, as principais características da estrutura sindical brasileira são: a necessidade de registro das entidades no Ministério do Trabalho, que em última instância continua definindo quais são os sindicatos legítimos; a unicidade sindical (só pode existir um sindicato reconhecido de cada categoria, em cada região, segundo um enquadramento profissional definido pelo Ministério do Trabalho); e a contribuição sindical compulsória (todo trabalhador,

3. Ver, por exemplo, as estimativas apresentadas em: <http://www.trt23.jus.br/tnt/2012_08_10/fique_sabendo.html>. Acesso em: fev. 2014.

4. Entrevista ao *Jornal da Semana*, São Bernardo do Campo e Diadema, em 29/4/1979. Ver Silva, 1981, p. 184.

sindicalizado ou não, desconta um dia de trabalho por ano para a estrutura sindical), nome novo do velho "imposto sindical".

O Brasil possuía, em 2009, 16 milhões de trabalhadores sindicalizados, entre os 76 milhões de ocupados (taxa de 17,7% de sindicalização). Segundo os dados hoje disponíveis no Ministério do Trabalho, há mais de 15.000 entidades sindicais (cerca de 11.000 de trabalhadores, e as demais de empresários) reconhecidas. Dentre as entidades que representam trabalhadores, 7.762 são filiadas a centrais sindicais. Há 11 centrais sindicais reconhecidas pelo Ministério, sendo a CUT a maior delas, representando algo como 35 a 40% das entidades sindicais filiadas a centrais.

Tantos sindicatos de trabalhadores reconhecidos, a maioria com um grau de filiação muito pequeno, existem porque arrecadam compulsoriamente essa contribuição, que ficou conhecida como imposto sindical. Claro que tal estrutura gera uma máquina burocrática muito grande e tende a levar à acomodação dos dirigentes a uma "carreira" sindical — do sindicato à federação, desta à confederação e/ou à central sindical — que é a base para a burocratização. E cria, como dizia Lula em 1979, uma dependência dos sindicatos ao governo, que os autoriza a funcionar e a arrecadar.

Durante a década de 1990, novos mecanismos de incorporação de lideranças sindicais foram efetivados e tiveram efeito ainda mais perverso sobre uma parcela dos setores combativos da classe trabalhadora brasileira. Entre eles destaca-se a formação de mecanismos de gestão tripartite tanto de conflitos entre capital e trabalho quanto de fundos públicos. Um exemplo são as chamadas câmaras setoriais, que foram criadas na época do governo Itamar Franco, e ganharam destaque no setor automotivo, principalmente. As câmaras foram concebidas como espaços em que trabalhadores, através da representação sindical, negociavam com os empresários e o Estado questões como garantia de manutenção dos patamares de emprego para os trabalhadores da indústria automobilística, em troca de redução de impostos por parte do Estado e do compromisso dos trabalhadores de não fazerem greve e não pararem a produção. Isso significou, do ponto de vista das empresas, um aumento significativo da produtividade e, do ponto de vista dos trabalhadores, uma domesticação das mobilizações sindicais, que abriu caminho para a retirada de direitos (com a troca do pagamento de horas extras pelo sistema do banco de horas, por exemplo) e elevou ainda mais o lucro das empresas, pela via do crescimento da produtividade. Os mecanismos de renúncia fiscal (que penalizam duplamente o conjunto dos assalariados, que pagam a maior fatia dos impostos e tributos e deixam de contar com recursos públicos para políticas que lhes pudessem atender), desde aquela época, têm ampliado a garantia de lucro das grandes montadoras de automóveis no Brasil.

Naquele contexto já se percebia como, especialmente as direções sindicais do setor metalúrgico/automobilístico, que até então estiveram sempre à frente da direção da CUT, mas não só elas, se mostravam dispostas a negociar, não para conseguir novas conquistas, mas para "defender o mínimo" — como garantia de emprego ou um menor nível de retirada de direitos, menor nível de insegurança por parte das frações por elas representadas dos trabalhadores —, ao custo de um peso maior sobre o conjunto da classe. Isso iria se repetir quando, na gestão de Vicente Paula da Silva (o Vicentinho) como presidente da CUT, em 1996, foi negociado o chamado acordo da previdência com o governo Fernando Henrique Cardoso. Naquele momento, representando a CUT, Vicentinho chegou a aceitar uma proposta — depois sairia do processo, mas já tendo criado as condições para que um discurso de consenso e pacto fosse usado para aprovar o projeto no Congresso Nacional — que trocava o conceito que regula a aposentadoria, de tempo de serviço para tempo de contribuição, e essa mudança decisiva acabou por ser inscrita na reforma previdenciária de Fernando Henrique. Na negociação, aceitou-se tal princípio em troca da garantia da manutenção da aposentadoria proporcional para os trabalhadores do setor privado. Ou seja, para que uma parcela da classe trabalhadora muito ameaçada pelo desemprego tivesse direito à aposentadoria proporcional, e com isso conseguisse recursos mínimos ante a ameaça do desemprego, o presidente da Central sindical nascida das lutas dos anos 1980 aceitava sacrificar o conjunto maior da classe, pois a mudança atingia em cheio aqueles que na década de 1990 constituíam a maioria dos trabalhadores, cujo emprego era "informal".

Tais mecanismos se somam à gestão tripartite de fundos públicos, como o Fundo de Garantia por Tempo de Serviço (FGTS) e principalmente o FAT (Fundo de Amparo ao Trabalhador). O volume de recursos que passam pelos conselhos que gerem esses fundos é muito elevado. E a partir da década de 1990, as representações sindicais, inclusive as da CUT, passaram a participar dos conselhos gestores desses fundos. O FAT, que foi criado nos anos 1980 para pagar o seguro-desemprego, passou a financiar também os cursos de reciclagem profissional. Esses cursos foram monopólio, durante muito tempo, do sistema S (SENAI, SENAC etc.), mas sob a justificativa de "disputar o fundo público" com o setor empresarial, as centrais passaram a também recebê-los, aceitando com isso a lógica da "empregabilidade", ou seja, o raciocínio de que o trabalhador é responsável pelo seu desemprego por não ser suficientemente qualificado, polivalente, flexível etc.

Para se ter uma ideia do volume de recursos envolvidos nesse mecanismo de incorporação das centrais aos pressupostos de gestão da força de trabalho de interesse do capital, em 1998 a CUT arrecadou R$ 28.666.695,00, sendo R$ 4.181.191,32 em convênios (R$ 3.000.000,00 vieram do FAT para qualificação profissional); já em 1999, foram da ordem de R$ 53.860.000,00 as receitas da central, o que se explica pela ampliação das verbas de convênios para R$ 27.635.225,99, cerca de 5 milhões a mais que as verbas oriundas de contribuições estatutárias das entidades filiadas. Foram 21 milhões repassados pelo FAT para programas de qualificação em 1999 e, em 2000, 35 milhões foram aprovados pelo conselho do Fundo, para que a CUT aplicasse em programas da mesma natureza. Isso sem contar as verbas repassadas diretamente a entidades filiadas à CUT.

Tal processo gerou um novo grau de dependência em relação ao Estado e de subserviência ao capital. A lógica de gestão tripartite e de disputa de espaços pelos dirigentes sindicais se estendeu aos conselhos gestores dos fundos de pensão das empresas estatais, que funcionaram como grandes financiadores aos quais o governo Fernando Henrique recorreu para viabilizar seu programa de privatização. O Previ, ligado ao Banco do Brasil, e o Petros, ligado à Petrobras, por exemplo, foram utilizados para financiar os consórcios que compraram grandes empresas estatais privatizadas na década de 1990. E em muitos desses conselhos estavam presentes os representantes sindicais. É preciso perguntar: quando um conselho entra em um consórcio que passa a gerir uma empresa estatal privatizada, quais são os seus interesses? Por certo que pretendem que essa empresa seja o mais lucrativa possível, de forma a valorizar o investimento do fundo (sempre sob o argumento da defesa da futura aposentadoria dos trabalhadores associados, que no entanto também foi reduzida). Sabe-se que a década de 1990 foi aquela em que essas empresas executaram os maiores enxugamentos em seus quadros, com um volume muito alto de demissões, promovendo terceirizações e reestruturando o processo produtivo, com o que atacaram duramente os direitos dos trabalhadores. Portanto, assistimos a sindicalistas cogerindo fundos de pensão, responsáveis por processos de retirada de direitos e precarização de setores da própria classe trabalhadora (e recebendo muito bem para isso). O passo seguinte, para muitos deles, foi assumir postos nos conselhos dirigentes das próprias empresas privatizadas, como representantes dos fundos de pensão coproprietários dessas empresas, transmutando-se em "sócios menores" do capital.[5]

Por tudo isso, pode-se concluir que durante os anos 1990, em grande medida, o caminho já havia sido trilhado para o que aconteceu na década seguinte, quando a Central Única dos Trabalhadores, antes tida como a referência mais combativa, originada do novo sindicalismo, se transformou efetivamente num braço das políticas do governo federal, não só pela coincidência de partido entre o governo e o grupo que dirige a central, mas também porque o Estado e o capital

5. Por conta dessas situações, Chico de Oliveira (2003) tratará esses ex-sindicalistas como uma nova classe social em seu ensaio *O ornitorrinco*. Uma interpretação distinta do mesmo fenômeno, que trata os ex-sindicalistas como burocratas, pode ser encontrada em Garcia (2011).

criaram mecanismos de incorporação ainda mais eficientes desses dirigentes sindicais e dessa estrutura sindical. Lula da Silva, já Presidente da República, pessoalmente fez campanha para que Luiz Marinho se tornasse presidente da CUT no ano de 2003 — momento em que a CUT se colocou contra as mobilizações, do funcionalismo público em particular, que se opunham à proposta de reforma da previdência que o governo Lula da Silva havia apresentado (e acabou por aprovar). No ano seguinte, nomeou Marinho ministro do trabalho. A passagem foi tão direta que o presidente da CUT apenas se licenciou do cargo na Central para assumir o ministério do trabalho, um ministério que, de lá para cá, tem sido compartilhado por dirigentes da CUT e da Força Sindical, central que na década anterior era vista como uma grande adversária da CUT. Assim, o Lula que, no final dos anos 1970, era o porta-voz do novo sindicalismo e fazia críticas duríssimas à estrutura sindical corporativista, na Presidência da República realiza reformas que reforçam a estrutura e atua para submeter completamente os sindicatos aos desígnios de governo.

Esses são alguns elementos para entendermos por que os sindicatos, em sua imensa maioria, não são capazes de dar resposta às demandas dos trabalhadores. Há, no entanto, um processo de reorganização em curso. Suas dimensões são até aqui fluidas e qualquer previsão quanto ao futuro do processo seria precipitada, porém, desde 2013, seu ritmo parece ter se acelerado.

2. Um novo ciclo de lutas?

Desde o início do governo Lula da Silva, em 2003, um processo de reorganização da classe trabalhadora brasileira, em suas dimensões político-partidária e de movimentos sociais, especialmente sindicais, está em marcha. Aqui me deterei nessa última face sindical do processo. Nesse campo, cabe destacar que um conjunto significativo de dirigentes e correntes sindicais comprometidos com um horizonte sindical classista e combativo deixou a CUT, progressivamente, desde o episódio da "reforma da previdência", proposta pelo governo no primeiro ano do mandato de Lula da Silva e apoiada pela Central.

A reaglutinação daqueles setores dissidentes da CUT em uma única nova central, entretanto, nunca aconteceu, constituindo-se diversas experiências de formação de organismos intersindicais. As mais significativas foram as que resultaram na criação da Intersindical e da Conlutas, entidades que em 2010 chegaram a ensaiar uma fusão, através de um Congresso da Classe Trabalhadora (Conclat, em referência aos encontros que fundaram a CUT nos anos 1980). A unificação, entretanto, fracassou, surgindo, do Conclat de 2010, a Central Sindical e Popular (CSP) Conlutas. A novidade, e potencialidade, dessa nova Central é sua proposta de reunir não apenas sindicatos, mas também movimentos sociais que representem outras faces da luta dos trabalhadores, como movimentos de luta pela terra no campo e por moradias nas cidades, organizações de luta contra o racismo, movimentos estudantis, entre outros. Em tempos de fragmentação e precarização das relações de trabalho, a estratégia pode render frutos, no sentido de reunir setores mais formalizados e mais precarizados da classe numa mesma coordenação de lutas. No entanto, a incapacidade de unificação demonstrada em 2010 é um indicador da principal fragilidade das forças sindicais mais combativas nesta conjuntura: sua fragmentação e pequena representatividade.

Em seu primeiro congresso após o Conclat de 2010, realizado em 2012, a CSP-Conlutas reuniu representações de 114 sindicatos, mais de uma centena de oposições sindicais e 12 movimentos sociais, além de entidades de luta contra as opressões e do movimento estudantil. O Ministério do Trabalho reconhecia, em 2013, 86 entidades vinculadas à Central. Para se ter uma base de comparação, a CUT registra representar 3.438 entidades (o Ministério do Trabalho reconhece a filiação de 2.239), reunindo cerca de 7 milhões e meio de trabalhadores sindicalizados e 22 milhões de trabalhadores na base. Mesmo que comparássemos a dimensão atual da CSP-Conlutas com a da CUT nos seus primeiros anos, a diferença de dimensões saltaria aos olhos, pois em 1984, no ano seguinte a sua criação, a CUT reuniu 937 entidades sindicais (cerca de 500 sindicatos de base entre elas), representadas por 5.222 delegados.

Com tantos sindicatos sob o controle de uma Central que hoje se propõe muito mais a apoiar um governo do que a atuar como instrumento de defesa da classe trabalhadora e tão poucos ligados à tentativa de reorganização de um polo combativo do movimento sindical, era de se esperar que os sindicatos não tivessem capacidade para se apresentar, na atual conjuntura, como instrumentos efetivos de mobilização da classe. E isso pareceu em grande medida se confirmar, mesmo no momento em que uma onda de manifestações populares tomou conta do país, em junho de 2013.

Naquela ocasião, uma das características mais discutidas das chamadas "jornadas de junho" foi seu perfil "espontâneo", materializado na rejeição aos partidos políticos e, em alguma medida, às organizações sindicais. Quando as centrais sindicais tentaram aproveitar o embalo das grandes passeatas para impulsionar dois dias nacionais de luta unificada (em julho e agosto de 2013), o que se viu foram manifestações de escala muito reduzida e, em grande medida, restringidas a dirigentes e funcionários dos aparatos sindicais. No entanto, o sentido de classe das mobilizações de junho de 2013 precisa ser destacado, para que não percamos de vista os elos visíveis com a dimensão sindical.

Indo um pouco além da aparência dos acontecimentos, podemos perceber que as grandes demandas daquelas manifestações — pela redução do preço e melhoria da qualidade do transporte coletivo, contra a violência policial, contra as corporações empresariais de mídia, em defesa da saúde e da educação — possuíam um claro perfil de classe. Isso se vislumbrava desde o momento em que ficou evidente a ampla simpatia que despertou a sua reivindicação original. Os transportes públicos urbanos, muito caros e de péssima qualidade, são um pesadelo no orçamento e no cotidiano justamente dos setores mais precarizados da classe trabalhadora, que moram mais distante do trabalho e não recebem qualquer tipo de auxílio para o transporte.[6] Quando as manifestações reuniram milhões nas ruas, a pauta mais sensível foi justamente a demanda por serviços públicos de qualidade — saúde e educação — pauta nitidamente orientada pelos interesses da classe trabalhadora, que exige, ainda que de forma difusa, mais do que o acesso a serviços no mercado, seus direitos sociais universais.

Além disso, os que foram às ruas protestaram contra a violência policial, não apenas para garantir seu direito à manifestação, mas também para denunciar o sentido opressivo de um aparato militarizado de coerção estatal, que constitui um dos pilares fundamentais da forma atual da dominação de classes em um país com os níveis de desigualdade social do Brasil. Também questionaram outro dos pilares fundamentais dessa dominação: os monopólios empresariais de comunicação de massas, onde alguns poucos grupos familiares privados controlam a imensa maioria dos canais de comunicação jornalística e rádio-televisiva. Os manifestantes denunciavam a cobertura tendenciosa desses canais, contribuindo, assim, não sem contradições, para aclarar o papel de classe fundamental exercido pela mídia.

Por isso alguns intérpretes associaram as "jornadas de junho" a uma explosão de protesto político justamente daqueles setores da classe trabalhadora brasileira que se submetem às novas formas (ou velhas formas reinventadas) de precarização das relações de trabalho. Ruy Braga, por exemplo, acredita que os que foram à rua eram os representantes do "precariado": "a massa formada por trabalhadores desqualificados e semiqualificados que entram e saem rapidamente do mercado de trabalho, por jovens à procura do primeiro emprego, por trabalhadores recém-saídos da informalidade e por trabalhadores sub-remunerados"[7].

É importante ressaltar que, ao contrário do uso do termo pela literatura sociológica francesa, Braga não distingue completamente o

6. Estimativas de 2014 apontam para 29% da população brasileira vivendo nas periferias dos centros urbanos. Disponível em: <http://revistaforum.com.br/blog/2014/01/quase-um-terco-dos-brasileiros-vive-nas-periferias-urbanas/>. Acesso em: fev. 2014.

7. Braga, 2013, p. 96.

"precariado" da classe trabalhadora, mas considera-o uma parte dela, definindo-o como "a fração mais mal paga e explorada do proletariado urbano e dos trabalhadores agrícolas", que se diferencia tanto dos "setores profissionais", mais qualificados e melhor remunerados da classe trabalhadora, quanto da população pauperizada e do lumpemproletariado.[8] Não é necessário aceitar o conceito de "precariado" sem reservas para concordar com Braga na avaliação de que a explosão política de junho de 2013 teve como protagonistas setores mais precarizados da classe trabalhadora brasileira, justamente aquele setor mais distante da organização sindical tradicional, porque menos representado por ela. Ainda assim, é possível enxergar as "jornadas de junho" como potencializadas por e potencializadoras de lutas sindicais.

Em primeiro lugar, porque as reivindicações dos manifestantes estavam longe de ser novidade. Trata-se de um conjunto de bandeiras assumidas e propagandeadas pelos movimentos sociais que mantiveram uma perspectiva mais mobilizadora e combativa, mesmo em meio à maré vazante de lutas dos anos 1990 e 2000. Em especial a defesa de mais verbas e melhor qualidade para saúde e educação públicas teve nos sindicatos de trabalhadores desses dois setores no serviço público brasileiro seus principais propagadores. Em 2012, por exemplo, uma grande greve dos trabalhadores da educação no serviço público federal atravessou mais de três meses de enfrentamentos com o governo de Dilma Rousseff. Ou seja, as lutas sindicais, ainda que fragilizadas e fragmentadas, das duas décadas passadas foram essenciais para manter em pauta a defesa desses direitos fundamentais.

Por outro lado, as manifestações de 2013 impulsionaram greves e táticas de lutas dos sindicatos mais combativos. Em vários estados do país, sindicatos de profissionais da educação fizeram greves no segundo semestre de 2013. No Rio de Janeiro, a greve foi longa, enfrentou a intransigência dos governos estadual e municipal, mas gerou uma nova onda de passeatas multitudinárias em seu apoio, chegando a reunir novamente cerca de 100 mil pessoas nas ruas do

---

8. Braga, 2012, p. 19.

centro da cidade em outubro. Muitos dos manifestantes de junho foram às ruas novamente concretizar a palavra de ordem da defesa da educação, consubstanciando-a em apoio ativo à luta dos trabalhadores do setor.

Tratando de greves, de novo podemos perceber essa relação das mobilizações de junho de 2013 com as lutas sindicais. Vimos que um dos indicadores mais visíveis do recuo das lutas coletivas da classe trabalhadora brasileira, a partir dos anos 1990, foi a diminuição do número de greves. Em 1989, no auge do ciclo de lutas sociais que marcou o fim da ditadura empresarial-militar instalada em 1964, ocorreram cerca de 4.000 greves no Brasil. Em meio ao primeiro mandato presidencial de Lula da Silva, foram registradas 299 greves em 2005, num dos pontos mais baixos da curva (o menor número foi de 298 em 2002). Porém, desde o fim da década passada, a inflexão da curva alterou-se. Depois de 446 greves contabilizadas em 2010 e 554 em 2011, no ano de 2012 aconteceram 873 greves no Brasil, segundo os estudos do Dieese. Foi o maior número registrado desde 1996, revelando um crescimento significativo nos últimos anos do recurso à paralisação do trabalho como arma para enfrentar os baixos salários, a perda de direitos dos trabalhadores e as péssimas condições de trabalho, geradoras de uma crescente onda de acidentes de trabalho, especialmente em setores como o da construção civil, que se viu mais aquecido com as grandes obras do Programa de Aceleração do Crescimento (PAC) e dos "megaeventos" (Copa do Mundo de Futebol e Olimpíadas). A relativa estabilidade do nível de emprego (relativa porque os números oficiais contabilizam 6 milhões de desempregados, mas há também 62 milhões de brasileiras e brasileiros em idade ativa que por alguma razão não buscam empregos) também pode ajudar a explicar por que cresce o número de greves. Ainda não foram divulgados os dados sobre as greves no ano de 2013, mas tudo indica que a tendência ao crescimento se manteve.

Ou seja, às vésperas da erupção de protestos em 2013 já se registrava um crescimento das lutas sociais, particularmente na modalidade tipicamente sindical das greves. Por outro lado, como vimos em relação à greve dos profissionais em educação do Rio de Janeiro, os protestos em si impulsionaram novas greves. E elas continuaram em 2014. A mesma tática de levar a greve para a rua, na forma de grandes manifestações, foi empregada pelos trabalhadores da limpeza urbana do Rio de Janeiro (os garis), que em pleno carnaval carioca deste 2014 paralisaram suas atividades para garantir melhorias salariais e de condições de trabalho. Apesar do incômodo com o acúmulo de lixo nas calçadas e ruas, em plena festa carnavalesca, a maioria da população da cidade apoiou a greve e quando, em 7 de março, os garis fizeram sua maior manifestação pelo centro da cidade foram fortemente aplaudidos e receberam muitas adesões em seu protesto. Imediatamente após essa demonstração de força, a Prefeitura do Rio de Janeiro, que havia classificado a greve como "motim" e mobilizara escoltas policiais para forçar os garis a trabalharem, chamou os líderes da greve para negociar e a paralisação se encerrou com ganhos substantivos para os trabalhadores.

Nos meses seguintes, chamaram a atenção greves de rodoviários, em várias capitais brasileiras, reivindicando melhores salários e condições de trabalho (como o fim da "dupla função" de motoristas obrigados a também cobrar pelas passagens). Tanto nas greves da limpeza urbana, quanto nas greves de rodoviários, os trabalhadores paralisaram suas atividades sem o apoio das direções sindicais, ou mesmo se enfrentando com diretorias de sindicatos identificadas com as formas mais tradicionais de colaboração de classe no meio sindical brasileiro.

Assim, embora continue a existir um setor combativo do movimento sindical, que se mobiliza e comanda greves (como nas greves dos profissionais da educação, ou na greve dos metroviários de São Paulo em junho de 2014) e apesar de até mesmo a burocracia mais acomodada em alguns momentos ser obrigada a convocar paralisações do trabalho, o que chama a atenção em muitos dos movimentos grevistas recentes é justamente essa sua construção à margem das, e muitas vezes contra as, direções sindicais. Um último exemplo, também muito significativo, é o das greves dos operários da construção civil nos canteiros de obras do Complexo Petroquímico do Estado do

Rio de Janeiro (Comperj). Duas delas ocorreram em 2013 e uma terceira, de maiores dimensões, atravessou mais de 40 dias nos meses de fevereiro e março de 2014. Novamente aí a direção do sindicato local colocou-se contrária à greve e buscou "negociar" com as construtoras à revelia dos 28 mil grevistas, que por mais de uma vez mantiveram a paralisação dos trabalhos após anúncios de acordo e fim de greve por parte dos dirigentes sindicais. Os protestos dos trabalhadores em greve também foram marcados pelo impulso para as ruas, desencadeado pelas "jornadas de junho" e envolveram o fechamento de estradas e incêndio de ônibus, resultando em pelo menos uma ocasião em repressão violenta, com trabalhadores feridos a tiros. Várias declarações de envolvidos no protesto acusaram "seguranças" contratados pelo sindicato como responsáveis pelos disparos. Só o passar do tempo poderá confirmar se estamos diante de um novo ciclo de crescimento das lutas organizadas da classe trabalhadora no Brasil. No entanto, pode-se dizer desde já que, entre outras questões importantes postas por essas greves, parece ser fundamental compreender que uma nova onda de mobilizações grevistas, que possa recolocar a classe trabalhadora organizada no centro do debate político nacional, dependerá: por um lado, da capacidade das bases sindicais e dos dirigentes mais combativos de alargarem as lutas, através de mobilizações de massas, que envolvam os setores mais precarizados e menos organizados da classe trabalhadora, que demonstraram seu potencial de descontentamento em junho de 2013; por outro lado, de uma renovação do panorama sindical brasileiro, com a substituição de burocracias esclerosadas pela colaboração de classes por novas lideranças surgidas das greves que se enfrentam com esses burocratas. Somente com o fortalecimento de um polo sindical combativo, que estabeleça os laços necessários entre as frações mais formalizadas e as mais precarizadas da classe e se disponha a romper com os métodos e as armadilhas da estrutura sindical oficial, poderemos estar à altura do desafio. Nesse caso, a pergunta inicial sobre a atualidade dos sindicatos como instrumentos de mobilização da classe trabalhadora tenderá a ser respondida de forma positiva.

Referências

ANTUNES, Ricardo. *O novo sindicalismo no Brasil*. Campinas: Pontes, 1995.

______. *Os sentidos do trabalho*. São Paulo: Boitempo, 1999.

BRAGA, Ruy. *A política do precariado*: do populismo à hegemonia lulista. São Paulo: Boitempo, 2012.

______. Sob a sombra do precariado. In: HARVEY, David et al. *Cidades rebeldes*: passe livre e as manifestações que tomaram as ruas do Brasil. São Paulo: Boitempo/Carta Maior, 2013.

FRANÇA, Teones. *Novo sindicalismo no Brasil*: histórico de uma desconstrução. São Paulo: Cortez, 2013.

GARCIA, Cyro. *PT*: de oposição à sustentação da ordem. Rio de Janeiro: Achiamé, 2011.

MATTOS, Marcelo Badaró. *Trabalhadores e sindicatos no Brasil*. São Paulo: Expressão Popular, 2009.

______. *Reorganizando em meio ao refluxo*. Rio de Janeiro: Vício de Leitura, 2009a.

NORONHA, Eduardo. Greves e estratégias sindicais no Brasil. In: OLIVEIRA, Carlos Alonso Barbosa et al. *O mundo do trabalho*: crise e mudança no final do século. São Paulo: Scritta, 1994.

OLIVEIRA, Francisco de. *Crítica à razão dualista e ornitorrinco*. São Paulo: Boitempo, 2003.

SILVA, Luis Inácio Lula da. *Lula*: entrevistas e discursos. 2. ed. Guarulhos: O Repórter, 1981.

5

Lutas sociais contemporâneas:
entre os desígnios pós-modernos e os imperativos da classe trabalhadora

Sâmbara Paula Francelino Ribeiro*

Introdução

Ao analisar as lutas sociais na contemporaneidade, o pensamento pós-moderno supõe que as recentes transformações societárias não permitem mais aquelas formas de referências coletivas, como a de classe, que motivou as organizações sociais e políticas do século XIX e início do século XX. Essa forma de pensar considera que ocorre uma erosão da identidade de classe configurada na unidade ampla dos trabalhadores, predominando novas identidades de acordo com novos e múltiplos interesses, sempre parciais, e não mais universais. Assim,

* Professora do Curso de Serviço Social da Universidade Estadual do Ceará (UECE).

os interesses universais e de classe dão lugar aos desígnios grupais específicos e localistas, configurando-se nos chamados "novos movimentos sociais".

A prática política desses "novos movimentos sociais" privilegiaria "novas" formas de intervenção, opondo as intervenções comunitárias ao estatismo, o que apontaria na perspectiva de um Estado "minimalista" (Evangelista, 2007, p. 178). Essa ideia pós-moderna fundamenta-se no fracasso da perspectiva reformista (social-democrata) e revolucionária (experiências do chamado socialismo real). Para os pós-modernos, a premissa, portanto, é de que a derrota desses projetos macrossocietários no âmbito das lutas sociais implica no fim da política de classes que dá lugar a políticas de identidade.

As novas categorias sociais, que substituem as classes sociais e outras categorias marxistas, têm como base empírica "novos atores" coletivos, onde se deve buscar novas "significações". Aí se expressam as representações que esses "atores" constroem de si mesmo e daqueles com os quais se relacionam em determinado contexto social. Diante dessa perspectiva analítica a teoria marxiana assevera a centralidade das classes sociais determinada por relações antagônicas entre as forças sociais, considerando a possibilidade de uma solidariedade coletiva que impulsione formas de organização universalizantes.

O propósito aqui é tecer uma reflexão sobre essas perspectivas teóricas na análise das lutas sociais. Desse modo, abordar os determinantes operados pelos conflitos de classes concebidos pelo marxismo e a influência das ideias pós-modernas mediante as transformações resultantes do processo de reestruturação produtiva, como um construto ideopolítico funcional ao capitalismo contemporâneo. Assim, busca-se elucidar os pressupostos pós-modernos, ao supor que alterações ocorridas no Ocidente promovem uma nova forma de sociedade, demandando novas fontes analíticas; e como esses vêm sendo confrontados pela análise tangida pela racionalidade científica, totalidade histórica, centralidade do trabalho e validade das classes sociais.

1. Pós-modernismo e marxismo no percurso analítico das lutas sociais

O termo pós-modernismo[1] usualmente é atribuído a uma forma de cultura contemporânea, enquanto a denominação pós-modernidade refere-se a um dado período histórico, registrando fenômenos que determinam uma ordem de pensamento. Essa forma de pensar considera que o contexto emergente a partir da década de 1970 reflete o esgotamento das noções clássicas de verdade, razão, identidade e objetividade, bem como da ideia de emancipação universal, dos sistemas únicos e das grandes narrativas. Essa visão, contrariando o Iluminismo, concebe o mundo como "contingente, gratuito, diverso, instável, imprevisível, um conjunto de culturas ou interpretações desunificadas gerando certo grau de ceticismo" (Eagleton, 1998, p. 7).

O pensamento pós-moderno configura-se de forma absolutamente heterogêneo, pois emerge em diversos contextos permeados por diferentes tons de abordagem; porém, uma característica marcante é a sua relação com a modernidade, que por sua vez também se constitui mediante múltiplas nuances teóricas, políticas e econômicas. Por isso se faz necessário retomar alguns aspectos elucidativos acerca da modernidade de maneira a contextualizar e balizar as premissas pós-modernas com os determinantes econômicos, sociais e políticos.

A modernidade é assim designada por se constituir aquele momento em que a cultura do novo emerge mediante as rupturas com o velho mundo, representado pelo feudalismo, clericalismo, obscurantismo e absolutismo. São mudanças sociais, econômicas e culturais decorrentes do ressurgimento das cidades, das mudanças nas relações de trabalho e de produção com gradual deslocamento de saberes religiosos e baseados na tradição — que até então ocupavam lugar

1. Seguindo a trilha de Eagleton (1998), apesar da distinção entre pós-modernismo e pós-modernidade ser importante nas elaborações acerca dessa questão, adotaremos o termo pós-modernismo para tratar das duas coisas. Primeiro porque existe uma intrínseca relação entre elas; segundo, porque não partimos da existência real de pós-modernidade como período histórico tão pouco que as ideias pós-modernas possam se consolidar em uma teoria.

central — substituídos pelo conhecimento científico; são também processos de lutas e das promessas de igualdade, liberdade e justiça que dão origem ao Estado Nação, suposto detentor de uma racionalidade capaz de garantir a justiça no mundo (Harvey, 1996).

Conforme afirma Harvey, apesar da ideia de moderno ter uma história anterior, o projeto da modernidade[2] sobressaiu-se durante o século XVIII, resultado de um extraordinário esforço intelectual dos pensadores iluministas. A ideia consistia em produzir conhecimento coletivo, livre e criativamente em busca da emancipação humana e da abundância na vida cotidiana.

> O domínio científico da natureza prometia liberdade da escassez, da necessidade e da arbitrariedade das calamidades naturais. O desenvolvimento de formas racionais de organização social e de modos racionais de pensamento prometia a libertação das irracionalidades do mito, da religião, da superstição, liberação do uso arbitrário do poder, bem como do lado sombrio da nossa própria natureza humana. Somente por meio de tal projeto poderiam as qualidades universais, eternas e imutáveis de toda a humanidade ser reveladas (Harvey, 1992, p. 23).

A Modernidade, no aspecto ideológico, se expressa pela ruptura com a dominação do sagrado na cultura ocidental, resultado da instauração do liberalismo pelo pensamento iluminista. O liberalismo, por sua vez, se manifesta nas conquistas econômicas e sociais dos países desenvolvidos, quando se registram o avanço da lei de mercado e do direito à propriedade, pressupostos à liberdade individual. Assim é que, de acordo com Simionato,

> [...] o pensamento moderno é marcado principalmente pelas revoluções científicas ocorridas entre os séculos XVI e XVII. Temos, a partir de então, o surgimento da chamada nova ciência ou da *razão moderna*, fundada na astronomia e na física, tendo em Copérnico e Galileu seus principais

2. Assim foi denominado por Jürgen Habermas em *Teoria do agir comunicativo*, publicado originalmente em 1981, edição brasileira 2012.

> representantes. Ocorre, nesse período, uma verdadeira revolução no conhecimento, pois as formas vigentes de interpretação do mundo são derrubadas, destacando-se a importância da observação e da experimentação para o desenvolvimento científico. Tais mudanças indicam que o abandono de uma concepção dogmática e fechada de mundo, pautada nas concepções religiosas, terá repercussões não apenas no campo da epistemologia, mas também na política, na ética e na estética (1999, p. 79).

É, portanto, instituído um modelo explicativo do real, parametrado na razão científica, em que o ser humano pode elaborar teorias por meio de leis que, objetivamente, demonstre o funcionamento da realidade.

A teoria marxiana, tal como o positivismo, é uma grandiosa representação da razão moderna. Porém, Marx, contrariamente a Comte, desenvolve uma análise da sociedade burguesa que revela os componentes destrutivos dessa forma social e aponta para a necessidade da sua superação pela via de um processo revolucionário. A investigação em torno do modo de produção capitalista constitui uma explicação acerca da vida social dessecando a maneira como os homens produzem e reproduzem a própria existência a partir do trabalho. Para ele, o conhecimento não se constitui apenas como ferramenta de compreensão do mundo, mas, sobretudo, como instrumento de transformação social.

Um dos aspectos essenciais da teoria social de Marx na apreensão da realidade é a noção da totalidade herdada de Hegel. Por outro lado, a relação sujeito e objeto é também fundamental na compreensão do concreto como ponto de partida efetivo do pensamento que se constitui como síntese de muitas determinações e unidade do diverso. Nisso se manifesta contrariamente a Hegel, o qual concebe o real como resultado do pensamento que se sintetiza, se aprofunda e se move em si mesmo. Senão vejamos as palavras de Marx na *Introdução à Crítica da Economia Política*:

> Para a consciência — e a consciência filosófica é determinada de tal modo que, para ela, o pensamento que concebe é o homem efetivo, e

> o mundo concebido é como tal o único efetivo. Para a consciência, pois, o movimento das categorias aparece como o ato de produção efetivo — que recebe infelizmente apenas um impulso do exterior — cujo resultado é o mundo, e isso é certo na medida em que a totalidade concreta, como totalidade de pensamentos, é de fato um produto do pensar, do conceber; não é de modo nenhum o produto do conceito que pensa separado e acima da intuição e da representação, e que se engendra a si mesmo, mas da elaboração da intuição e da representação em conceitos (Marx, 1996, p. 40).

Na análise da sociedade, o filósofo contempla as relações de produção da vida material, as instituições jurídicas e sociais, como o Estado, a família, a ciência, a arte e a ideologia. Propõe um método de conhecimento da realidade de forma a desvendá-la em todas as suas determinações: sociais, econômicas, políticas e culturais. Assim, diz Marx no *Prefácio à Crítica à Economia Política* de 1959:

> [...] Na produção social da própria vida, os homens contraem relações determinadas, necessárias e independentes de sua vontade, relações de produção estas que correspondem a uma etapa determinada de desenvolvimento das suas forças produtivas materiais. A totalidade dessas relações de produção forma a estrutura econômica da sociedade, a base real sobre a qual se levanta uma superestrutura jurídica e política, e à qual correspondem formas sociais determinadas de consciência. O modo de produção da vida material condiciona o processo em geral de vida social, política e espiritual (Idem, p. 52).

A teoria marxiana está no centro dos argumentos que apontam para a superação da modernidade e o advento de uma sociedade pós-industrial. É tendo como referência as mudanças ocorridas nesse contexto histórico e na contraposição das grandes narrativas que as ideias pós-modernas encontram ressonância na realidade.

Portanto, compreender os pressupostos da perspectiva pós-moderna pressupõe a análise do contexto econômico e político no qual esta insurgiu no decorrer das três últimas décadas do século passado. Este período é marcado pelo esgotamento do padrão de acumulação fordista e do regime de regulação welfariano, que manifestam uma crise estrutural do capital.

As repercussões sociais derivadas da última onda longa expansiva do capital ganharam notoriedade na década de 1960 por meio de um célere processo de urbanização e mudanças socioculturais nos valores e na vida cotidiana. A decaída desse ciclo expansivo do capital ocorreu nos anos 1970, determinando uma reestruturação sistêmica do modo de produção. Isso veio provocar um aceleramento nas transformações, configurando a chamada sociedade *tardo-burguesa*. E apesar de as determinações de classe continuarem operantes e fundamentais, a dinâmica da sociedade capitalista contemporânea reservou para esse momento uma alteração na sua estrutura de classe. Ocorreram alterações profundas, quer no plano econômico-objetivo da produção/reprodução das classes e suas relações, quer no plano ideo-subjetivo do reconhecimento da pertença de classe. Houve uma grande complexificação no âmbito das classes, e isso evidenciou as formas, determinações de outra natureza, como gênero, etnia, grupos, geracionais, nacionalidade, religiosidade etc. (Evangelista, 2007).

O período que se estende do pós-guerra até o início dos anos 1970, demarcando uma ampla expansão da economia capitalista, sob o controle do capital industrial, alicerçado por um rígido controle do processo de trabalho, possibilita, por outro lado, uma forte organização dos trabalhadores. Esse contexto teve, como resultado, ganhos de produtividade e certo reconhecimento do poder de organização sindical da classe operária.

Conforme Harvey, a virada cultural para o pós-modernismo está articulada à constituição do regime de acumulação flexível e seus desdobramentos na criação de um novo ciclo de compressão tempo-espaço na economia. Essa dinâmica volátil origina uma "sociedade do descarte" — que, de acordo com o autor, tende a jogar fora não apenas bens produzidos, mas também "estilos de vida, relacionamentos estáveis, apego a coisas". Além de ter se tornado um elemento fundamental para a concorrência na venda de mercadorias, a imagem passou a ser também "parte integrante da busca de identidade individual, autorrealização e significado da vida" (Harvey, 1996, p. 260).

Assim, o pós-modernismo vem expressar uma nova perspectiva ideológica nesse estágio do capital globalizado, pautada no fragmentário, no efêmero, no descontínuo, que fortalecem a alienação e a reificação do presente, descaracterizando os nexos ontológicos que compõem a realidade social e tolhendo cada vez mais a compreensão totalizante da vida social.

1.1 *Novos Movimentos Sociais* na trilha do pós-modernismo

A análise pós-moderna vai ser sedimentada nas referências teóricas quando estas passam a visibilizar a suposta novidade dos movimentos sociais em relação às lutas macrossocietárias. Alain Touraine (2004) é um dos autores que dão vazão a esse tipo de base analítica. Para o autor, os movimentos sociais derivam fundamentalmente dos conflitos que giram em torno do controle dos modelos culturais. Assim, os movimentos sociais têm origem na separação entre o universo econômico e o universo cultural. Desse rompimento decorre a degradação das duas esferas, ameaçando também a personalidade individual. Nos países mais industrializados, o movimento societal predominante se constitui em ações coletivas diretamente voltadas para a afirmação e a defesa dos direitos do sujeito e de sua liberdade.

> Um movimento social não é apenas um conjunto de objetivos; supõe também a participação de indivíduos em uma ação coletiva. A formação de movimentos, ao mesmo tempo fraco, porque dispersos, e muito fortes, porque decididos a autogerenciarem-se, a definirem por si mesmos seus fins e meios, sem que estejam subordinados a partidos ou a teóricos, deve criar novas formas de ação coletiva. As formas das quais tínhamos experiência mobilizavam militantes idealistas, recorriam a sua abnegação, incumbiam-nos de participarem de grandes campanhas reivindicatórias (Touraine, 2004, p. 138).

Assim, o movimento social, tratado aqui, tem duas encostas: uma utópica onde o "ator" se identifica com os direitos do sujeito e outra ideológica onde ele se concentra na luta contra um adversário social. Este se fundamenta num princípio metassocial e na lógica natural de uma ordem superior formando uma dualidade e gerando conflitos internos que se moldam na dimensão dos movimentos culturais (Touraine, 2004).

Touraine argumenta que a solução do problema está dentro do homem. Não acredita na solução marxista, reafirma que a ideia de classe, ligada à luta revolucionária, foi substituída pela ideia de movimento social, permeado por uma dinâmica social. O conflito não foi eliminado, mas foi civilizado pela ideia de dinâmica e, principalmente, pela ideia de atores sociais. Este conceito, por sua vez, transfere a noção da história do externo para o interno. Não são as leis de superestruturas ou infraestruturas que comandam a história, mas atores conscientes, por isso as forças econômicas são contrapostas pelas forças morais (Touraine, 2009).

Na esteira dessa análise, destacam-se também as ideias de Boaventura de Souza Santos (2005). Para esse autor, a sociologia da década de 1980 esteve dominada pela temática dos "novos movimentos sociais", fazendo do elenco e da hierarquização das razões explicativas desse fenômeno os objetos predominantes no debate.

Para tratar da relação entre regulação e emancipação e a relação entre subjetividade e cidadania, Boaventura parte da identificação entre os "novos movimentos sociais" nesta dupla relação, considerando que se deve à grande diversidade desses movimentos, a ausência de um consenso quanto ao conceito teórico em torno destes. Se nos países centrais a lista desses "novos movimentos" inclui tipicamente os movimentos ecológicos, feministas, pacifistas, antirraciais, de consumidores e de autoajuda, a enumeração na América Latina ainda é bem mais heterogênea.[3]

---

3. No exemplo do Brasil, Boaventura, com base em Scherer-Warren e Krischke (1987), destaca os seguintes movimentos: CEBs (Comunidades [*Eclesiásticas de Base*]; o novo sindica-

Entretanto, para Boaventura, relacionar esses movimentos não revela uma identidade que dê homogeneidade a estes, também não expressa o novo anunciado, para o autor "a maior novidade dos NMSs é que constituem tanto uma crítica à regulação social capitalista, como uma crítica à emancipação social socialista, como foi definida pelo marxismo"[4] (Santos, 2005, p. 177).

As "novas" formas de opressão, segundo Boaventura de Souza Santos (2005), aparecem no debate acerca dos processos sociais onde se concebe a identidade dos oprimidos, e não existe aí uma pré-constituição estrutural dos grupos e movimentos de emancipação, fazendo com que o movimento operário e a classe operária não tenham uma posição privilegiada nos processos sociais de emancipação.

Além do que, a compreensão é de que diante das "novas opressões", embora não perca de vista as "velhas opressões", a luta não é feita em nome de um futuro melhor numa sociedade ainda por construir. Ao contrário, "a emancipação pela qual se luta tem como objetivo transformar o cotidiano das vítimas da opressão aqui e agora e não em um futuro distante" (Santos, 2005, p. 177-178).[5]

Assim vem a defesa de que o princípio da comunidade rousseauniana é o que apresenta maior possibilidade para fundar as novas energias de emancipação. Os pressupostos da horizontalidade política entre os cidadãos, da participação e da solidariedade, na promoção da vontade geral, são vistos como os únicos capazes de fundar uma cultura política renovada e, em última instância, uma qualidade de vida pessoal e coletiva abalizada na autonomia e no autogoverno, na descentralização e na democracia participativa, no cooperativismo e na produção socialmente útil. Nesse sentido, a politização do social,

---

lismo urbano; o movimento rural; o movimento feminista; o movimento ecológico; o movimento pacifista; setores de movimentos juvenis, entre outros. Recorre também à classificação de Käner para o conjunto de América Latina, que é ainda mais heterogênea. (Santos, 2005).

4. O autor usa a sigla NMSs para se referir aos Novos Movimentos Sociais.

5. Ou a emancipação começa hoje, ou não começa nunca mais. Isso justifica por que os NMSs, com exceção parcial do movimento ecológico, não se mobilizam por responsabilidades intergeracionais (Santos, 2005, p. 178).

do cultural e até mesmo do pessoal, é abordada como um imenso campo de possibilidades para o exercício da cidadania, revelando as limitações daquelas cidadanias de extração liberal e social, restritas ao âmbito do Estado e do político por ele constituído.

1.2 No contrafluxo dos *novos movimentos sociais*

O final da década de 1960 trouxe especificidades nas formas de manifestações políticas, demandando novas abordagens. Isso possibilitou novas formas de análises que potencializam o deslocamento da centralidade das classes sociais e a decomposição do prisma da totalidade na intervenção de tais movimentos. Para Harvey, parte de Foucault[6] a ideia de que o caminho do confronto com as formas de opressões localizadas é o ataque multifacetado e pluralista. Essa ideia seduz os vários movimentos sociais surgidos nos anos 1960 (grupos feministas, gays, étnicos e religiosos, autonomistas regionais etc.), alentando as decepções com as práticas do comunismo e com as políticas dos partidos comunistas (Harvey, 1996).

Lyotard (2008) atribui ao conhecimento a principal força de produção na contemporaneidade, criando, para Harvey (1996), um problema quanto à localização desse poder à medida que ele está "disperso em nuvens de elementos narrativos" imerso no emaranhado de linguagens distintas.[7] Assim é que, com a identificação das diversas fontes de opressão na sociedade e muitos focos de resistência à dominação, "esse tipo de pensamento foi incorporado pela política radical e até importado para o coração do próprio marxismo". Observa-se, portanto, que as lutas pela libertação, múltiplas, locais, autônomas,

6. Ver também: Iasi, M. *O dilema de Hamlet*: o ser e o não ser da consciência. São Paulo: Viramundo, 2002.

7. Ocorre que se existem uma múltipla diferenciação de jogos de linguagem e uma variedade de elementos, também é preciso reconhecer que eles só geram instituições fragmentadas, levando a "determinismos locais". (Harvey, 1996, p. 51).

que ocorrem por toda perspectiva pós-moderna, levam a encarnações de discursos mestres absolutamente ilegítimas (Harvey, 1996).

Essa concepção que embasa a análise apologética dos "novos movimentos sociais" nega a processualidade histórica, interpreta a vida social de forma caótica e episódica, onde os fatos e acontecimentos aparecem desconectados e aleatoriamente produzidos. Inexiste nessa análise a universalidade dos fatos que, por sua vez, se constituem meramente como processos singulares, como uma forma de objetivação particular descolada da totalidade social e dos determinantes histórico-econômicos.

> É justamente o desprezo pela dimensão ontológica do real que faz com que determinadas teorias sociais não consigam ultrapassar a superfície aparente dos fenômenos societários, escapando-lhes a integralidade do seu ser social. Quando o fragmentário, o microcosmo e o fatual, que abundam na cotidianidade, não são vistos como produzidos pela reificação das relações sociais no capitalismo, instala-se a *irrazão*. O mediato foge à percepção da consciência, restando, exclusiva ou principalmente, o imediato. Essa é, no essencial, a origem do irracionalismo contemporâneo (Evangelista, 1997, p. 36).

O questionamento acerca das classes sociais aparece no debate acerca dos "novos movimentos sociais" com os mesmos fundamentos apresentados pelos pós-modernistas, fazendo muitas intercessões na literatura que trata de ambos. Nesse sentido é que a defesa das ideias pós-modernas e as referências teóricas dos "novos movimentos sociais" se encontram implicadas. Acomodam-se no mesmo espaço em que se desenvolve a crítica à racionalidade moderna e a contestação aos instrumentos tradicionais de organização e manifestação coletiva.

De acordo com Eagleton (1998), a classe social comumente aparece na teoria pós-moderna como um item da "tríade classe, raça e gênero", uma fórmula que rapidamente assumiu um lugar de destaque nas análises da esquerda. Essa lógica de um encadeamento triplo, por certo, leva ao fato de que a negatividade dos termos racismo, sexismo também seria atribuída a algo chamado "classismo".

Nessa analogia, "classismo" ganha uma dimensão em que se correria o risco de estereotipar as pessoas ao considerá-las a partir da sua classe social. Essa ideia fica melhor evidenciada quando Eagleton afirma que,

> Superficialmente, a tríade classe-raça-gênero parece bastante convincente. Algumas pessoas sofrem opressão por causa do gênero a que pertencem, outras por causa da raça e outras em virtude da classe. Mas essa formulação engana profundamente. Porque a opressão não resulta do fato de alguns indivíduos apresentarem certas características conhecidas como "da classe". Ao contrário, os marxistas consideravam que pertencer a uma classe social significa ser oprimido ou opressor. Classe significa nesse sentido categoria totalmente social, o que não acontece com o fato de ser mulher ou de ter um certo tipo de pigmentação da pele. Essas coisas, que não se devem confundir com ser feminina ou afro-americano, derivam do tipo de corpo que você tem e não do tipo de cultura a que você pertence. Ninguém que tenha consciência da triste situação a que nos levou o culturalismo poderia questionar a necessidade de afirmar algo por si só tão evidente (Eagleton, 1998, p. 62).

Dessa forma, o pensamento pós-moderno configura a sociedade civil como a esfera da livre escolha individual tanto no aspecto mercantil como subjetivo. Essa possibilidade múltipla de estilos de vida e de identidades sociais expressa-se na produção de relações e experiências diversas num campo fragmentado e heterogêneo de ações sociais.

Ellen Wood (1999) ressalta que o fio condutor desses princípios pós-modernos se expressa na ênfase da natureza fragmentada do mundo e do conhecimento humano. E aponta o resultado dessa visão pós-modernista:

> O *self* humano é tão fluido e fragmentado (o "sujeito descentrado") e nossas identidades, tão variáveis, incertas e frágeis que não pode haver base para a solidariedade e ação coletiva fundadas em uma "identidade" social comum (uma classe), em uma experiência comum, em interesses comuns (Wood, 1999, p. 13).

Assim ocorrem as distorções geradas nos processos de identificação social, em que os indivíduos se deparam cada vez mais com mecanismos e discurso que desvirtua a sua referencialidade nas identidades tradicionais de classe e determinantes materiais. As identidades nesse contexto são conduzidas por meio de construtos ideológicos, em direção ao compartilhamento de perspectivas e referências culturais, particulares e subjetivas a depender das múltiplas circunstâncias pessoais e coletivas. A dinâmica desta subjetividade é inerente à nova lógica de produção de mercadorias voltada para a invenção de necessidades, fortalecendo a reificação e o fetichismo.

A ideia que perpassa esse conteúdo analítico se reforça na negação dos instrumentos políticos tradicionais, como os partidos políticos e sindicatos. O irracionalismo particularista que nega as classes sociais e as lutas de classes também ganha notoriedade com a tese neoconservadora de que o trabalho perde centralidade com as alterações no padrão de acumulação; aliada ao colapso da experiência socialista, leva à conclusão de que a história também chegou ao fim, e o capitalismo é um estágio insuperável da história.

A dinâmica entre as formas de manifestação dos "novos movimentos sociais" deve servir como recurso para enriquecer os princípios emancipatórios e não para o seu empobrecimento pelas premissas pós-modernas que conduzem a análises desintegradoras da resistência ao capitalismo. Pois como afirma Ellen Wood:

> Não devemos confundir respeito pela pluralidade da experiência humana e das lutas sociais com a dissolução completa da causalidade histórica, em que nada existe além de diversidade, diferença e contingência, nenhuma estrutura unificadora, nenhuma lógica de processo, em que não existe o capitalismo e, portanto, nem a sua negação, nenhum projeto de emancipação humana (Wood, 2003, p. 225).

Nesse sentido, Wood (1999) ressalta ser fundamental identificar os equívocos centrais aos quais os modismos intelectuais ofertam soluções práticas, ou dispensam as soluções. E ao fazer isso, contestar os problemas impostos para a resistência teórica e política. A ideia, portanto, é reagir às condições impetradas pelo mundo do capital, não como "robôs alegres", mas com racionalidade crítica.

Considerações finais

A perspectiva pós-modernista analisa a teoria moderna como um modo de pensar, típico dos séculos XVIII e XIX, contendo elementos "racionalistas", que seria responsável por uma interpretação determinista da história. Um dos alvos dessa crítica é a teoria das classes sociais, em que o pensamento de Marx acerca das classes não mais se adequa à contemporaneidade visto que nos países capitalistas desenvolvidos há uma redução do proletariado que não mais se manifesta como uma classe social e desaparece como sujeito revolucionário privilegiado. A compreensão acerca das categorias sociais que substituem as classes sociais no marxismo e sua história social deve dirigir-se às práticas sociais desses sujeitos coletivos e nelas procurar as suas novas "significações", que estão contidas nas "representações" que esses sujeitos sociais fazem de si mesmos e daqueles outros com os quais estão em relação numa dada sociedade. Daí emerge a construção de novas alternativas sociais do ponto de vista pós-modernista.

A essa ideia contrapomos a análise que afirma a centralidade das classes sociais nas relações antagônicas entre as forças sociais, desencadeando a solidariedade coletiva e impulsionando formas de organização universalizantes. Essa assertiva se confirma, principalmente, quando se trata de trabalhadores assalariados, cuja resistência à exploração do trabalho e à dominação do capital se destaca social e politicamente somente quando é coletivamente empreendida contra um inimigo universal em algumas estruturas sociopolíticas. Esses trabalhadores se objetivam no trabalhador coletivo, ao produzirem diretamente a mais-valia, essência da acumulação capitalista, assumindo um lugar de centralidade técnica e política nas relações sociais de produção burguesas. Dessa forma, o movimento operário representa a força social potencialmente mais decisiva no processo de organização coletiva capaz de enfrentar o capital, por meio de uma radical transformação na ordem social. Com isso não excluímos a necessidade de pensar teoricamente esses "novos movimentos sociais", que crescem e se multiplicam na sociedade contemporânea. Contudo, não se pode concebê-los como significantes em si mesmos, e sim como expressões das contradições sociais determinadas pelo capital. É necessário incorporá-los como objeto de preocupação intelectual, reconhecendo como mais um desafio teórico a ser enfrentado e desvelado na totalidade histórica em que se inserem. "Afinal, é precisamente o desenvolvimento histórico-ontológico da própria sociedade capitalista que resulta nessa crescente complexificação do ser social" (Evangelista, 1997, p. 35).

Assim, considera-se que incorporar a diversidade humana no enfrentamento das opressões sociais não significa suprimir a compreensão da realidade social pautada nas contradições da totalidade histórica. Implica, sobretudo, alargar o conhecimento na perspectiva de apreensão da essência do ser social em sua materialidade.

Referências

EAGLETON, T. *As ilusões do pós-modernismo*. Rio de Janeiro: Jorge Zahar, 1998.

EVANGELISTA, J. E. *Crise do marxismo e irracionalismo pós-moderno*. São Paulo: Cortez, 1997.

______. *Teoria social pós-moderna*: introdução crítica. Porto Alegre: Sulina, 2007.

HABERMAS, Jürgen. *Teoria do agir comunicativo*. São Paulo: WMF Martins Fontes, 2012.

HARVEY, D. *Condição pós-moderna*. São Paulo: Loyola, 1996.

IASI, Mauro L. *O dilema de Hamlet:* o ser e o não ser da consciência. São Paulo: Viramundo, 2002.

LYOTARD, J. *A condição pós-moderna*. Rio de Janeiro: José Olympio, 2008.

MARX, K. *Para a crítica da economia política*. São Paulo: Nova Cultural, 1996. (Col. Os Pensadores.)

ROUANET, S. P. *Mal-estar na modernidade*. São Paulo: Companhia das Letras, 1993.

SANTOS, Boaventura de Sousa. *Pela mão de Alice*: o social e o político na pós-modernidade. São Paulo: Cortez, 1996.

______. Os novos movimentos sociais. In: LEHER, Roberto; SETÚBAL, Mariana (Orgs.). *Pensamento crítico e movimentos sociais*. São Paulo: Cortez, 2005.

SIMIONATO, Ivete. As expressões ideoculturais da crise capitalista da atualidade. *Capacitação em serviço social e política social*. Módulo 1: Crise Contemporânea, Questão Social e Serviço Social. Brasília: CEAD, 1999.

TOURAINE, Alain. *O pós-socialismo*. São Paulo: Brasiliense, 2004.

______. *Crítica da modernidade*. Petrópolis: Vozes, 2009.

WOOD, Ellen Meiksins. O que é a agenda pós-moderna. In: WOOD, E. M.; FOSTER, J. B. *Em defesa da história*: marxismo e pós-modernismo. Rio de Janeiro: Zahar, 1999

______; ______. Democracia contra capitalismo. A renovação do materialismo histórico. São Paulo: Boitempo Editorial, 2003.

6

Movimentos urbanos:
lutas e desafios contemporâneos

Tatiana Dahmer Pereira*

1. Apresentação

A presente reflexão trata de alguns desafios postos aos "movimentos urbanos" no Brasil na contemporaneidade. Face aos limites de espaço, optamos por priorizar dois desafios articulados: a criminalização e o que identificamos como "cooptação".[1]

* Assistente social; doutora em Planejamento Urbano e Regional; professora da Escola de Serviço Social da Universidade Federal Fluminense (EES/UFF).

1. Nosso recorte remete à contemporaneidade e, especialmente, às particularidades dessa situação acentuada com a crise do "campo político" denominado de "democrático popular" a partir do início dos anos 2000. A consolidação da democracia liberal no Brasil apresenta dilemas específicos aos movimentos, entre outras coisas, ao se pensar as formas de inserção de seus quadros em espaços institucionais e em cargos de gestão em administrações em diferentes níveis federativos. Referenciando-nos em Coutinho (2010), sinalizamos para seu recurso a noção gramsciana de um "consentimento passivo" e um certo "transformismo" dos movimentos

Consideramos que os dilemas vivenciados pelos sujeitos coletivos são bastante complexos no estágio atual da democracia brasileira. Sua compreensão deve buscar a perspectiva das determinações históricas de formação dos mesmos e sua relação com diferentes projetos societários. Essa leitura considera a centralidade da *política* em suas diferentes dimensões como elemento que norteia os diferentes projetos societários destes sujeitos coletivos, os movimentos sociais.

Nessa lógica, para pensar sobre desafios postos em suas lutas sociais no Brasil, devemos considerá-los no processo de formação social brasileira e do sentido destas em um país continental, de desenvolvimento dependente e periférico na América Latina.

Primeiro qualificamos a noção de "movimentos sociais", e sua relação com projetos societários antagônicos, como disputa do sentido das lutas sociais com especial relação com a formação do urbano na transição para a Modernidade. Buscamos, então, particularidades da ideia de "movimentos urbanos", percebendo que a noção de "movimento social" expressa, desde o início, a criminalização construída na racionalidade burguesa hegemônica, acentuando dilemas vividos pela diversidade de sujeitos na consolidação da democracia liberal e na complexificação da política (Gramsci, 2011).

A dinâmica contraditória da luta de classes sociais nessa sociabilidade debate-se com percalços postos pelo avanço no campo dos direitos normativos, carreada pela institucionalização da participação. É nessa dinâmica que se apresenta também o que podemos identificar como "cooptação" de movimentos sociais, como parte dos dilemas oriundos da institucionalização de espaços de participação. Pensamos tal aspecto na atualidade, refletindo sobre particularidades dos movimentos urbanos no Brasil e suas questões acentuadas pela redemocratização dos anos 1980 e redimensionadas com a eleição dos governos petistas de 2003 à atualidade.

sociais. A expressão "transformismo" é utilizada por Gramsci para compreender o processo histórico do *Risorgimento* na Itália. Por isso, cabe a ressalva no seu uso para as condições específicas das relações de cooptação no Brasil (Gramsci, 2011, *Cadernos do cárcere*, v. 5).

2. Reconhecimento dos sujeitos, sua nomeação e disputas societárias no "reino da mercadoria"

Para enfrentar o tema proposto, qualificamos inicialmente "movimentos urbanos". Sinalizamos que o termo — para o "senso comum" e o meio acadêmico alvo de disputas político-conceituais é o de "movimentos sociais",[2] em uma tentativa de designação da complexidade de formas organizativas e de sujeitos coletivos na Modernidade. Sua associação com as lutas sociais nas cidades assume, porém, caráter distinto da concepção hegemônica da sociologia positivista. É relevante para este debate que problematizemos *as próprias compreensões sobre o termo.*

Recuperemos elementos que estruturam essa origem na sociabilidade burguesa, em processo anterior às revoluções que demarcam didaticamente o início da Modernidade. Desde a formação das cidades na Idade Média como lugares de troca (Lefebvre, 1999), reflexo do desenvolvimento da sociedade feudal, a crescente intensificação das relações mercantis como um meio de vida contribui para incrementar o protagonismo territorial e político dos burgos[3] na vida dos sujeitos sociais.

Transformações relevantes como as relacionadas a uma nova centralidade do trabalho — especialmente após a instituição da propriedade privada dos meios de produção, resultam no desenvolvimento contraditório das forças produtivas até a crise final do feuda-

---

2. Aqui ressaltamos, no Brasil, a importância da produção acadêmica de autores historicamente envolvidos com a temática e sujeitos que refletem sobre a questão desde os anos 1970. Com abordagens distintas, mencionamos, entre outros, Scherren-Warren (1989; 1993), Doimo (1995), Sader (1988) e Gohn (2008).

3. Há vasto registro — ainda que em minoria sob perspectiva crítica — em torno dos sujeitos organizados coletivamente os quais se insurgem contra a ordem vigente no período medieval, muitas vezes sendo tratados pela história oficial com pouca ou periférica visibilidade. Lefebvre (1999) demonstra que "é apenas no ocidente europeu, no final da Idade Média, que a mercadoria, o mercado e os mercadores penetram triunfalmente na cidade" [...] Assim, "o espaço urbano torna-se o lugar do encontro das coisas e das pessoas, da troca" (p. 20).

lismo, alimentando o esgotamento do regime Absolutista e da centralidade de relações servis. Constitui-se, assim, a possibilidade de transformação da sociabilidade a partir do protagonismo que as relações econômicas adquirem na Europa (Wood, 2010).[4]

Especificamente, é no século XIX, com o adensamento e "a expansão das grandes cidades modernas" que "se confere um valor artificialmente, colossalmente aumentado, ao solo em certas áreas, particularmente nas áreas de localização central" (Engels, 1983, p. 27). Frente às precárias condições de moradia, à pesada jornada de trabalho, entre outras expressões da desigualdade fundante dessa ordem, tornam-se cada vez mais expressivos os enfrentamentos entre as classes sociais.[5] O período ilustra o contexto de acirramento das contradições desse novo modo de produção, quando a burguesia, com seu racionalismo, passa a tematizar o que identifica como "problemas sociais" a serem enfrentados, intitulados genericamente como "questão social".[6]

No racionalismo burguês não tardaria a se constituir um viés investigativo sobre os causadores dos "distúrbios". O termo "movimentos sociais" é criado na Europa por Lorenz von Stein em 1840 nesse contexto, no âmbito da sociologia acadêmica, alertando para "a necessidade de uma ciência da sociedade que se dedicasse ao estudo dos movimentos sociais, tais como do movimento proletário francês e do comunismo e socialismo emergente" (Scherren-Warren, 1989, p. 12).

---

4. Gesta-se dada sociabilidade, a burguesa, com a afirmação desse novo modo de produção, o capitalismo, e a sacralização da propriedade privada dos meios de produção, onde a terra possui particularidades e centralidade na organização socioterritorial da vida social (Harvey, 2005).

5. Com as influências dos socialistas, um de seus momentos mais emblemáticos do acirramento dessas contradições em pleno século XIX, sinalizamos para a guerra civil na França (Marx, 2011), em especial a breve vivência (e resistência) da Comuna de Paris na segunda metade deste século como emblema de expressão de movimento operário.

6. Partilhamos da compreensão sobre o termo como o dilema insolúvel, com múltiplas expressões, entre a produção social da riqueza e sua apropriação privada pelos detentores dos meios de produção. Para maior aprofundamento, buscar Ianni (2011), Iamamoto (2008). Pastorini (2004) realiza boa recuperação sobre diferentes abordagens.

A concepção de perspectiva positivista difundida pela sociologia norte-americana[7] (Gohn, 2008), traz consigo leitura bastante estanque sobre a realidade concreta. Expressa e reafirma marcas da criminalização desde a origem da tematização sobre as manifestações desses sujeitos.

A difusão e a consolidação de uma abordagem hegemônica focada em indivíduos causadores de distúrbios irá alimentar com requintes a perspectiva dos sociólogos da Escola de Chicago (1915-1950) na transição do século XIX para o XX.[8] Sua vinculação às ações sociais de conjunto de indivíduos "desajustados" ou "reativos" a alguma "anomalia" da função sistêmica no contexto do desenvolvimento urbano e industrial expressa preocupação do trato dos "problemas" nas cidades para os reformadores urbanos a partir de sua perspectiva de mundo (Gohn, 2008).[9]

Como é possível perceber, não é nesse contexto específico da disseminação do conceito, nem face às formas como o Estado reconhece esses sujeitos (ainda que por um caminho de respostas coercitivas

7. Referimo-nos claramente à concepção do termo por Herbert Blumer e pela formulação de teorias de matriz acionista no âmbito da Escola de Chicago (1892), cujo objetivo era compreender as *disfunções* e *anomias* que provocavam distúrbios e reações irracionais de indivíduos no contexto crescente da ordem e do progresso na urbanidade. Sinalizamos o quanto a constituição dessa perspectiva no início do século XX hegemoniza-se nos meios acadêmicos até os anos 1950, com a complexificação da realidade (Park, 1915).

8. Na medida em que se desenvolve o pensamento científico, expressando o movimento da história e manifesto em contribuições do pensamento filosófico dos séculos XVIII-XIX (Ianni, 2011), explicações necessárias à justificativa dessa racionalidade indicam a existência daqueles indivíduos que apresentam comportamentos disfuncionais ferindo a noção de ordem e, necessariamente, atravancando o progresso, e vivenciam claro processo de culpabilização e de responsabilização individual.

9. Gohn (2008) realiza sistematização sobre diferentes vertentes que constituem determinada concepção "acionista" sobre movimentos sociais na sociologia norte-americana. Porém, indicamos para a compreensão de Scherren-Warren (1989) sobre a emergência do conceito na Europa em contexto de acirramento das contradições ainda na primeira metade do século XIX. É inegável a influência da Escola de Chicago (1915-1950) na projeção do termo, no entanto, sob a perspectiva individualista. A Escola de Chicago é formada por um grupo de sociólogos da cidade de Chicago (EUA), no início do século XX, com o propósito de compreender as transformações sociais e problemas urbanos decorrentes do acirramento das contradições na cidade naquele momento, propondo utilizar a cidade como um "laboratório social". Para maior conhecimento sobre essa concepção e seu contexto de criação, sugerimos a leitura de Gohn (2008), Park (1915) e Blumer (1984).

e/ou "cooptadoras") que sua existência passa a ocorrer. Recuperamos como a formação dos "movimentos urbanos" é bem anterior a essa nomeação e claramente expressão da luta entre as classes sociais, orienta-se pelo projeto societário da classe trabalhadora ao constituir consciência política que permita se reconhecer como "classe para si" (Marx, 2011) e reivindicar melhor partilha da riqueza socialmente produzida no contexto das cidades modernas. Portanto, a existência de sujeitos mobilizados integrantes da sociedade civil (Gramsci, 2011) e orientados por projetos societários distintos é uma marca da capacidade teleológica humana, inerente à condição de indivíduo social.

Dentro dessa perspectiva, o campo marxista de produção de conhecimento possui, desde as contribuições seminais de Marx e Engels, o desafio de compreender tais sujeitos na realidade concreta (e não na sua ideação). O faz a partir da *práxis*, do "movimento das classes sociais" (Scherren-Warren, 1989), como o que permite a construção coletiva da "consciência de classe" e das possibilidades de formação de uma visão de mundo emancipatória e autônoma.

Essa tarefa tem magnitude significativa ao se apresentar no seio de uma sociabilidade hegemônica cuja centralidade é a concepção *lockeana* de indivíduo "livre", "autodeterminado", "racional" e, portanto, dotado de livre arbítrio que o permite superar suas condições de pobreza — em contraposição ao pessimismo da Idade das Trevas.[10]

A leitura marxiana, orientada por visão social de mundo antagônica à hegemonia liberal, parte da premissa do ser humano como indivíduo social, cuja centralidade de sua ontologia forja-se pelo trabalho (Marx, 2010). Essa abordagem permite a leitura crítica marxiana sobre a formação do movimento operário em diferentes condições

10. Essa ideação detalha-se na formulação das doutrinas jusnaturalistas e contratualistas (Weffort, 2006). O enfrentamento dessas expressões e o trato designado àqueles que protagonizam os confrontos e conflitos advêm de pesado investimento repressivo, coercitivo, acompanhado da construção ideológica da infração às regras, da quebra da normalidade, da violação do direito positivo, do erro e da punição. Esta é, portanto, uma sociedade de homens "livres", porém, nem todos os são, e essa desigualdade também se justifica (Losurdo, 2006). Tal justificativa acaba por constituir o lastro da hegemonia da criminalização, da responsabilização pelo afrontamento à lei e à ordem. Dilui-se aqui a legitimidade na legalidade.

históricas e territoriais sem incorrer nas armadilhas de abordagens estanques ou idealizadas.

Nesta é possível reconhecer os sujeitos sociais integrantes das classes antagônicas como motor de história real, em condições concretas, *que se reproduzem com a crise e sobre a desigualdade*, denunciando o quanto as noções de "ordem" e de "desenvolvimento linear" ou de igualdade entre os indivíduos são uma produção social, que obnublam a realidade. Os embates entre as classes sociais passam a ser enfrentados também a partir da incorporação da noção de direito — do reconhecimento parcial do acesso à pequena parcela da riqueza socialmente produzida, além da instituição de normas voltadas para determinado "padrão civilizatório".[11]

Se o trabalho é uma característica ontológica, com especificidade e centralidade no modo de produção capitalista, seu sentido na constituição da ideia de "ordem" e "progresso" encontra na produção da cidade — a urbano-industrial — e da divisão social do trabalho, o campo fértil para a fragmentação das lutas e o acirramento dessas contradições. Vejamos a seguir como essa formação possui particularidades no Brasil, trazendo dilemas aos dias atuais para esses sujeitos.

3. Movimentos urbanos no Brasil contemporâneo: a redemocratização, a institucionalização e as lutas sociais

Vimos como o termo "movimentos sociais" se generaliza, passando a adquirir múltiplos sentidos relacionados aos projetos societários

11. Lembramos a difícil reflexão sobre a constituição dos direitos e da noção de cidadania na Modernidade (Coutinho, 1999). Éo caráter necessariamente contraditório da formação da cidadania um dos elementos que contribui para a reprodução do modo de produção capitalista. Expressa conquistas dos segmentos da classe trabalhadora em torno de maior partilha da riqueza socialmente produzida, porém contribui para sua reprodução enquanto classe social. Nos impõe o desafio de pensar seus limites como finalidade da ação política. No entanto, consideramos a importância do papel de construção coletiva para uma dimensão político-pedagógica que semeie inconformismo e leitura desnaturalizadora sobre a realidade que se apresenta.

em disputa. A formação social e histórica do Brasil apresenta particularidades da condição de país periférico e dependente, cujo processo de ingresso ao sistema de acumulação capitalista como país urbano-industrial ocorre apenas a partir do século XX.

A constituição de nossos sujeitos coletivos vincula-se à formação das classes sociais no Brasil (Oliveira, 2003), considerando as marcas do colonialismo e da escravidão (Gorender, 2010). Ressaltamos aqui o quanto Fernandes (2008) contribui para entendermos a formação de nossas cidades urbano-industriais de quando o Brasil inicia sua modernização, ao final do século XIX, com a Proclamação da República. A forma como o país se integra à ordem capitalista decorre também de contradições entre seus sujeitos sócio-históricos e suas articulações internacionais, ainda que os que se mobilizam com projeto societário antissistêmico possuam pouca visibilidade na história oficial.[12]

A formação do urbano no Brasil se constitui a partir de relações capitalistas e não capitalistas em território nacional (Fernandes, 2008), com revoltas e resistências à organização das condições de produção e de reprodução social, refletindo na formação de certa concepção urbano-industrial na relação com o campo desde o começo do século XX imposta aos trabalhadores.[13] O processo histórico demonstra a organização de sujeitos desde sua origem,[14] porém de forma mais sistemática a partir da própria fase de maturação do capitalismo e da

12. Citamos as resistências indígenas (Borges, 2005) e diferentes formas de luta por liberdade por parte dos escravos, inclusive no campo da justiça (Grinberg, 1994) aos processos de exploração e, posteriormente, à organização dos colonos, ex-escravos (Gorender, 2010), trabalhadores e moradores dos centros urbanos no começo do século XX, movimentos de mulheres (Pinto, 2003) contrapondo-se à forma como o Brasil subordina-se aos requisitos mundiais de superação de suas características agrário-exportadoras.

13. Mencionamos manifestações contra a adequação necessária para a instituição do trabalho livre. Marca essa orientação um conjunto de ações de cunho higienista, racista e de segregação, tais como a Revolta da Vacina (1904) e a Revolta da Chibata (1910).

14. Ressaltamos também a formação dos movimentos de trabalhadores no Brasil, em especial a partir dos anarquistas no sudeste e sul do país. E ainda, como movimento estratégico de Getúlio Vargas para a regulamentação do trabalho livre no país, a criação dos sindicatos como figura jurídica do direito público, vinculada ao Estado brasileiro — de forma distinta dos processos organizativos na Europa — reflete as particularidades dessa formação no Brasil.

intensificação de projeto desenvolvimentista por parte da burguesia nacional através de investimentos estatais no país.

Como exemplo, a organização de sujeitos coletivos, trabalhadores, campesinos e das cidades nos anos 1950 demandando reforma agrária e urbana, e tendo como núcleo a crítica ao modelo de desenvolvimento — acirrado nos anos de Juscelino Kubitschek (1955-1960) em fase tardia do capitalismo.

As influências das transformações mundiais, da polarização da Guerra Fria no pós-Segunda Guerra Mundial, da emergência de movimentos de contracultura, étnico-raciais, da ramificação de movimentos feministas, pelo direito à diversidade sexual (todos com concepções bastante distintas sobre direitos), fazem e complexificam a história. Vivenciamos a radicalização das concepções de mundo expostas como ameaça às condições de acumulação capitalista, enfrentadas por ditaduras civil-militares em países da América Latina.

O contexto ditatorial sustenta a implementação de projeto de crescimento econômico desenvolvimentista brasileiro. Após a dizimação dos partidos, associações e sindicatos, ocorre a difícil retomada de movimentos de "melhorias de bairro" nas periferias das cidades e nas fábricas — com significativo papel das mulheres e assessoria e apoio de militantes clandestinos, de organizações internacionais de defesa de direitos humanos. Reconstituem-se paulatina e cuidadosamente os sujeitos protagonistas das lutas sociais no campo e na cidade — tendo como elos entre as mesmas o acesso à riqueza produzida, o direito à participação, aos direitos, à liberdade e à democracia.

O cenário internacional de mais uma crise de superacumulação do capital (Harvey, 2005) acentua o esgarçamento político e econômico da ditadura civil-militar brasileira, em final dos anos 1970. Ao longo dos anos 1980, as mobilizações de diversos sujeitos políticos no Brasil assumem as ruas e disputam a conformação de espaços institucionais de participação.[15]

15. A imposição de um determinado modelo institucional de participação, por exemplo, advém de experiências oriundas dos movimentos de bairro nas periferias das grandes cidades,

Fernandes (1989) denuncia o quanto a pactuação conservadora na abertura política estrutura limites à democracia nascente e tece ganchos necessários à regulamentação de uma Constituição Federal "híbrida e ambígua", marcada por contradições entre estes embates. Em especial, ao assegurar o direito à propriedade privada e, contraditoriamente, afirmar a função social da terra e da propriedade.

As medidas neoliberais de contrarreforma no Brasil — de forma distinta do Chile (em 1973) —, são implantadas a partir da abertura política, contribuindo para destroçar bases de mobilização importantes dos movimentos sociais. Lembramos que, nos anos 1990, a contrarreforma do Estado e a reestruturação produtiva, elementos chaves de enfrentamento da crise do capital, incidem sobre os trabalhadores, especialmente sobre suas organizações sindicais, trazendo-lhes maior precarização das condições de trabalho e dificuldades de mobilização e de articulação em contexto de implantação das medidas do receituário neoliberal do Consenso de Washington (1989).

Ao mesmo tempo, no campo de projetos societários críticos a essa ordem institucional, organizações de movimentos agrários, urbanos e ambientais — aliançados com organizações não governamentais de assessoria a movimentos sociais e por defesa de direitos —, tensionam por uma lógica de transformação do desenvolvimento, questionando a propriedade fundiária no campo e construindo resistências, lutas sindicais, denúncias às violações do direito à moradia, ao transporte e ao saneamento na cidade.

Aprofundam-se outras formas de militância, de lutas e de mobilização em movimentos pela diversidade sexual, feministas, de categorias profissionais e de usuários da "saúde" (como a reforma sanitária e a luta antimanicomial), da "educação", entre outros. Essas lutas complexificam o cenário nacional, na medida em que as organizações vivenciam embates internos, dilemas sobre os rumos de suas

na luta pelo direito aos serviços de saúde. Porém, vive a contradição das disputas com o projeto neoliberal de participação e de representação, denominado por Dagnino (2004) como a "confluência perversa".

reivindicações, estratégias e alianças e, obviamente, como fazer com os espaços institucionais.[16]

Com a primeira eleição do governo de Luiz Inácio Lula da Silva (2003-2006/2007-2010), em articulação partidária ampla que garante ao Partido dos Trabalhadores (PT) a chegada ao poder nacional, assumem expressão maior dilemas que se arrastam e manifestam-se em dimensões subnacionais. A opção, em nome da "governabilidade",[17] da preservação da estabilidade fiscal às custas de manutenção de uma política superavitária dos governos anteriores, formam elementos da coalização para assegurar ao capital especulativo e ao empresariado nacional e internacional a estabilidade necessária aos seus ganhos, aprofundando as contradições postas aos "movimentos sociais" — base política expressiva da eleição então deste projeto alcunhado de "democrático-popular".

Muitas lideranças partidárias — sujeitos políticos dessas decisões —, integrantes de movimentos sociais ou com relação com estes, vivenciam a paulatina incorporação de uma lógica das "reformas possíveis", respaldadas no discurso de que "ocupavam o Estado, mas não possuíam o poder".[18] A integração de lideranças de movimentos

---

16. Na medida em que se consolida no Brasil a democracia liberal, expressa na complexa estrutura burocrática e regulamentadora do Estado, a afirmação dos espaços institucionais passa a ser também um lugar de disputa em torno de projetos societários. Representam os dilemas vivenciados por esses sujeitos ao se deparar com a problemática da representação, dos limites dos direitos em assegurar enfrentamento da desigualdade no capitalismo e, especialmente, nos próprios limites internos dos movimentos em relação à formação política e à capacidade de construção de estratégias emancipatórias em relação ao Estado capitalista e à estrutura de poder.

17. Logo no primeiro ano de governo, com a garantia de um superávit primário de 5% do Produto Interno Bruto (PIB) — refletindo, obrigatoriamente, no contingenciamento de recursos que poderiam ser destinados à universalização do acesso a direitos como moradia e saneamento — a opção por iniciar a gestão assegurando a reforma da previdência, na linha dos governos anteriores e como "a galinha dos ovos de ouro" para o financiamento do crescimento econômico, a pactuação com o empresariado produtivo nacional, a manutenção de juros altos com vistas a aquietar o setor financeiro e, especialmente, a adoção de políticas públicas de corte social orientadas por investimentos distributivos focados nos pobres, compõem parte do conjunto de estratégias de legitimidade e de construção do que Oliveira (2010) denomina de "hegemonia às avessas".

18. A ocupação de cargos em diferentes escalões de governos por lideranças de movimentos sociais, assim como a disputa por lugares de representação e mesmo de gestão em conselhos

sociais às fileiras de governos visando a gestão de políticas públicas institui nova encruzilhada aos movimentos sociais,[19] uma vez que se passa a ter o limite institucional da efetivação da política pública como o norte da ação de muitas das lideranças. Considera-se a sua implementação como aquilo que "efetiva" o direito, com a dificuldade de construção de estratégias mais articuladas sobre os limites que revestem o próprio caráter institucional da política pública no capitalismo.

A parte da oposição com maior projeção, com domínio da mídia e poder econômico, articulada pelo pragmatismo, obtinha visibilidade com seu discurso conservador, vinculado ao modelo anterior. Aqueles que não partilhavam dessa concepção e eram críticos à pactuação construída pelas coligações, necessitavam do tempo histórico para reestruturar suas forças, reorganizar-se no árido "campo das esquerdas".

A pactuação realizada por esses governos pós-2003 e a opção pragmática pela reprodução do poder priorizando a "pequena política" (Coutinho, 2010) em cenário bastante adverso para os movimentos sociais, permitiu que seus quadros se omitissem, não se posicionassem nem agissem em momentos relevantes[20] de criminalização para além da grande mídia, no campo da judicialização.

---

setoriais de políticas públicas expõe a lacuna da ausência de um projeto claro e com densidade de esquerda e transformador. A reflexão gramsciana sobre "transformismo", realizada sobre processo específico na Itália, pode, no entanto, contribuir para problematizar essa renúncia do projeto socialista por esses sujeitos.

19. Um emblema desse fato, entre vários, é a aprovação do Fundo Nacional de Habitação de Interesse Social (FNHIS), instituído pela Lei n. 11.124/2005 no governo Lula no âmbito da proposição de um Sistema Nacional de Habitação de Interesse Social (SNHIS). O envolvimento das lideranças do Conselho das Cidades no Conselho Gestor do Fundo com limites objetivos no sentido dado ao financiamento da construção civil e da financeirização do setor no Brasil, demonstram a frágil capacidade de incidir sobre o desenho e os rumos da política de moradia, assim como sobre o seu controle social.

20. Somam-se à "judicialização da criminalização" ações da Polícia Federal e das polícias militares, respaldadas pelo judiciário nos estados, com repressão, integrações de posse, remoções forçadas de populações, prisões e criminalização de lideranças em luta pelo direito à moradia, ao transporte, à vida no campo e nas cidades, violando o Estado as próprias normas constitucionais, como no caso da construção da hidroelétrica de Belo Monte (Santos e Hernandes, 2009), da demarcação de terras indígenas ou da violenta reintegração de posse realizada contra os moradores da comunidade de Pinheirinho (São José dos Campos, SP, em 2012), mesmo esta tendo liminar que lhe garantia a permanência no território — casos notórios entre os cotidianos.

Neste cenário, as formas organizativas[21] se tornam mais complexas, na medida em os movimentos urbanos vivem dissidências internas, projetam-se outras concepções de organização[22] nos espaços urbanos. Setores conservadores (re)iniciam também a ocupação do espaço das ruas, em movimento classista[23] com pauta genérica — mas claramente endereçada — como a luta contra a "corrupção" ou pela "paz".

Este é o complexo cenário em relação ao qual necessitamos refletir sobre o papel pedagógico, o sentido e a direção política dos sujeitos e das lutas sociais.

Considerações finais

Nosso artigo refletiu sobre pontos comuns às lutas daqueles genericamente nomeados de "movimentos sociais" nos campos e nas

---

No ano de 2007, apenas como exemplo, ocorre a abertura de sucessivas Comissões Parlamentares de Inquérito (CPI) no legislativo em torno de temas relevantes às lutas sociais, alcunhadas de forma bastante emblemática: CPI das ONGs (2007), CPI do Movimento dos Sem Terra (2009), CPI do aborto (2013), entre outras ações institucionais. Utilizo a expressão entre aspas, pois a judicialização é uma das dimensões da criminalização e visa, na nossa compreensão, assegurar o respaldo da legalidade para a manutenção da ordem.

21. Santos e Hernandez (2009) sistematizam a produção de "especialistas vinculados a diversas Instituições de Ensino e Pesquisa identificam e analisam, de acordo com a sua especialidade, graves problemas e sérias lacunas no Estudo de Impacto Ambiental (EIA) de Belo Monte" apresentado pela Eletrobrás. A despeito das análises e de resistências, das denúncias e medidas judiciais, o projeto foi financiado com recursos do Banco Nacional de Desenvolvimento Econômico e Social (BNDES).

22. Mencionamos as manifestações de sujeitos vinculados às concepções autonomistas e anticapitalistas de movimento social, inspirados em movimentos europeus dos anos 1980 e que se reorganizam com força a partir dos anos 2000. Dentre outras, sinalizamos também para vertentes anarquistas e as nazifascistas. Pelos limites do espaço e pelo foco do artigo, não discorremos mais sobre o tema, mas sinalizamos para a relevância de buscar maiores referências sobre todas essas formas organizativas.

23. Lembramos aqui as manifestações de apoio à ditadura militar na Marcha pela Família nos anos de repressão e, recentemente, a reedição desse movimento em período de 50 anos de golpe civil-militar ocorrida em algumas capitais do país. Além disso, a organização do setor empresarial produtivo e do capital especulativo ao criar organizações sem fins lucrativos e associações para defesa de seus interesses e disputa de hegemonia junto à sociedade, como o que ocorre com os movimentos da responsabilidade social e do investimento social privado.

cidades no Brasil contemporâneo: tanto a associação das suas lutas com processos permanentes e heterogêneos de criminalização aos movimentos sociais como o permanente desafio de enfrentamento à "cooptação".

Sempre presente na história e intensificada a partir dos anos 1990, vimos como a criminalização é algo que encontra sua origem nas raízes de formação da hegemonia da sociedade burguesa.

Para nós, as lutas sociais contemporâneas necessitam ser lidas a partir de processo histórico que forja a sociabilidade moderna — e não apenas na forma como se expressam. Mais do que isso, é preciso identificar suas determinações e como estas se expressam nas concepções de mundo dos sujeitos sociais que as vivenciam em territórios específicos, com os desafios postos pelo modelo de desenvolvimento construído a partir da integração às dinâmicas internacionais da acumulação capitalista.

Para compreender tais lutas e as implicações em torno do reconhecimento do termo "movimentos sociais", assim como a sua associação permanente e de formas heterogêneas com a criminalização e mecanismos de cooptação, ressaltamos esses dois elementos presentes nas lutas de "movimentos urbanos". Estes não são duais, mas articulados entre si — é necessário compreender na história o desenho dos projetos societários *e sua relação com o processo de desenvolvimento no modo de produção capitalista tensionados por determinada leitura hegemônica de sociedade urbano-industrial.*

A linha comum aos dois elementos situa-se na importância de compreendê-los *a partir de suas determinações e em seus contornos específicos.* Ou seja, a não dualidade dos elementos apresenta-se na *medida em que tanto a criminalização quanto a cooptação não são universais*, nem atingem a todos os sujeitos e formas organizativas da sociedade civil em todos os territórios da mesma forma. Materializam-se a partir de projetos societários sobre qual é a concepção de ser humano e o que se considera legítimo como organização e reivindicação nessa sociabilidade.

Por fim, mas não menos relevante, consideramos que os dois elementos, embora bastante atuais, não são típicos da contemporaneidade, nem tampouco encontram limitações geopolíticas para sua expressão em países com trajetória de desenvolvimento dependente. Para entender o que consideramos um dos principais desafios para as lutas sociais em tempos atuais, é imprescindível recuperar os sujeitos políticos na totalidade da vida social.

Referências

BORGES, Paulo H. Porto. O movimento indígena no Brasil: histórico e desafios. *Revista Princípios* — A saga dos brasileiros por um país soberano e desenvolvido, n. 80, 2005, p. 42-47. Disponíveis em: <http://grabois.org.br/portal/cdm/revista.int.php?id_sessao=50&id_publicacao=189&id_indice=1518>; <http://www.internationalrivers.org/files/attached-files/belo_monte_pareceres_ibama_online_3.pdf>.

BULMER, Martin. *The Chicago School of Sociology*: institutionalization, diversity and the rise of sociological research. Chicago: University of Chicago Press, 1984.

COUTINHO, C. N. A hegemonia da pequena política. In: OLIVEIRA, F. et al. (Orgs.). *Hegemonia às avessas.* São Paulo: Boitempo, 2010.

______. Cidadania e Modernidade. *Perspectivas*, revista de Ciências Sociais. São Paulo: Unesp, v. 22, 1999. Disponível em: <http://seer.fclar.unesp.br/perspectivas/article/view/2087/1709>. Acesso em: 6 set. 2014.

DAGNINO, Evelina. *¿Sociedade civil, participação e cidadania*: de que estamos falando? In: ______. Politicas de ciudadanía y sociedad civil en tiempos de globalización. Caracas: FACES/Universidad Central de Venezuela, 2004. Disponível em: <http://www.globalcult.org.ve/pub/Rocky/Libro2/Dagnino.pdf>. Acesso em: 15 jul. 2014.

DOIMO, Ana Maria. *A vez e a voz do popular*: movimentos sociais e participação política no Brasil pós-70. Rio de Janeiro: Relume-Dumará: Anpocs, 1995.

ENGELS, Friedrich. *Para a questão da habitação.* Lisboa: Edições Progresso; Moscou: Editora Avante!, 1983.

FERNANDES, Florestan. *A Constituição inacabada*: vias históricas e significado político. São Paulo: Estação Liberdade, 1989.

______. *Sociedade de classe e subdesenvolvimento*. São Paulo: Global, 2008.

GOHN, Maria da Gloria. *Teoria dos movimentos sociais*: paradigmas clássicos e contemporâneos. 7. ed. São Paulo: Loyola, 2008.

GORENDER, Jacob. *O escravismo colonial*. São Paulo: Editora Fundação Perseu Abramo, 2010.

GRAMSCI, Antonio. *Cadernos do cárcere*. Rio de Janeiro: Civilização Brasileira, 2011. v. 3 e 5.

GRINBERG, Keila. *Liberata*. A lei da ambiguidade. As ações de liberdade da Corte de Apelação do Rio de Janeiro no século XIX. Rio de Janeiro: Relume Dumará, 1994.

HARVEY, David. *A produção capitalista do espaço*. São Paulo: Annablume, 2005.

IAMAMOTO, M. V. *Serviço Social em tempo de capital fetiche*: capital financeiro, trabalho e questão social. São Paulo: Cortez, 2008.

IANNI, O. *A sociologia e o mundo moderno*. Rio de Janeiro: Civilização Brasileira, 2011.

LEFEBVRE, H. *A revolução urbana*. Belo Horizonte: Ed. da UFMG, 1999.

LOSURDO, D. *Contra-história do Liberalismo*. Aparecida: Ed. Ideias e Letras, 2006.

SANTOS, S. M. S. B. S.; HERNANDEZ, F. del M. Painel de Especialistas — Análise Crítica do Estudo de Impacto Ambiental do Aproveitamento Hidrelétrico de Belo Monte, set. 2009. Disponível em: <http://www.internationalrivers.org/files/attached-files/belo_monte_pareceres_ibama_online_3.pdf>. Acesso em: 7 set. 2014.

MARX, K. *O capital*. São Paulo: Boitempo, 2010. Livro I.

______. *A guerra civil na França*. São Paulo: Boitempo, 2011.

OLIVEIRA, F.; BRAGA, R.; RIZEK, C. (Orgs.). *Hegemonia às avessas*. São Paulo: Boitempo, 2010.

OLIVEIRA, F. *O elo perdido*: classes e identidade de classe na Bahia. São Paulo: Editora Fundação Perseu Abramo, 2003.

PARK, R. E. The city: suggestions for the investigations on human behavior in the city environment. *The American Journal of Sociology*, v. XX, n. 5, p. 577-612, March 1915. Disponível em: <https://ia600400.us.archive.org/33/items/TheCityRobertEPark/TheCity.pdf>. Acesso em: 14 jul. 2014.

PASTORINI, A. *A categoria "questão social" em debate*. São Paulo: Cortez, 2004.

PINTO, C. R. J. *Uma história do feminismo no Brasil*. São Paulo: Editora Fundação Perseu Abramo, 2003.

SADER, E. Quando novos personagens entraram em cena. Rio de Janeiro: Paz e Terra, 1988.

SANTOS, S. M. S. B. M.; HERNANDEZ, F. del M. Painel de especialistas — análise crítica do Estudo de Impacto Ambiental do Aproveitamento Hidrelétrico de Belo Monte, 2009. Disponível em: http://www.internationalrivers.org/files/attached-files/belo_monte_pareceres_ibama_online_3.pdf>.

SCHERREN-WARREN, I. *Movimentos sociais*: um ensaio de interpretação sociológica. Florianópolis: Ed. da UFSC, 1989.

______. *Redes de movimentos sociais*. São Paulo: Loyola, 1993.

WEFFORT, F. C. *Os clássicos da política*. São Paulo: Ática, 2006.

WOOD, E. M. *Democracia contra capitalismo*: a renovação do materialismo histórico. São Paulo: Boitempo, 2010.

7

A questão agrária no Brasil e os desafios contemporâneos ao Movimento dos Sem-Terra:

uma análise sobre estratégias produtivas e políticas do movimento

Cristina Simões Bezerra*

1. Introdução

O presente artigo tem por objetivo contribuir para os debates acerca da necessária relação entre Serviço Social e Movimentos Sociais, conforme proposta apresentada pela organização do livro. Especificamente,

* Doutora em Serviço Social pela Escola de Serviço Social da UFRJ; professora adjunta da Faculdade de Serviço Social da Universidade Federal de Juiz de Fora; coordenadora da parceria entre a Escola Nacional Florestan Fernandes/Movimento dos Trabalhadores Rurais Sem-Terra e a Faculdade de Serviço Social/Universidade Federal de Juiz de Fora.

pretende abordar a contemporaneidade da questão agrária no Brasil e os desafios colocados para o Movimento dos Trabalhadores Rurais Sem-Terra (MST) diante do rearranjo das forças dominantes no campo brasileiro no contexto do que se convencionou chamar de agronegócio.

Assim, o mesmo foi organizado em dois momentos. No primeiro, procuramos apresentar o contexto contemporâneo do desenvolvimento capitalista no Brasil, entendendo-o como resultado do processo que ganha força a partir dos anos 1980, quando o capitalismo passa a se apresentar com uma nova alternativa para o desenvolvimento do campo brasileiro e, consequentemente, a perspectiva de uma reforma agrária clássica perde força, uma vez que não se justifica mais como possibilidade de potencializar a produção agropecuária no Brasil. Daí decorre uma série de mudanças que, somadas à complexidade da aliança com o grande capital internacional, constituem o quadro desse desenvolvimento do período contemporâneo.

Em razão desse novo momento do capitalismo no campo, vemos que o MST também passa por mudanças importantes em sua constituição e em sua proposta de organização e luta das famílias em sua base. Ao programa constituído com o desafio de responder a esse novo momento, o MST deu o nome de Reforma Agrária Popular, cujas linhas de análise e articulação foram debatidas e firmadas no VI Congresso do Movimento, ocorrido em fevereiro de 2014. Assim, acreditamos que este momento constitui um novo desafio para profissionais e intelectuais motivados para o enfrentamento da questão agrária no Brasil, devendo, portanto, ser objeto de debates e de análises. Acreditamos que, também no caso do Serviço Social, profissão cuja aproximação crítica com o debate da questão agrária ainda nos parece bastante embrionária, este desafio se faz presente e urgente.

1.1 Desenvolvimento capitalista contemporâneo no campo e as novas perspectivas da luta pela terra no Brasil

O tema colocado em pauta no primeiro momento deste artigo certamente é amplo e aponta para uma complexidade ainda carente de análises mais fundamentadas. Assim, não pretendemos, de forma alguma, esgotar a riqueza deste debate neste trabalho. Vamos nos deter aqui no desafio de discutir as lutas sociais que emergem das reconfigurações das condições de (re)produção da classe trabalhadora a partir do campo brasileiro. No entanto, gostaríamos de afirmar que esta divisão ao abordar o campo e a questão agrária é puramente metodológica e se coloca necessária diante da complexidade própria deste grande eixo, qual seja, a relação entre as chamadas questões urbana, agrária e ambiental. Na verdade, é preciso que nos orientemos por uma perspectiva de totalidade, disposta a superar os hiatos que historicamente foram se constituindo em torno deste debate, os quais chegam a colocar como opostas e até mesmo contraditórias as dimensões do urbano e do agrário.

Defendemos que esta perspectiva de totalidade é o elemento que permite, ou que permitirá, ao Serviço Social, saltos qualitativos no debate desta questão, potencializando não só sua prática profissional, mas também suas apropriações e contribuições às diferentes áreas do conhecimento. Urbano, rural e agrário precisam ser compreendidos como um todo diverso e contraditório, com particularidades que convergem, ou devem convergir, para as expressões da questão social no interior da ordem do capital e para os processos de resistência que os trabalhadores têm historicamente buscado construir em sua constituição enquanto classe social em luta em diferentes territórios. Esta não é uma defesa individual, mas de todo um coletivo de profissionais que tem se organizado em torno do Grupo de Trabalho e Pesquisa da Associação Brasileira de Ensino e Pesquisa em Serviço Social (ABEPSS), que procura trazer para o interior do Serviço Social esta compreensão e as tensões desta análise.

Também iremos nos deter na problematização destas expressões a partir de um recorte histórico, qual seja, o momento em que o denominado "agronegócio" vem se colocando como lógica de desenvolvimento do capitalismo contemporâneo e, ao mesmo tempo, como eixo de expansão e acirramento do conflito capital x trabalho no campo. Esta opção pelo debate contemporâneo não deve dispensar a compreensão dos fundamentos sócio-históricos desta questão, sobretudo a compreensão de que, em nossa sociedade, assim como em outras realidades da América Latina, o latifúndio e todas as sequelas mais retardatárias do processo de concentração da terra e da riqueza nunca foram entraves ao desenvolvimento do capitalismo. Muito pelo contrário, estes elementos particularizaram este desenvolvimento e fortaleceram suas contradições. É nesse sentido que partimos da compreensão da questão agrária, historicamente, como uma das expressões da questão social no Brasil, ou seja, como uma das expressões do conflito entre a exploração do trabalhador pelo capital e sua histórica resistência.

Vivemos hoje um momento histórico em que importantes estudiosos (Delgado, 2005; Carvalho, 2013) denunciam as tentativas de se propagandear o que poderíamos chamar da "invisibilidade da questão agrária" e onde, consequentemente, outros autores (Navarro, 2013), numa perspectiva conservadora, decretariam a "morte" da reforma agrária como uma estratégia de desenvolvimento para o campo brasileiro. Para estes autores, esta bandeira fazia sentido, para alguns sujeitos sociais, num momento em que se acreditava que tal reforma poderia garantir o desenvolvimento capitalista no Brasil. Hoje, afirma-se, um novo sujeito cumpre perfeitamente esta função, o agronegócio, impondo um novo modelo, orientado pela ideologia do neodesenvolvimentistmo e/ou do desenvolvimento sustentável. Esta seria, portanto, a fase atual da atuação do capital sobre a agricultura e sobre a questão agrária, ou seja, um momento particular em que o capital se fortalece fazendo o que Marx (1983, p. 123) já anunciava no século XIX: produzindo mercadorias a partir de uma lógica destrutiva das duas únicas fontes de sua riqueza, ou seja, a natureza e o ser humano, na sua condição de trabalhador.

Esta fase atual se constrói, assim, com particularidades, oriundas, sobretudo, do fato de que vivenciamos uma época de hegemonia do grande capital internacional, sob sua face financeira, na propriedade da terra, da produção e dos bens agrícolas. Este capital intenciona, portanto, controlar a produção das mercadorias também na agricultura, a partir de alguns mecanismos.

O primeiro elemento a ser observado neste processo é que grandes corporações financeiras internacionais, sobretudo os bancos, passaram a comprar ações de centenas de médias e grandes empresas que atuavam em diferentes setores relacionados com a agricultura, gerando, portanto, uma concentração destas empresas no que se refere à terra e à riqueza produzida. Ocorre também um processo de centralização deste capital na agricultura, onde, muitas vezes, uma mesma empresa passou a controlar toda a cadeia produtiva e o comércio de um conjunto de produtos da economia, indo desde a produção de sementes e agrotóxicos até setores da indústria farmacêutica. Essas empresas, concentradas e centralizadas, passaram a controlar os mais diferentes campos de desenvolvimento da agricultura, tais como o comércio e a produção de insumos, máquinas, medicamentos, agrotóxicos, ferramentas etc. Em consonância com este movimento, observamos também que as regras de livre comércio, impostas pelos organismos internacionais, vêm normatizando o comércio de produtos agrícolas de acordo com os interesses das grandes empresas.

Como elemento marcante desta matriz produtiva do agronegócio, observamos a prevalência do monocultivo, com grandes extensões de terra sendo exploradas através de um dos elementos mais atrasados da produção agrícola, que acaba com a biodiversidade e a riqueza natural dos solos. Esta matriz se vê ainda marcada pelo uso intensivo de venenos agrícolas, que destroem a fertilidade natural dos solos, contaminando as águas e os alimentos, e de sementes transgênicas, padronizadas. A comida se transforma numa mera mercadoria, o que traz consequências incalculáveis para os hábitos alimentares, a cultura e a saúde humana e animal.

A partir da análise de alguns dados apresentados por Stédile (2010), observamos que hoje, em números aproximados, apenas 50 empresas transnacionais controlam a produção e o comércio de toda a agricultura mundial, inclusive a cadeia produtiva dos insumos e as máquinas utilizadas pela agricultura. No Brasil, entende-se que 10% de todos os estabelecimentos agrícolas controlam 80% do valor da produção. Tais empresas, concentradas e centralizadas, são orientadas, assim, por um processo de especulação que gerou, como afirma este mesmo autor, "uma elevação exagerada nos preços dos produtos agrícolas negociados pelas empresas nas bolsas mundiais de mercadorias".

O controle, por parte destas empresas, não se restringe à questão da propriedade da terra, mas também de minérios, água, biodiversidade, fontes de energia etc. Além disso, vários elementos demonstram também a hegemonia destas empresas sobre o conhecimento científico, a pesquisa e as tecnologias aplicadas à agricultura. Esse modelo se apresenta como o único, o mais moderno e o mais barato para a produção de alimentos, desprezando todo o conhecimento do saber popular e da agroecologia, como iremos analisar no item seguinte deste trabalho.

Neste mesmo caminho, outro elemento que desafia os pesquisadores da área é o processo de internacionalização da propriedade da terra. Dados do INCRA de 2010 afirmam que, no Brasil, já eram 4,5 milhões de hectares sob domínio direto do capital externo. Isso representa a perda da soberania dos povos e dos países sobre seus territórios e sobre a produção dos alimentos, com a desnacionalização da propriedade das terras, das empresas, do comércio, das tecnologias. Hoje, em alguns países da África e até mesmo da América Latina, a maior parte das terras já não está mais nas mãos de proprietários nacionais.

Observamos assim uma nova re-divisão internacional da produção e do trabalho, com várias partes do mundo, sobretudo na América Latina, voltando à condição de meros exportadores de matéria-prima agrícolas e minerais. Neste processo, observa-se que, no que se refere ao trabalho no campo, o uso intensivo de máquinas agrícolas, cada vez mais modernas, acaba também expulsando o trabalhador rural. Ocorre, portanto, um novo tipo êxodo rural, caracterizado agora não mais pela condição de abandono e atraso do campo, mas por uma situação de amplo e moderno desenvolvimento capitalista, para o qual a população acaba não estando preparada para as respostas esperadas pelo capitalismo. Seria, então, o contexto do que Stédile

(2013) chamou de uma "agricultura sem agricultores". Além dessa expulsão, o agronegócio apresenta índices alarmantes de adoecimento dos trabalhadores no campo e de violência (Sant'Ana, 2012).

Este avanço do desenvolvimento capitalista no campo, aqui brevemente analisado, como se poderia prever, encontra no Estado, a partir do ideário neoliberal, o sujeito que permite ainda mais seu avanço e sua hegemonia. Observa-se o abandono, por parte dos governos, de políticas públicas de proteção ao mercado agrícola nacional e da economia camponesa, utilizando subsídios governamentais, isenções fiscais, exportações e importações etc., que passam a ser destinados, quase exclusivamente, ao agronegócio.

Todos estes processos econômicos, sociais e políticos apontam para constituir um conjunto de contradições, as quais reconstroem e ressignificam uma série de lutas sociais que se diferenciam e apontam para uma riqueza de sujeitos coletivos neste processo. Consideramos que é importante, também, problematizarmos estas contradições.

Primeiramente, o que podemos constatar é que os insumos dos quais a agricultura hoje é dependente têm limites físicos, naturais e sociais, em razão da escassez de reservas mundiais de diferentes recursos, como o petróleo, por exemplo. Portanto, sua expansão, além de ser, em curto prazo, extremamente danosa ao ser humano e à própria natureza, é também limitada em médio prazo, diante de uma reação da própria natureza aos processos de exploração de seus recursos, tais como catástrofes, doenças, infertilidade do solo etc.

Além disso, a concentração e a centralização da terra e da riqueza afetam e comprometem substancialmente a soberania nacional, gerando reação por parte de amplos setores da sociedade e não apenas dos camponeses. O processo de concentração e centralização se alarga para as redes de distribuição de supermercados, eliminando o comércio local e as várias formas de geração de renda das populações, com sérias consequências sociais. Além disso, os altos preços dos produtos agravam o problema da fome no mundo, configurando um contexto em que nunca se produziu tanto e nunca houve tantas pessoas passando fome.

Outra contradição central nesse processo nos parece ser a questão da qualidade da produção de alimentos e da capacidade de soberania alimentar dos povos atingidos hoje pelo avanço do agronegócio. A produção em massa de alimentos cada vez mais contaminados pelo uso de agrotóxicos afeta a saúde da população e pode representar, na contradição da constituição social, uma possibilidade de se potencializar a articulação de lutas no espaço urbano e no rural. A expulsão dos trabalhadores do campo, através do que anteriormente denominamos de um "novo êxodo rural", aumenta a população das periferias das cidades, sem alternativa de emprego e renda, formando grandes áreas desabitadas no planeta.

É importante ainda analisar como esses processos descritos antes afetam também os sujeitos do campo em seus processos de luta e de construção de alternativas políticas. Podemos exemplificar essa afirmação observando que a ausência de alternativas de inserção para a juventude nesse modelo de dominação do capital sobre a agricultura compromete a sobrevivência e a presença, enquanto sujeitos, das gerações futuras. A questão da política de educação do campo parece-nos um dos principais elementos a serem observados, quando, em razão da fragilidade dessa política, muitos jovens são obrigados a sair do campo, iniciando um processo que, em pouco tempo, atingirá toda a sua família.

Essas e outras tantas contradições reafirmam e atualizam a questão agrária como uma das manifestações da questão social, trazendo para o novo contexto as bandeiras de resistência dos trabalhadores em seu processo de luta contra o capital. Constrói-se, portanto, na interseção das questões agrária, urbana e ambiental, um universo ampliado de lutas e demandas, que têm na questão do acesso à terra um dos elementos centrais e fundamentais, mas não único para conter as necessidades dos trabalhadores. Assim, a luta pela terra se torna mais complexa, exigindo uma renovação também nos espaços de organização dos trabalhadores. Dessa forma, no interior dos desafios organizativos e políticos colocados para os trabalhadores, observa-se a necessidade de se construir, em nível nacional e internacional, lutas que potencializem um programa alternativo, popular e camponês.

Neste sentido, poderíamos apontar como principais eixos das lutas que hoje se constroem em torno da questão agrária:

- Acesso à terra, o qual abrange também bandeiras como a distribuição de terras e o limite do tamanho da propriedade de bens da natureza;
- Garantia e defesa do uso, da posse e da legalização das terras das comunidades nativas, indígenas e quilombolas, bem como o respeito a suas culturas, profundamente afetadas pelo agronegócio e pela internacionalização das terras;
- Políticas públicas de apoio à produção camponesa, potencializando a organização dos trabalhadores em novas formas de gestão do trabalho no campo (cooperativas), os preços, a pesquisa agropecuária, dentre outros elementos;
- Promoção e desenvolvimento de políticas públicas para a população do meio rural de uma forma geral, em áreas como educação, saúde, seguridade social, habitação etc.;
- Soberania alimentar e nacional, pautando que a produção de alimentos deve ser controlada pelas forças sociais nas realidades nacionais;
- Preservação do meio ambiente local, regional e nacional, com a utilização de técnicas de produção que busquem o aumento da produtividade do trabalho e da terra, o respeito ao meio ambiente e a biodiversidade, o combate ao uso de agrotóxicos, o "desmatamento zero", a desmercantilização da água etc.
- Implementação de um projeto energético orientado pelos interesses dos trabalhadores;
- Construção de uma nova matriz tecnológica baseada na agroecologia como estratégia produtiva e política a ser orientada pelos processos de luta dos trabalhadores.

Em razão dessa complexificação dos processos que constituem a luta pela terra, complexificam-se, também, os espaços políticos e organizativos que, nesta realidade, passam a conter as dimensões da crítica e da resistência a este processo de avanço do capital. Assim, poderíamos identificar processos de continuidade e de renovação, que inserem as lutas no campo em um complexo de lutas sociais, econômicas, políticas, ideológicas etc.

Essas lutas irão compor, nos termos de Carvalho (2013), um processo de "ressignificação da reforma agrária", passando a compor um eixo que aponta para a necessidade de construção de uma nova hegemonia, capaz de potencializar o processo de luta de classes e de superação da sociedade estabelecida na ordem do capital. Assim, como afirma esse mesmo autor, a "luta pela terra, na terra e pela Terra" se apresenta como uma potencialidade prolongada e plena de diversidades no interior dos desafios das classes trabalhadoras, que se faz contra a apropriação privada da natureza pelo capital e exigirá mais do que a luta de classes do proletariado rural e do campesinato.

É nesse eixo de encontro que podemos inserir diferentes e diversos processos. Por um lado, observamos que são mantidas as lutas desencadeadas por trabalhadores rurais sem-terra, assalariados rurais, arrendatários, posseiros, pequenos agricultores, atingidos por barragens etc., organizados em movimentos como o Movimento dos Trabalhadores Rurais Sem-Terra (MST), Movimento de Pequenos Agricultores (MPA) e Movimento de Atingidos por Barragens (MAB). Estes, embora tenham uma pauta sindical, articulando-se em torno de questões mais específicas, também se articulam em torno de demandas mais amplas, unindo-se a movimentos no campo e na cidade.

Observamos também o fortalecimento e a politização de lutas empreendidas, em outra dinâmica, por organizações que mobilizam as chamadas comunidades tradicionais, como os indígenas, os extrativistas, os quilombolas (no caso específico do Brasil) etc. É importante colocar que essas lutas, a princípio, podem apontar para processos que não se relacionam diretamente à concepção de classe social, mas que passam a compor esta dimensão da luta de classes na medida em que se enfrentam com o capital em seu momento mais denso e moderno de apropriação da terra.

É importante situar também as lutas construídas por setores ou grupos sociais específicos na constituição da classe trabalhadora no campo, como as mulheres, os jovens etc., vinculando pautas mais diretas com outras mais amplas e complexificadas pelo desenvolvimento contemporâneo do capital. Destaque se faz para a forma como os movimentos sociais no campo, hoje, colocam a questão do feminismo com uma riqueza de determinações e frentes de luta.

Essas particularidades das lutas devem ainda ser compreendidas e articuladas com as lutas sociais no espaço urbano, principalmente a partir de pautas específicas que fazem dialogar as demandas desses diferentes sujeitos, tais como a questão da produção de alimentos saudáveis, a luta por moradia, por direitos sociais específicos como a educação etc. É dentro desse contexto de acirramento das lutas sociais no interior do desenvolvimento capitalista no campo e da complexidade das lutas sociais que nos propomos a analisar os desafios constituídos ao MST, em particular.

2. Desafios contemporâneos para o MST em sua constituição política e produtiva

Parece-nos que já foi suficientemente analisada a trajetória de surgimento do MST como herdeiro histórico das lutas sociais no campo brasileiro, demarcando a década de 1980, especificamente o ano de 1984, como o momento em que se formaliza a existência deste sujeito político que reconstrói, em um momento de reorganização da sociedade civil brasileira no período de descenso do projeto civil-militar do grande capital internacional na América Latina, a bandeira da Reforma Agrária e das lutas sociais no campo. Assim, não iremos nos deter nesse momento de surgimento do movimento, mas analisaremos questões que o confrontam com seu período de consolidação diante dos desafios contemporâneos.[1]

1. Aos leitores que se interessem em estudar este momento de gênese do MST e seu processo histórico de constituição, recomendamos o amplo material que encontramos na Biblioteca Digital "Reforma Agrária Brasileira". Disponível em: <www.reformaagrariaemdados.org.br>.

Nas análises do MST (Rossetto, 2011), e tendo como norte a crítica da realidade agrária atual, cabe dar continuidade à luta pela terra, na terra e contra o latifúndio. A "reforma agrária popular" proposta pelo movimento, defendida no seu VI Congresso Nacional, reafirma a ultrapassagem de uma reforma agrária distributivista, nos limites do modelo clássico burguês, onde o que se pretendia era atender a uma demanda inicial da sociedade urbana-industrial. Os elementos fortalecedores do caráter popular da reforma agrária de novo tipo do MST só serão concretizados a partir da construção coletiva do conjunto da classe trabalhadora, do campo e da cidade, de um arco de alianças, indispensável para a luta anticapitalista neste momento histórico de crise civilizatória do capital.

Assim, para o Movimento, seriam fundamentos do programa de uma Reforma Agrária Popular: a terra, os bens da natureza, as sementes, a produção, a energia, a educação e cultura, os direitos sociais e as condições de vida para todos e todas. Em torno destes fundamentos, se constroem propostas no sentido de sintetizar "uma estratégia de resistência ao modelo de agricultura capitalista do agronegócio e propor um processo de acúmulo de forças, tendo como objetivo a construção de um novo modelo de agricultura, voltado para as necessidades de todo povo brasileiro" (MST, 2014, p. 39).

Assim parece-nos serem resumidos os principais desafios do MST hoje:

> Necessitamos, para os interesses da classe trabalhadora, de uma reforma agrária popular que nos possibilite: a) acumular forças nesse período de descenso que vivemos; b) confrontar e desgastar o projeto da burguesia para a agricultura; c) apresentar as nossas propostas para a agricultura em contraposição às propostas da sociedade burguesa; e d) fazer a disputa junto à sociedade, visando conquistar seu apoio ao nosso modelo de agricultura (Rossetto, 2011, p. 66).

Nesta direção, os primeiros desafios parecem apontar para um programa de caráter sindical do movimento, pautando as questões mais específicas tais como a democratização da terra, a defesa da água com um bem da natureza em benefício da humanidade, a organização da produção agrícola, a defesa de uma nova matriz tecnológica, baseada na agroecologia, que mude o modo de produzir e distribuir a riqueza na agricultura e a defesa de uma política agrícola que incentive a agricultura camponesa e agroecológica. Essas questões parecem-nos fundamentais para potencializar os assentamentos já conquistados e para orientar a organização dos acampamentos em processo de constituição histórica. No entanto, como o próprio programa afirma, estes elementos não nos parecem esgotar as frentes de debate sobre esse tema.

Dentre outras lutas que complexificam a problemática da Reforma Agrária hoje, apresenta-se um elemento que nos parece fundamental para os profissionais de Serviço Social que atuam, no campo e na cidade, com as expressões da questão agrária: trata-se das reivindicações do MST, junto ao poder público de forma geral, por políticas públicas que, de fato, materializem direitos sociais no campo, tais como o acesso à educação, à saúde, à assistência social, à capacitação técnica dos assentados etc. Sabemos que essas políticas compõem apenas um dos caminhos de enfrentamento para a desigualdade econômica e política brasileira, sobretudo no campo, mas sem elas parece-nos impossível potencializar os assentamentos conquistados pelo MST como espaço para a construção de uma nova sociabilidade, possibilitando condições objetivas e subjetivas para a construção de novas estratégias organizativas.

Outra preocupação do MST que se destaca no momento, com a efetivação da luta pela reforma agrária popular, relaciona-se com a necessidade de construção de uma nova matriz produtiva, com base na agroecologia, que se direciona ao necessário preparo não só mas fortemente técnico, para levar adiante as experiências concretas de agroecologia, e também ao preparo político para este enfrentamento, que se deve inscrever num patamar superior e para além da produção agrícola, na perspectiva de inserir a agroecologia como um dos elementos fundamentais para a construção de uma nova relação da sociedade com a natureza, fator imprescindível para se construir outro modelo de desenvolvimento para o Brasil. Ao abordar os desafios do desenvolvimento da agroecologia nos assentamentos do MST, Martins (2013) afirma que as experiências agroecológicas são produtoras de conhecimentos e de relações sociais que ampliam a visão de mundo para o estabelecimento de uma nova relação com a natureza, no sentido de desvelar as relações sociais de dominação expressas pelo agronegócio.

Neste contexto, se coloca também como urgente demanda a capacidade do MST como um dos sujeitos capazes de colocar, na pauta política da sociedade brasileira, a realidade do campo e dos sujeitos que nele resistem e vivem suas relações sociais. Neste momento, em que se anuncia a "morte da reforma agrária", é urgente e necessário recuperar a perspectiva de que a luta pela terra em nosso país é historicamente a luta contra o capital, contra a expropriação dos meios fundamentais de produção, contra a exploração e as barbáries construídas em nosso país. Se, como afirmam as análises do movimento, as lutas pela reforma agrária deixaram de ser exclusivamente contra o Brasil atrasado e materializado no latifúndio improdutivo e violento, é importante lembrarmos que estes elementos ainda permanecem como fundamentos de nossa formação social brasileira e que devem nos despertar para as atuais formas de exploração e expropriação pelas quais passam os trabalhadores no campo. Neste sentido, como se afirma, o MST pode ser o portador de uma "potencialidade emancipatória universalizante", apontando para a perspectiva internacionalista da luta de classes. Para esse processo, o movimento tem avançado em suas articulações internacionalistas através da articulação da Via Campesina e com outros movimentos sociais latino-americanos.

Nas palavras de Pinassi (2009, p. 71):

> Ouso, porém, reafirmar a sua atualidade revolucionária no Brasil pelo forte conteúdo crítico-ideológico que, há décadas, vem incitando os mais acirrados ânimos contra a espoliação, a exploração, as desigualdades e as inenarráveis barbaridades cometidas em nome do progresso nacional e internacional. [...] Ou seja, da bandeira que evoca velhas

contradições nacionais não resolvidas pode aflorar a consciência para as mais atuais formas assumidas pela exploração de classe e pela dominação imperialista. Dessa reivindicação tipicamente nacional e pequeno-burguesa pode surgir uma oposição radical ao nacionalismo ufanista, ao chauvinismo, à concepção de nação voltada para si mesma. O nacionalismo anticapitalista precisa ser aberto e visar a internacionalização da luta dos povos dominados.

Considerações finais

A consideração da questão agrária como uma importante manifestação da questão social expressa a expropriação tanto da riqueza natural quanto da riqueza socialmente produzida e, por isso, sua defesa visa alterar as relações de desigualdade que garantem a reprodução do capitalismo. Dessa forma, a luta do MST em torno da defesa coletiva dos bens ambientais coloca-se na contracorrente e desafia diferentes sujeitos coletivos a criarem processos de politização e de formação de consciência de classe para fortalecer a emancipação política e humana em relação à manifestação do metabolismo social do capital na agricultura, trazendo elementos ao debate da maioria contra o reino da minoria.

Diante deste momento e de suas determinações particulares, Pinassi (2009) também nos dá importantes contribuições ao problematizar que isso não se faz sem contradições, pois em um novo contexto histórico, nacional e internacional, no campo e na cidade, o MST enfrenta a necessidade de se afirmar como um sujeito capaz de fazer, da luta pela terra, uma mediação no processo de ruptura com a ordem do capital, como um movimento potencialmente revolucionário em um contexto histórico conservador e reformista.

Neste sentido, para o MST e para os movimentos sociais em geral, se coloca a urgente necessidade de redefinir lutas estratégicas, que agreguem forças sociais em torno de grandes bandeiras em torno das lutas contra-hegemônicas que se produzem em nossa sociedade.

Assim, não nos parece distante de todo o debate que fizemos ponderar a necessidade também de construção de novos instrumentos políticos, de novos caminhos para o trabalho de base e, principalmente, um projeto societário que acumule forças e condições objetivas para outra forma societária, capazes de superar os limites impostos pela ordem do capital à vida social.

Referências

CARVALHO, Horácio Martins. Uma ressignificação da reforma agrária no Brasil. In: STÉDILE, João Pedro (Org.). *A questão agrária no Brasil*: situação e perspectivas da Reforma Agrária na década de 2000. São Paulo: Expressão Popular, 2013. v. 8.

DELGADO, Guilherme C. A questão agrária no Brasil, 1950-2003. In: JACCOUD, Luciana (Org.). *Questão Social e políticas sociais no Brasil contemporâneo.* Brasília: IPEA, 2005.

FRIGOTTO, Gaudêncio. Educação omnilateral. In: CALDART, Roseli Salete et al. (Orgs.). *Dicionário da educação do campo.* Rio de Janeiro: Escola Politécnica de Saúde Joaquim Venâncio; São Paulo: Expressão Popular, 2012a. p. 265-72.

MARX, Karl. *O Capital.* Crítica da economia política. O processo de produção do capital. São Paulo: Abril Cultural, 1983. Livro I, t. 1, v. 1. (Col. Os Economistas.)

MOVIMENTO DOS TRABALHADORES RURAIS SEM TERRA. Programa Agrário do MST. In: CONGRESSO NACIONAL, 6., São Paulo, 2014.

NAVARRO, Zander. *A morte da reforma agrária (ja vai tarde).* Disponível em: <http://diplomatizzando.blogspot.com.br/2013/09/a-morte-da-reforma-agraria-ja-vai-tarde.html>. Acesso em: 27 jul. 2014.

PINASSI, Maria Orlanda. *Da miséria ideológica à crise do capital*: uma reconciliação histórica. São Paulo: Boitempo, 2009.

ROSSETTO, Neuri D. O MST e a reforma agrária popular, desafios e perspectivas. In: SEMERARO, Giovanni et al. (Orgs.). *Gramsci e os movimentos populares.* Niterói: Editora da EFF, 2011.

SANT'ANA, Raquel Santos. *Trabalho bruto no canavial*: questão agrária, assistência e Serviço Social. São Paulo: Cortez, 2012.

STÉDILE, João Pedro (Org.). O desenvolvimento do capitalismo no campo brasileiro. *A questão agrária no Brasil*. São Paulo: Expressão popular, 2013. v. 7. (O Debate na Década de 2000.)

8

Movimentos feministas e pela liberdade de orientação e expressão sexual:

relações com a luta de classes no Brasil de hoje

Mirla Cisne*
Silvana Mara Morais dos Santos**

1. Introdução

A opressão e exploração sobre as mulheres, assim como a constituição do regime da heterossexualidade, são determinados por um sistema: o patriarcado. A família monogâmica, a divisão sexual do

* Assistente social. Doutora em Serviço Social pela Universidade do Estado do Rio de Janeiro (UERJ). Professora da Universidade do Estado do Rio Grande do Norte (UERN). Membro do Núcleo de Estudo sobre a Mulher Simone de Beauvoir (NEM) dessa instituição.

** Assistente social. Doutora em Serviço Social pela Universidade Federal de Pernambuco (UFPE). Professora da Universidade Federal do Rio Grande do Norte (UFRN). Coordenadora do Grupo de Estudos e Pesquisa em Trabalho, Ética e Direitos dessa instituição.

trabalho, o controle sobre os corpos e a vida das mulheres — regido, muitas vezes, pelo medo e a violência — estão associados à heterossexualidade e constituem as bases de sustentação desse sistema. Para entender essa concepção, é importante compreender que quando falamos em heterossexualidade não estamos nos referindo simplesmente "às pulsões e práticas sexuais", como nos indica Monique Wittig[4] (2007, p. 13): "A heterossexualidade é o regime político sob o qual nós vivemos, fundado sobre a escravização de mulheres" (tradução nossa). Um dos primeiros elementos, portanto, para a compreensão crítica da heterossexualidade compulsória, é a sua constituição como um regime relacionado às relações de dominação e exploração sobre as mulheres. Trata-se, nas palavras de Jules Falquet (2008, p. 132):

> [...] de uma potente instituição social, amplamente endossada ao Estado e à Nação e que desempenha um importante papel na circulação de pessoas. Veremos que ela contribui de modo central não somente na organização da aliança, da filiação e da herança, mas de modo mais fortemente ainda na construção e na naturalização dos sexos, mas também das "raças" e das classes.

Segundo Falquet (2008, p. 132), a heterossexualidade possibilita estabelecer o sistema de filiação legítimo e o recebimento ou a transmissão da herança, o que garante o acesso mais rápido aos recursos. Condição que, por sua vez, é o "ponto de partida e de chegada das relações sociais de poder". Para tanto, a heterossexualidade precisa estar combinada com o controle sobre o corpo das mulheres. Daí o surgimento da família monogâmica que, como Engels (1979) nos sinalizou, está radicada com a consolidação da propriedade privada.

---

4. Embora utilizada por outras perspectivas teóricas que, em geral, desconsideram a sua base materialista, Monique Wittig encontra-se no campo do feminismo materialista francófono. Embasa, portanto, o seu pensamento no antinaturalismo, na compreensão das relações sociais de sexo permeadas por conflitos e antagonismos de classe e "raça" e na crítica à divisão social e sexual do trabalho.

A heterossexualidade alimenta ainda, a ideologia de naturalização dos sexos e, como tal, reproduz de forma "natural" as desigualdades que marcam as relações sociais de sexo, historicamente apropriadas pelo capital para a superexploração da força de trabalho feminina, bem como do segmento trans. Isso ocorre porque ao serem desvalorizados(as) como pessoas, consequentemente também sua força de trabalho é desvalorizada e até mesmo não reconhecida como trabalho, como ocorre com milhares de mulheres ao serem responsabilizadas pela reprodução social antraponômica[5]. Como nos diz Waters (1979, p. 80):

> A ampla aceitação da discriminação sexista como algo "natural", é uma das ideias mais proveitosas que o capitalismo tem a seu favor. A desigualdade dos sexos está incorporada nos próprios fundamentos do capitalismo; daí que a luta contra esta discriminação em todos os níveis forma uma parte indispensável da luta pelo socialismo (tradução nossa).

Assim, os movimentos LGBTs e feministas lutam contra um sistema que determina o sentido sócio-histórico e político de suas existências: o patriarcado, ainda que nem sempre esta questão esteja explícita no horizonte das estratégias desenvolvidas. Certas expressões das lutas desses movimentos, portanto, possuem confluência e encontram no projeto feminista classista a orientação política voltada para a conquista da liberdade e da superação de todas as formas de hierarquias, dominações, opressões, explorações e violências. Outras expressões desses movimentos, embora relevantes politicamente, tendem a se distanciar de um projeto classista e direcionam sua ação política na perspectiva de assegurar a igualdade de oportunidades para as mulheres e para a população LGBT, supostamente igualando-os aos direitos reconhecidos para os homens e os heterossexuais.

---

5. Para Falquet (2012, p. 131-132), o trabalho de reprodução social, no sentido antroponômico, refere-se ao cuidado com a educação das crianças, cuidado com os idosos e com as pessoas doentes, manutenção material das residências, dos espaços de estudo, de trabalho e de vida social (tradução nossa). Cabe ressaltar que sem essa reprodução social assegurada, a esfera produtiva do capital seria inviabilizada.

Conhecer as lutas de resistência a esses sistemas é o primeiro passo para que ganhem visibilidade e possam ser fortalecidas. Com esse intuito, o objetivo deste artigo é apresentar os principais movimentos feministas e de liberdade sexual, bem como suas respectivas lutas no Brasil contemporâneo.

2. Movimentos feministas e pela liberdade de orientação e expressão sexual no Brasil contemporâneo

São muitos e com diferentes posicionamentos teórico-políticos os movimentos sociais e demais sujeitos políticos coletivos que atuam no Brasil nas lutas feministas e por liberdade de orientação e expressão sexual. Não se trata, portanto, de, nos limites deste artigo, mapear tais expressões da organização política desses sujeitos, mas de refletirmos sobre a relevância social da conformação das agendas políticas com as principais reivindicações e desafios nesses campos. Desse modo, esperamos contribuir com o debate no âmbito do Serviço Social e áreas afins sobre como a agenda política desses movimentos adensam o debate das diferentes profissões e em particular do Serviço Social, quando tomamos como referência a direção social, valores e princípios do projeto ético-político profissional. Apresentaremos dois dos principais movimentos feministas classistas do Brasil: a Articulação de Mulheres Brasileiras (AMB) e a Marcha Mundial de Mulheres (MMM) e duas expressões da organização pela defesa da liberdade de orientação e expressão sexual e direitos dos segmentos de Lésbicas, Gays, Bissexuais e Transgêneros (LGBT): a Associação Brasileira de Lésbicas, Gays e Transgêneros (ABGLT) e a Liga Brasileira de Lésbicas (LBL)[6]. Para tanto, realizamos uma pesquisa bibliográfica e documental

6. A Articulação Brasileira de Lésbicas (ABL) também se destaca no âmbito do movimento lésbico, mas como desenvolve suas atividades como parceira da ABGLT e considerando os limites deste artigo, optamos por incluir a ABGLT e a LBL.

e dialogamos também com os resultados de pesquisas anteriormente desenvolvidas pelas autoras[7].

2.1 Articulação de Mulheres Brasileiras (AMB)

A origem da AMB ocorreu para organização da representação do movimento de mulheres brasileiro na IV Conferência das Nações Unidas sobre Mulheres, Desenvolvimento e Paz, realizada em Pequim, na China em 1995. Nesse momento, a AMB possui como eixos temáticos: saúde, violência, participação política, mulheres no poder, educação e direitos sexuais e reprodutivos.

A princípio, a AMB seria desfeita com a volta das mulheres de Pequim. Após Pequim, a AMB organiza uma reunião de avaliação do encontro, em Brasília, com representação de todos os estados. Nessa reunião, pautaram a necessidade de permanência. A partir de então, a AMB vai mudando o seu caráter. Ou seja, uma Organização que surgiu em decorrência de uma demanda da ONU, passa a ter que responder pelas demandas diretas das mulheres brasileiras que começam a se organizar nacionalmente numa perspectiva feminista.

Com esse redirecionamento político, a AMB vai se consolidando na perspectiva de um movimento social. Na atualidade, de acordo com a sua carta de princípios, a AMB é: "uma organização política feminista, antirracista, não partidária" e se posiciona como uma: "articulação feminista *anticapitalista*, por compreender que dentro deste sistema, especialmente em seu estágio atual de mundialização do capital e hegemonia da sociedade de consumo, é impossível conquistas significativas na direção da igualdade e autonomia para todas as mulheres" (apud Silva, 2010, p. 5-6).

Como um dos objetivos permanentes da AMB, destacamos: "Promover a auto-organização das mulheres e de seus movimentos

7. Trata-se das pesquisas realizadas em nossas teses de doutorado que estão devidamente indicadas nas referências bibliográficas.

como sujeitos políticos da luta contra a dominação das mulheres, e da luta por transformação social" (Silva, 2010, p.7-8). São ainda princípios organizativos da AMB: "unidade na diversidade"; "democracia interna numa institucionalidade não burocrática"; "diálogo, articulação e livre adesão como método de organização das lutas feministas"; orientação para "o *fortalecimento do campo democrático popular dos movimentos sociais*, buscando de forma permanente estabelecer alianças e engajamento nas lutas sociais da América Latina [...] e fortalecer o caráter contra-hegemônico da luta feminista" (Silva, 2010, p. 8-10; grifos nossos).

Assim, a perspectiva política da AMB encontra-se direcionada para um horizonte de transformação social, pautado na totalidade, ao contemplar na sua luta as dimensões de sexo, "raça"/etnia e liberdade sexual, articuladas, dialeticamente, com a questão de classe (caráter popular e de aliança com os movimentos sociais).

A AMB está organizada em 17 estados,[8] incluindo o Distrito Federal, e 4 estados estão em processo de rearticulação. Nos demais, há contatos, e, em alguns, está em curso a organização de núcleos.

2.2 Marcha Mundial de Mulheres (MMM)

A MMM surgiu em torno da organização de uma mobilização internacional que agregou mulheres de vários países em torno da campanha: "2.000 razões para marchar contra a pobreza e a violência sexista", no ano de 2000. Nessa primeira ação internacional da MMM, as atividades da campanha foram iniciadas em 8 de março e terminaram em 17 de outubro. Nesse momento, no Brasil, muitas mulheres aderiram ao processo de construção da Marcha, inclusive algumas que já estavam organizadas na AMB.

---

8. Desses 17 estados em que a AMB está organizada, os mais orgânicos, de acordo com AMB 1, são: Paraíba, Pernambuco, Rio Grande do Norte, Ceará, Pará, Distrito Federal, Goiás, Espírito Santo, Amapá, Rio de Janeiro, Tocantins, Amazônia, Mato Grosso do Sul e Mato Grosso.

Segundo o *site* da Marcha Mundial de Mulheres, a inspiração para a sua criação "partiu de uma manifestação realizada em 1995, em Quebec, no Canadá, quando 850 mulheres marcharam 200 quilômetros, pedindo, simbolicamente, 'Pão e Rosas'. A ação marcou a retomada das mobilizações das mulheres nas ruas, fazendo uma crítica contundente ao sistema capitalista como um todo"[9]. Nesse sentido, após a sua primeira ação internacional, a Marcha decide, em 2001, continuar como um Movimento permanente em nível internacional e, neste sentido, encontra-se organizada em todos os continentes, com exceção da Oceania.

Os campos de atuação prioritários da MMM são: autonomia econômica para as mulheres; bem comum e serviços públicos: garantia ao acesso aos bens comuns vitais como comida, água, terra, moradia, conhecimento e aos serviços públicos; paz e desmilitarização; luta contra a violência sexista e a apropriação do corpo das mulheres e a luta contra a violência às mulheres[10]. Entre seus princípios, a Marcha Mundial de Mulheres destaca:

> [...] a organização das mulheres urbanas e rurais a partir da base e as alianças com movimentos sociais. Defendemos a visão de que as mulheres são sujeitos ativos na luta pela transformação de suas vidas e que ela está vinculada à necessidade de superar o sistema capitalista patriarcal, racista, homofóbico e destruidor do meio ambiente. A Marcha busca construir uma perspectiva feminista afirmando o direito à autodeterminação das mulheres e a igualdade como base da nova sociedade que lutamos para construir.[11]

A luta anticapitalista sempre foi reivindicada como um eixo estruturador da MMM, com um esforço de realizá-la pela perspectiva feminista por meio da auto-organização de mulheres e em articulação com outras organizações da classe trabalhadora. A Marcha

---

9. Disponível em: <http://sof.org.br/marcha/?pagina=aMarcha>. Acesso em: 11 jan. 2013.
10. MMM. Disponível em: <http://www.sof.org.br/marcha/>. Acesso em: 17 abr. 2011.
11. Disponível em: <http://sof.org.br/marcha/?pagina=aMarcha>. Acesso em: 11 jan. 2013.

se apresenta como um movimento de luta feminista e anticapitalista ao objetivar a igualdade e a construção de uma sociedade sem opressão das mulheres, sem exploração de classe, sem racismo, sem homofobia e numa relação não predatória com o meio ambiente. A MMM está organizada em 21 estados, mas com contatos em todos os estados do Brasil.[12]

2.3 Principais lutas contemporâneas desenvolvidas pela AMB e MMM

As principais ações e lutas realizadas pela AMB na última década foram: o monitoramento contínuo e sistemático das políticas públicas para as mulheres; a campanha pela Reforma Política; a construção do Fórum Itinerante Paralelo das Mulheres em defesa da Seguridade Social (FIPS) e da Frente Nacional contra a Criminalização das Mulheres e pela Legalização do Aborto, os quais a AMB foi protagonista. O FISP,[13] além da importância que significou para o direito previdenciário, também possibilitou a articulação política entre diversos movimentos de mulheres.

A motivação para a construção desse Fórum se deu quando, no governo Lula, em 2007, tem origem o Fórum Nacional de Previdência Social (FNPS), no qual as mulheres não tinham direito sequer à voz, pois eram limitadas à condição de observadoras. Daí, as mulheres organizadas lançaram uma carta aberta[14] à sociedade e realizaram uma mobilização paralela em frente ao Ministério da Previdência

---

12. Destacamos como principais estados de organicidade da MMM: São Paulo, Rio Grande do Norte e Minas Gerais.

13. O FISP tem sua origem em 2007, em um processo de mobilização de mulheres organizadas, reunindo ativistas do campo e da cidade: AMB, MMM, MMC, Movimento Interestadual de Quebradeiras de Coco Babaçu (MIQCB); Movimento de Trabalhadoras Rurais do Nordeste (MMTR/NE); Frente Nacional de Trabalhadoras Domésticas; Campanha Nacional de Trabalhadoras Domésticas (FENATRAD) e Articulação Nacional de Mulheres Negras (ANMN). Em 2008, passam a integrar o Fórum: pescadoras do Ceará; catadoras de material reciclável do Distrito Federal e trabalhadoras ambulantes da cidade de Campinas (SP).

14. Ver Isabel Freitas et al. (orgs.) (2010).

Social, quando estavam discutindo a situação da mulher na Previdência Social. Assim, nasceu o FISP. A partir de então, esse Fórum atuou na construção de seminários de formação e debate, além de mobilizações e atos de denúncia em diversas regiões do Brasil. Como destaques de ação do FISP, ressaltamos: o acampamento de mulheres em frente ao Ministério da Previdência Social, em 2007; o I Seminário Nacional do FISP em 2008, em Brasília, onde reuniu 300 mulheres do campo e da cidade; a participação na audiência pública na Comissão de Assuntos do Senado em 2010, em defesa da Seguridade Social e pela equiparação dos direitos das empregadas domésticas. Segundo Freitas et al. (orgs.) (2010, p. 38), o objetivo do FISP "foi o de visibilizar as desigualdades vividas no mundo do trabalho, denunciar a situação de desproteção social a que estamos submetidas. Defendemos um sistema universal, público, solidário e redistributivo de Previdência e Seguridade Social".

A outra forte luta que a AMB vem empreendendo desde 2005 é a luta pela Reforma Política. Atualmente, em torno dessa luta, a AMB está em campanha juntamente com diversos movimentos sociais, incluindo a MMM e o Movimento de Mulheres Camponesas (MMC), para a construção de um plebiscito popular por uma constituinte exclusiva e soberana do sistema político.

Avaliamos que a AMB possui um diferencial em termos do feminismo no Brasil, ao ter constituído uma significativa organização das mulheres negras, índias e lésbicas,[15] sem perder o direcionamento de classe das lutas que envolvem esses sujeitos. Destacamos ainda, o desenvolvimento de campanhas contra o racismo e pela valorização da mulher negra e índia, bem como campanhas, atos e manifestações contra a violência à mulher.

---

15. Destacamos como grupo de lésbicas e bissexuais engajadas na AMB o *Tambores de Safo*. Segundo o próprio grupo, as suas integrantes são voltadas para "intervenções político-culturais, a partir de uma consciência negra, lésbica e bissexual. O objetivo é transformar o mundo pelo feminismo, através de intervenções culturais que promovam o pensamento crítico, a ação política organizada [...]". Disponível em: <http://tamboresdesafo.blogspot.com/2011/03/tambores-de-safo.html>. Acesso em: 1º out. 2012.

Em relação à Marcha Mundial de Mulheres, nos últimos anos, suas militantes estiveram em luta contra a pobreza e a violência, pela valorização do salário mínimo, pelo direito à terra, pela legalização do aborto, contra a Área de Livre Comércio das Américas (Alca) e Organização Mundial do Comércio (OMC), contra o deserto verde e violência sexista, por mudanças na política econômica e reforma urbana.[16] Gostaríamos de ressaltar a atuação da MMM, em 2005, no 5º Fórum Social Mundial e na construção do 8 de março, desse mesmo ano, foi vinculada à II Ação Internacional da Marcha referente à Carta Mundial das Mulheres para a Humanidade e sua tradução em bandeiras de luta da MMM no Brasil, tecidas em uma colcha de retalhos.[17] A carta das mulheres à humanidade, apresentada nesse Fórum, segundo o site da MMM, mostrou ao mundo o "que querem construir as mulheres, baseado na igualdade, liberdade, solidariedade, justiça e paz".

A Terceira Ação Internacional da MMM ocorreu em março de 2010 e, sem dúvida, representou um forte marco para a Marcha no Brasil. Cerca de 3 mil mulheres participaram dessa ação no Brasil, que consistiu na construção de uma marcha de 10 dias, iniciada em Campinas (SP) e finalizada na capital paulista. A plataforma política dessa marcha teve como base os campos de ação: "[...] trabalho e autonomia econômica das mulheres; violência contra as mulheres; paz e desmilitarização; bens comuns e serviços públicos" (MMM).[18]

Uma outra ação feminista que conta com a participação dos dois movimentos feministas que ora trabalhamos é a Marcha das Margaridas, atividade protagonizada pelas mulheres da Confederação dos Trabalhadores da Agricultura (Contag). A Marcha das Margaridas é

16. Disponível em: <http://sof.org.br/marcha/?pagina=historico>. Acesso em: 11 jan. 2013.

17. Segundo o *site* da MMM, 30 mil mulheres construíram esse 8 de março em São Paulo: "eram mulheres de 16 Estados e vários grupos e movimentos setoriais". Ainda segundo o *site*, o significado político maior dessa ação foi: "a politização das grandes manifestações e da data do 8 de março, resgatando-a de uma apropriação mercantilista". Ao final da ação no Brasil, três mil brasileiras entregaram a colcha de retalhos para mulheres argentinas no dia 12 de março em Porto Xavier (RS), fronteira com a Argentina. Da Argentina, a colcha prosseguiu por mais 52 países. Disponível em: <http://sof.org.br/marcha/?pagina=memoriaAcoesInternacionais>. Acesso em: 16 fev. 2013.

18. Disponível em: <http://sof.org.br/acao201>. Acesso em: 14 fev. 2013.

considerada a maior ação de massa de mulheres no Brasil. A sua organização foi iniciada em 2000, quando ocorreu a primeira Marcha, em Brasília, com a participação de 20 mil mulheres. Em 2003, ela é consolidada com a II Marcha, na qual se estima que 40 mil mulheres participaram. Em 2007, ocorre a terceira marcha, com cerca de 50 mil mulheres, e em 2011 a quarta marcha, com a participação de 70 mil mulheres.[19]

2.4 Movimentos pela liberdade de orientação sexual em busca de reconhecimento político

A liberdade de orientação afetivo-sexual tornou-se uma questão de luta política mediante intensos processos de opressão vivenciados pelos indivíduos não heterossexuais nos mais diferentes países e em particular na realidade brasileira. Os sujeitos políticos coletivos LGBT se formam em diferentes tribunas da vida cotidiana e explicitam sua agenda política de forma ampla na vida social, no âmbito do trabalho, da família e do Estado, exigindo, também, dos espaços de poder formalmente constituídos (Legislativo, Executivo e Judiciário), iniciativas para a garantia da livre expressão da orientação sexual.

Importante destacar que na constituição de movimentos sociais e de entidades que atuam politicamente na defesa dos direitos LGBT temos indivíduos que, em suas singularidades, romperam silêncio, tratados e mitos para superar a invisibilidade socialmente imposta e com coragem e determinação constituir fala pública e formar coletivos orgânicos à luta. Ainda que essa necessidade de ruptura com a subalternidade imposta pelas forças dominantes e conservadoras seja comum a todos os movimentos sociais, há uma particularidade na organização LGBT que merece destaque. Trata-se do preconceito fortemente enraizado que vivenciam por não serem heterossexuais e

19. Disponível em: <http://www.fetraece.org.br/noticias/texto.php?Id=1395>. Acesso em: 15 fev. 2013.

até mesmo a negação por segmentos conservadores quanto à possibilidade histórica de serem reconhecidos em todas as dimensões da vida social e nos marcos legais que institucionalizam direitos.

Do ponto de vista da organização dos espaços políticos, identificamos dois marcos fundamentais nas últimas décadas: 1) a criação da Associação Brasileira de Lésbicas, Gays, Bissexuais e Transgêneros (ABGLT)[20] em 1995 e 2) a criação da Liga Brasileira de Lésbicas (LBL) em 2003.[21] Essas entidades, de âmbito nacional, articulam associações e grupos situados em nível local e são referências na estruturação do movimento LGBT brasileiro. A agenda política desse movimento abrange, também, reivindicações dos segmentos transgêneros e bissexuais, mas aqui ressaltaremos, tão somente, as questões relacionadas diretamente ao universo gay e lésbico. Podemos, então, sintetizar os principais itens dessa agenda política em três dimensões de luta: 1) pelo direito à visibilidade; 2) contra a homo-lesbofobia e todas as formas de violência; 3) pela institucionalização de direitos que assegurem a constituição familiar e pela aprovação imediata de projeto de lei que criminalize a homo-les-transfobia. Vejamos, a seguir, como esses sujeitos coletivos ABGLT e LBL estão lutando pela efetivação desta agenda política, emprestando-lhe sentido e direção.

2.5 O protagonismo da ABGLT

A ABGLT atua como rede nacional, que em 1995 foi criada com 31 grupos associados e hoje articula em torno de 308 organizações

20. De acordo com o Artigo primeiro do seu estatuto, "a Associação Brasileira de Gays, Lésbicas e Transgêneros, doravante designada pela sigla ABGLT, cujo nome e fins foram aprovados em 31 de janeiro de 1995, data de sua fundação, é uma pessoa jurídica de direito privado, sem fins lucrativos e com duração por tempo indeterminado, com sede e foro no município de Curitiba, Paraná, na Travessa Tobias de Macedo, 53 — 2º andar e com sede administrativa sita no Edifício Assis Chateaubriand, sobreloja, sala 27 e 28, SRTVS 701, Brasília".

21. A LBL foi criada em janeiro de 2003 em Porto Alegre-RS durante o Fórum Social Mundial durante a realização do Planeta Arco-Íris na Usina do Gasômetro em uma oficina sobre visibilidade lésbica.

afiliadas, constituindo-se a maior rede LGBT na América Latina. Sua ação política está fundamentada nos seguintes princípios: "ética, transparência, compromisso, integridade, diversidade e solidariedade",[22] por meio dos quais operacionaliza sua missão institucional que consiste em "promover a cidadania e defender os direitos de gays, lésbicas, bissexuais, travestis e transexuais, contribuindo para a construção de uma democracia sem quaisquer formas de discriminação, afirmando a livre orientação sexual e identidade de gênero".[23] A associação conquistou representação em espaços estratégicos, tais como em conselhos, comissões e comitês governamentais, sobressaindo-se, entre eles, a ocupação de assentos na Comissão da Articulação do Movimento Social (CAMS)[24] do Programa Nacional DST/AIDS do Ministério da Saúde e em diferentes comissões nos Ministérios da Saúde, da Cultura, da Justiça e na Secretaria Especial dos Direitos Humanos.

Em 2005, em Curitiba-PR, sob um intenso clima de comemoração dos 10 anos de fundação da ABGLT, evento também sediado naquela cidade, ocorreu o I Congresso da associação (CONABGLT) que contou com a representação de 167 participantes[25] de todo o Brasil e, em 2014, durante o seu V Congresso realizado em Niterói-RJ, contou com 250 participantes. As principais questões debatidas historicamente no âmbito da associação e de seus congressos referem-se a: 1) políticas públicas para a garantia e promoção da cidadania homossexual; 2) movimento homossexual e o Poder Legislativo: agenda e *advocay*,[26] 3) o Judiciário e os direitos LGBT; 4) articulação

22. Disponível em: <http://www.abglt.org.br>. Acesso em: 20 jul. 2014.

23. Disponível em: <http://www.abglt.org.br>. Acesso em: 27 jul. 2014.

24. O objetivo da CAMS é "constituir um espaço formal de articulação, consulta e participação dos principais atores da sociedade civil organizada que trabalham em parceria com o PN-DST/AIDS, na formulação das políticas públicas e na implantação de macroestratégias de enfrentamento da epidemia pelo HIV/AIDS no Brasil". Disponível em: <http://www.abglt.org.br>. Acesso em: 4 mar. 2005.

25. A expectativa da comissão organizadora do evento era algo em torno de 90 participantes.

26. Nos últimos anos, entidades que atuam na defesa dos direitos têm efetivado ações de natureza *advocacy* que são aquelas que têm o objetivo de formar, informar e garantir, às lideranças, exercício político e fala pública na defesa de uma determinada questão.

entre os movimentos sociais; 5) conjuntura atual e perspectivas para o movimento LGBT.

Do ponto de vista político, a ABGLT reconhece a existência, nos dias atuais, de alguns avanços na efetivação da agenda LGBT na América Latina, notadamente na Argentina e Uruguai, mas também no Brasil, destacando-se a decisão do Supremo Tribunal Federal que em 2011 igualou a união estável homoafetiva à união estável heterossexual, a aprovação da Resolução n. 175 do Conselho Nacional de Justiça que "dispõe sobre a habilitação, celebração de casamento civil, ou de conversão de união estável em casamento entre pessoas do mesmo sexo"[27] e algumas iniciativas que resultaram em conquistas voltadas para travestis e transexuais. Contudo, afirma que no mesmo período houve avanço dos segmentos conservadores com destaque para os fundamentalismos religiosos. Segundo a ABGLT, na carta de seu congresso, realizado em 2014, apesar dessas conquistas anteriormente assinaladas, "percebe-se um congelamento das políticas públicas afirmativas para a população LGBT que tanto avançaram na primeira década do 3º milênio".

Em relação à intervenção política da ABGLT nas últimas décadas, as principais propostas efetivadas podem ser sintetizadas na ampla divulgação das leis de interesse da população LGBT, com definição de acompanhamento e estratégias para aprovação de Leis em nível federal, estadual e municipal, por meio da articulação com outros movimentos sociais; iniciativas de monitoramento e controle social das políticas públicas voltadas à afirmação da diversidade sexual, com destaque para a política de saúde e educação; empenho em estabelecer intercâmbio com escolas e universidades para incluir, em todos os níveis educacionais, abordagens sobre o respeito à diversidade sexual bem como apoio a um conjunto de iniciativas voltadas ao combate à discriminação por orientação sexual na área da Segurança Pública e Direitos Humanos, além de organização e participação em eventos de promoção dos direitos LGBT.

---

27. Disponível em: <http://www.abglt.org.br>. Acesso em: 20 jul. 2014.

O conjunto das ações e projetos com a participação da ABGLT e de suas entidades afiliadas indicam a abrangência da luta pela liberdade de orientação sexual. Podemos, assim, apreender que o conjunto de violações de direitos vivenciados pelos segmentos LGBT remete à sociabilidade capitalista, sua forma de aliar opressão à exploração e de instaurar um fosso entre a legalidade e a vida cotidiana. Lutar pelo respeito à diversidade sexual é muito mais amplo do que conquistar aprovação de um determinado projeto de lei. O preconceito se infiltra por entre as instituições; as políticas públicas e as práticas educativas. Seu combate exige ações imediatas, mas também capacidade de ordenar propostas e articulá-las a um projeto societário anticapitalista. Apesar de o esforço e da capacidade política que a ABGLT tem demonstrado na ocupação de espaços estratégicos e na contribuição à formulação de políticas públicas que contemple a dimensão da orientação sexual, permanece o grande desafio para vencer a "eterna" circularidade da luta pela igualdade de oportunidade, o que exige densa avaliação da conjuntura internacional e nacional, apreendendo as determinações societárias que incidem nas decisões governamentais e na vida social.

Há um reconhecimento social da importância da ABGLT como instância aglutinadora, em nível nacional, das entidades e grupos locais. Apesar dos ganhos políticos e da visibilidade que a entidade alcançou, sobretudo, nos espaços governamentais e na condução da luta em território nacional, há um clima vivo de polêmicas no âmbito dos movimentos sociais em que sobressaem três críticas fundamentais: 1) predominância em certos momentos na defesa dos interesses dos gays em detrimento dos outros sujeitos (lésbicas, transgêneros e bissexuais); 2) dificuldade de renovação das lideranças e 3) relação de exterioridade com a conjuntura/estrutura da sociedade que são tomadas como uma espécie de pano de fundo e não em sua capacidade objetiva de determinação. Observamos, no entanto, a vontade política dos integrantes do movimento LGBT no sentido de viabilizar, cada vez mais, a associação como entidade de representação e de defesa dos direitos LGBT.

2.6 LBL: constituindo-se sujeito coletivo

A organização do movimento lésbico no Brasil marca o ano de 1979, quando lésbicas, predominantemente feministas, começaram a participar do primeiro grupo de afirmação homossexual do país, o *Somos*, localizado em São Paulo. A organização lésbica no *Somos* se desenvolveu através da formação de um subgrupo que recebeu várias denominações: facção lésbica-feminista, subgrupo lésbico-feminista, ação lésbica-feminista. Em maio de 1980, constituiu-se como primeiro grupo somente de lésbicas, denominado Grupo Lésbico-Feminista, ou simplesmente LF. Para Fernandes (2002),[28] a formação do LF representou uma resposta ao machismo, à misoginia e ao patriarcado presentes, por vezes, no movimento gay. No final de 1980, o grupo LF se divide e em 1981 é criado o Grupo Ação Lésbica Feminista (GALF), que permaneceu atuante durante praticamente toda a década de 1980 (1981-1989). As ações em torno da visibilidade lésbica foram fortalecidas e, nesse percurso, duas produções merecem destaque: o jornal homossexual "Lampião da Esquina", que surge em 1978, no Rio de Janeiro. Numa de suas edições, trouxe uma matéria sobre o amor entre mulheres, intitulada "Nós também estamos aí", pautando publicamente, pela primeira vez, reflexões sobre as mulheres lésbicas a partir das próprias lésbicas. E, em janeiro de 1981, foi editada a primeira publicação lésbica brasileira.[29] Nos anos de 1990, houve maior visibilidade das mulheres na dinâmica interna do movimento LGBT e nos espaços como fóruns, redes, articulações e partidos políticos. A tendência foi o fortalecimento dos grupos denominados mistos por aglutinar gays e lésbicas. Nos anos seguintes, a luta se ampliou além do universo do movimento LGBT e para outros

---

28. Cf. artigo "Lésbicas no Brasil", de Marisa Fernandes (2002). Disponível em: <http://gonline.uol.com.br/entre_elas/filosofando/filosofando.shtml>. Acesso em: 4 mar. 2005.

29. Tal publicação se deu num Jornal realizado pelo LF, em 1981; em seguida, é publicada como Boletim, em 12 edições (1982 a 1987), pelo Grupo Ação Lésbica-Feminista (GALF). A respeito de outras publicações, ver artigo "1979-2004: 25 Anos de Organização Lésbica no Brasil", de Miriam Martinho. Disponível em: <http://www.umoutroolhar.com.br/25anos.htm>. Acesso em: 5 mar. 2005.

espaços com o objetivo de inserir as demandas lésbicas na agenda de reivindicações nas áreas da saúde e da sexualidade, especialmente dos direitos sexuais. Dessa forma, a construção do I Seminário Nacional de Lésbicas (SENALE)[30] em 1996 no Rio de Janeiro, que teve a presença de aproximadamente 100 lésbicas, foi fundamental na construção da agenda política do movimento, além de ter instituído o dia 29 de agosto como Dia Nacional pela Visibilidade Lésbica.

O amadurecimento político do movimento de lésbicas, tanto durante as edições do seminário nacional de Lésbicas e mulheres bissexuais, como nas ações desencadeadas nos estados por meio da realização de debates, grupos de reflexão, seminários, encontros, atividades culturais, ações de rua como a participação em caminhadas e em Paradas da diversidade, dentre outros, contribuiu para a construção de um espaço de articulação nacional. Assim, durante o III Fórum Social Mundial, em Porto Alegre, em 2003, em meio à realização do Planeta Arco-Íris, em uma Oficina de Visibilidade Lésbica,[31] foi criada a Liga Brasileira de Lésbicas (LBL).

> Foi convocada uma reunião com todas as lésbicas que estavam lá (no III FSM) e faziam militância pelo país, para pensar num movimento nacional, que tivesse essa força, tivesse esse caráter articulador. Daí a gente pensou na construção da Liga, que não sei exatamente quantas pessoas tinham, mas era muita gente, era um espaço enorme. Aí foi proposto que no V SENALE nós faríamos uma reunião nacional para definir algumas coisas: quem seriam as articuladoras, como funcionaria e qual o papel da Liga. A gente iria amarrando esse processo. Até então, a Liga era uma articulação nacional para fortalecer o movimento de lésbicas.[32]

---

30. O II SENALE ocorreu em Salvador-BA, em 1997; em 1998, o III SENALE em Betim-MG; o IV SENALE ocorreu em 2001, em Aquiráz-CE; o V SENALE em 2003, em São Paulo; o VI SENALE ocorreu em Pernambuco, em 2006; o VII SENALE em 2010, em Porto Velho-RO e o VIII SENALE foi realizado em Porto Alegre-RS em 2014 que alterou a sigla do seminário para: SENALESBI — Seminário Nacional de Lésbicas e Mulheres Bissexuais.

31. Esta oficina contou com a participação de dezenas de mulheres lésbicas e bissexuais de vários estados do Brasil e com a presença de ativistas e não ativistas de outros países.

32. Fragmento da entrevista realizada com uma das representantes da LBL-NE na pesquisa realizada por Santos (2005).

Assim, a LBL surge como necessidade das lésbicas de possuírem um espaço de autonomia e de questionamento às posições consideradas reprodutoras do paradigma dominante de sexualidade no âmbito de algumas expressões do movimento LGBT. Durante o V SENALE, que aconteceu em junho de 2003, em São Paulo, foram realizadas várias reuniões e uma plenária da LBL. Nesse momento, foram construídas diretrizes para a carta de princípios e escolhida uma coordenação executiva provisória. No XIV Encontro Nacional Feminista, realizado também em 2003, em Porto Alegre, a Liga realizou uma plenária que definiu sua primeira coordenação. A LBL está organizada, sobretudo, em três regiões do Brasil: nordeste, sul e sudeste.

Em 2004, foi realizado o "I Encontro Nacional da Liga Brasileira de Lésbicas: Coletivizando ideias e horizontalizando ações". Participaram do evento cerca de 61 mulheres, entre lésbicas e bissexuais, organizadas em grupos e lésbicas independentes. Segundo Mesquita (2004), o encontro constituiu um momento ímpar no processo de amadurecimento político do movimento. A agenda do evento deu destaque aos seguintes aspectos: retrospectiva histórica da LBL; o lugar do sujeito político no movimento de mulheres lésbicas e sua relação com outros sujeitos e a discussão sobre a carta de princípios, além da exibição do vídeo "Lésbicas no Brasil" (2004).[33] Em 2005, durante o Fórum Social Mundial, foi realizada mais uma reunião ampliada da LBL, em que se definiu que a Liga Brasileira de Lésbicas.[34]

> é uma expressão do movimento social e como articulação internacional, nacional e local se constitui como um espaço autônomo e não institucional de articulação política, anti-racista, não lesbofóbica e não homofóbica e de articulação temática de mulheres lésbicas e bissexuais, pela garantia efetiva e cotidiana da livre orientação e expressão afetivo-sexual.

---

33. O vídeo "Lésbicas no Brasil" foi produzido por Maria Angélica Lemos (COMULHER/SP) e traz dimensões da trajetória das lésbicas no Brasil.

34. O conteúdo aqui exposto sobre a LBL foi uma síntese das propostas sistematizadas nas Cartas de Princípios das Regiões Nordeste, Sul e de São Paulo, apresentadas durante o I Encontro da LBL (novembro/2004) e aprofundadas durante a reunião realizada no FSM em janeiro de 2005 e do conteúdo publicado no Blog da LBL, disponível em: www.lblnacional.wordpress.com

> É um movimento que se articula a todos os movimentos sociais que lutam e acreditam em uma sociabilidade anticapitalista.

Entre os princípios fundamentais construídos coletivamente estão o pluralismo; a autonomia, a autodeterminação e a liberdade que incidem na vivência da sexualidade sem violação de direitos; a democracia aliada à horizontalidade para evitar reprodução de hierarquias de poder; a defesa da laicidade do Estado; a solidariedade e internalização da agenda de outros movimentos sociais; a defesa do feminismo, considerando a luta contra o patriarcado e todas as formas de fundamentalismos e a defesa de uma sociabilidade anticapitalista. Assim, o processo de afirmação política da LBL tem como um de seus principais marcos a participação na I Conferência Nacional de Políticas para as Mulheres, realizada em Brasília, em 2004, que incluiu numa de suas diretrizes (a de nº 33) a necessidade de o Estado formular políticas de enfrentamento às diferentes formas de opressão, incluindo mulheres lésbicas e bissexuais. A LBL também se articula com outros movimentos sociais, a exemplo do movimento feminista, na perspectiva de construir e fortalecer uma agenda comum, além da incidência política que busca exercer nos estados por políticas públicas, bem como na participação da organização das atividades em torno da visibilidade lésbica. Em busca de constituir-se sujeito coletivo, identificamos na LBL tendência a ancorar suas lutas numa crítica ao paradigma dominante de sexualidade e as relações sociais de classe vigentes. Ao fazer isso, tece possibilidades para entender as formas de opressão articulada às suas determinações societárias.

Conclusões

Ao evidenciarmos dimensões do processo de organização política no âmbito do feminismo e das lutas por liberdade de orientação sexual foi possível identificar o quanto essas práticas políticas inspiram a construção de saberes a respeito da sexualidade, da violação dos direitos e, especialmente, mostram a necessidade e a relevância da luta na vida cotidiana. Os sujeitos coletivos analisados questionam, sob vários aspectos, o paradigma dominante de sexualidade, especialmente, a imposição compulsória da heterossexualidade que empobrece a individualidade e sexualidade ao estabelecer um modo único de relacionamento afetivo-sexual para todos os indivíduos. Advertem, ainda, para o fato de que, na sociedade brasileira, há uma tendência à banalização da violência contra as mulheres e os segmentos LGBT. Instituições como a família, a escola, a polícia, a mídia, dentre outras, por vezes, alimentam e até disseminam esta cultura da violência. Esses movimentos, ao darem visibilidade para as formas de opressão a que estão submetidos, saíram na frente do Estado e até mesmo dos partidos políticos de esquerda, revelando a complexidade que envolve a construção de um projeto societário emancipatório. Suas intervenções políticas são marcadas por contradições, conflitos e limites, combinando estratégias que ora articulam criticamente as determinações próprias da sociedade capitalista, ora parecem aprisionar-se ao *ethos* burguês. O fundamental tem sido a permanência na luta.

As profissões e em particular o Serviço Social precisa conhecer em profundidade a agenda política desses movimentos, posto que suas reivindicações sinalizam a existência de profundas formas de violação de direitos e de opressão que aparecem naturalizadas em diferentes instituições e dimensões da vida social. Apreender as determinações societárias e as particularidades daquilo que explora, viola e oprime constitui-se um desafio que fortalece o projeto ético-político profissional. Defesas imediatas por direitos bem como um projeto alternativo à sociabilidade capitalista, obrigatoriamente têm que assegurar a inclusão da diversidade humana e o enfrentamento às subalternidades sociais naturalizadas, se não desejarem reproduzir formas históricas e consolidadas de opressão e exploração que obstaculizam ainda mais a construção da liberdade substantiva.

Referências

CISNE, Mirla. *Feminismo, luta de classes e consciência militante feminista no Brasil*. Tese de doutorado em Serviço Social defendida na Universidade do Estado do Rio de Janeiro (UERJ). Rio de Janeiro: UERJ, 2013. 409 f.

COLETIVO DE FEMINISTAS LÉSBICAS. *Relatório Lésbicas no Brasil*: contribuição para avaliação da década da mulher (1985-1995). São Paulo, 1994.

ENGELS, Friedrich. *A origem da família, da propriedade privada e do Estado*. Rio de Janeiro: Civilização Brasileira, 1979.

FALQUET, Jules. Repensar as relações sociais de sexo, classe e "raça" na globalização neoliberal. *Mediações*, Londrina, v. 13, n. 1-2, p. 121-142, jan./dez. 2008.

______. *Les mouvements sociaux dans la mondialisation néolibérale*: imbrication des rapports sociaux et classe des femmes (Amérique Latine-Caraïbes-France). Habilitation à diriger des recherches. Paris: Université de Paris 8, 2012. (Mimeo.)

FREITAS, Isabel; MORI, Natalia; FERREIRA, Verônica (Orgs.). *A seguridade social é um direito das mulheres*: vamos à luta! Brasília: CFEMEA/MDGamp3 Fund, 2010.

RELATÓRIO DO I CONGRESSO DA ABGLT: 10 anos: avanços e perspectivas. Curitiba, 20 a 24 de janeiro de 2005.

SANTOS, Silvana Mara Morais. *O pensamento da esquerda e a política de identidade*: as particularidades da luta pela liberdade de orientação sexual. Tese de Doutorado em Serviço Social. UFPE, Recife, 2005.

SILVA, Carmen. Os sentidos da ação educativa do feminismo. In: SILVA, Carmen (org.). *Experiências em pedagogia feminista*. Recife: SOS Corpo, 2010.

WATERS, Mary Alice. *Marxismo y feminismo*. 2. ed. Barcelona: Fontamara, 1979.

WITTIG, Monique [1992]. *La Pensée Straight*. Paris: Éditions Amsterdam, 2007.

PARTE II

Movimentos sociais e Serviço Social:

produção de conhecimento, formação, intervenção e organização político-profissional

1

Movimentos sociais e Serviço Social no Brasil pós-anos 1990: desafios e perspectivas

Maria Lúcia Duriguetto*

Introdução

O quadro sócio-histórico da realidade nacional, pós-anos 1990, relaciona-se a um movimento mais geral de dois processos situados no contexto de crise e de rearranjo global do capitalismo: a era da acumulação flexível e das políticas de ajustes estatais neoliberais. Processos esses inerentes à mundialização operada sob o comando do grande capital, sobretudo o financeiro. É no interior desses processos que são desenvolvidos fortes ataques às classes subalternas,

* Assistente social; doutora em Serviço Social pela Universidade Federal do Rio de Janeiro; professora da Faculdade de Serviço Social da Universidade Federal de Juiz de Fora; coordenadora do Grupo de Pesquisa em Serviço Social, Movimentos Sociais e Políticas Públicas.

materializados nas regressividades dos contratos e das condições de trabalho e nas contrarreformas na esfera estatal que, no campo particular das políticas sociais, vêm assumindo contornos acentuadamente privatistas e focalizadores. Essa conjuntura é marcada, também, pela regressividade das organizações e das lutas dos trabalhadores, seja no campo sindical (no qual há uma hegemonia de um sindicalismo colaborador nos processos de "gestão" da crise), seja no dos movimentos sociais (hegemonizado por ações defensivas e demandas corporativas e localistas).

É nesse movimento da realidade que trataremos da relação do Serviço Social com as lutas, organizações e movimentos sociais, que será sobretudo problematizada no âmbito da produção do conhecimento e da intervenção profissional.

1. Crise do capital, contrarreformas e lutas sociais

Desde o último terço do século XX, para responder à crise estrutural do sistema do capital, um receituário ofensivo foi, em geral, implementado nas diversas formações econômico-sociais: reestruturação dos processos de acumulação, expresso na chamada *acumulação flexível; hegemonia do capital financeiro e políticas de ajuste neoliberal* com suas decorrentes *contrarreformas* no âmbito do Estado.

A chamada acumulação flexível tem um componente central que é a *flexibilização da produção* (precarização do emprego — trabalho em tempo parcial, temporário ou subcontratado e o trabalho informal) *e das relações de trabalho* (redução e/ou eliminação dos direitos trabalhistas). O aumento do grau de precarização e flexibilidade do trabalho aumenta, na mesma proporção, a exploração do trabalho. Também os novos processos produtivos têm implicado, de acordo com Netto (2012, p. 417), em uma "uma extraordinária economia de trabalho vivo" produzindo "*o crescimento da força de trabalho excedentária em face dos interesses do capital*" (destaques do autor). Com esses processos, "a ordem do capital é hoje, reconhecidamente, a ordem do desemprego e da 'informalidade'".[1] No campo estatal, as tendências não têm sido menos desconfortantes. Assistimos a uma diminuição da sua ação econômica reguladora nas relações comerciais — que vem oferecendo ao capital financeiro a mais radical liberdade de movimento, propiciando ataques especulativos contra as economias nacionais — e o fomento à "privatização", especialmente, do patrimônio estatal. No que tange às suas funções sociais, no rol das contrarreformas, assistimos à retirada das coberturas sociais públicas e o corte nos direitos sociais — que visam diminuir o ônus do capital no esquema geral da reprodução da força de trabalho — e a presença ativa do fundo público como fomentador e indutor da financeirização da riqueza.[2]

Acumulação flexível, financeirização da riqueza e as contrarreformas estatais no âmbito social produzem desemprego, aumentam a exploração do uso da força de trabalho e corroem os sistemas públicos de seguridade social. Como elucida Netto (2012, p. 426), são vários os fenômenos contemporâneos que vêm produzindo "o exaurimento das possibilidades civilizatórias da ordem tardia do capital

1. O desemprego, tomadas as cifras mundiais, vem crescendo desde os anos 1980. Em março de 2013, a taxa de desemprego na zona euro (dezessete países) encontrava-se na média de 11% da população economicamente ativa, segundo a definição da OIT, mas em alguns países ultrapassava a marca dos 20%, a exemplo da Espanha (25,8%) e da Grécia (28%). No Brasil, apesar de o assalariamento formal ter aumentado na última década, este aumento se deu no que Braga (2012) define como proletariado precarizado. Trata-se de um amplo contingente de trabalhadores que, pelo fato de possuírem pouca qualificação, são admitidos e demitidos muito rapidamente ou encontram-se na informalidade ou estão inseridos em ocupações degradantes, de baixa remuneração e precárias.

2. Como elucida Salvador (2010, p. 606) uma característica comum a todas as crises financeiras dos últimos trinta anos é o comparecimento do fundo público para socorrer instituições financeiras falidas, como, por exemplo, durante as crises bancárias. Na Europa, como elucida Behring (2013, p. 8), essa crise se manifesta por meio da dívida dos Estados, que evoluiu de maneira explosiva após as operações de salvamento das instituições financeiras entre 2007 e 2009. Esse crescimento da dívida é enfrentado com programas de austeridade impostos pela *Troika*, o que inclui cortes ou redimensionamentos dos gastos públicos, com destaque para os sociais, produzindo demissões em massa no setor público e menos salários e empregos no setor privado, o que vem produzindo o aumento do desemprego, a precarização e superexploração do trabalho. No Brasil, temos o direcionamento do fundo público para especuladores e proprietários e sua retirada do âmbito das políticas sociais públicas pela via do ajuste fiscal — *superávit* primário, a Lei de Responsabilidade Fiscal e a Desvinculação das Receitas da União (DRU).

ou, para dizê-lo de outro modo, para atestar que esta ordem só tem a oferecer, contemporaneamente, soluções barbarizantes para a vida social". Destacamos, dentre os fenômenos tratados por Netto, a passagem, a partir da implantação da agenda neoliberal, de uma fase de investimento em políticas de bem-estar social para uma de penalização da pobreza.[3] Um outro fenômeno, coesivo e legitimador, se conjuga à ação do Estado penal — "o novo assistencialismo": "A política social dirigida aos agora qualificados como *excluídos* [...] não tem nem mesmo a formal pretensão de erradicar a pobreza, mas de enfrentar apenas a penúria mais extrema, a indigência [...] a *pobreza absoluta*" (Netto, 2012, p. 428).

No Brasil, do conjunto das políticas da seguridade social, sobressai a desconstrução de direitos sociais como resultado dos ajustes regressivos efetuados nos anos 1990 e 2000. Como exemplo desse processo, temos: o fomento à previdência privada, aos fundos de pensão; a privatização e o subfinanciado da política pública de saúde; a centralização nos programas de transferência de renda pela política de assistência social, tratando-se de assistencializar a proteção social (Mota, 2008).

O período que data da *restauração* capitalista (Braga, 1996) traz implicações no campo das organizações e lutas dos trabalhadores. A flexibilização e a precarização do emprego acirram a fragmentação não só "no nível objetivo das relações de trabalho", como explicita Mattos (2009, p. 27), "mas também no plano da consciência de classe". Com isso, assistimos à dessolidarização de classe e as tendências neocorporativas das lutas sindicais; à crise do sindicalismo de classe e sua conversão num sindicalismo de parceria, de envolvimento e à postura defensiva de preservação dos direitos dos trabalhadores "estáveis" e pouca atenção para os trabalhadores precarizados.

---

3. Atesta Netto (2012, p. 427): "A repressão deixou de ser uma excepcionalidade — vem se tornando um estado de guerra *permanente*, dirigido aos pobres, aos 'desempregados estruturais', aos 'trabalhadores informais'[...]". E essa *guerra permanente* também se expressa na criminalização aos movimentos e lutas sociais.

No Brasil, para além desses impactos temos, desde a eleição de Lula da Silva, uma mudança na relação do sindicalismo com o aparelho de Estado: dirigentes sindicais convertem-se em gestores dos interesses capitalistas, por exemplo, na ocupação de cargos na gestão e nas diretorias dos fundos de pensão bem como nos conselhos de administração das várias empresas em que tais fundos possuem ações (Braga, 2012, p. 204). Em relação aos movimentos e lutas por direitos, não podemos desconsiderar os impactos negativos da institucionalização conselhista sobre as formas de ação e de publicização de suas demandas bem como, a partir da ascensão dos governos PT, a acentuada presença de uma ideologia que orienta as ações de movimentos na órbita do possibilismo, que muitas vezes se traveste de governismo[4] (Duriguetto, 2008).

As diretivas neoliberais, todavia, não se implantaram sem resistências. Variadas formas organizativas, reivindicações e lutas se desenvolveram em diversos países: de *Seatle* ao *Ocuppy W. Street*, manifestações em diversos países da Europa, as lutas estudantis contra a privatização da educação no Chile, os zapatistas no México, os movimentos dos desempregados na Argentina, as lutas por moradia e pela reforma agrária, as jornadas de junho e as retomadas das greves no Brasil são alguns exemplos dessas resistências. No entanto, este quadro organizativo de lutas e manifestações ainda não apresenta — em suas prospectivas teóricas e prático-políticas *hegemônicas* — um projeto societário alternativo ao do capital. Permanece uma forte tendência à ênfase nas lutas econômico-corporativas setoriais, particulares ou locais e, em algumas experiências, o rechaço a partidos

4. Como o campo sindical, também aqui temos militantes de movimentos sociais ocupando cargos no governo e/ou estão na representação e/ou gestão em conselhos setoriais de políticas públicas. A ascensão de militantes aos quadros institucionais é também evidenciada pela mediação do poder legislativo. Na relação do PT com os movimentos sociais, pesquisa revela que seus deputados não exercem seus mandatos a partir da sua relação com os movimentos sociais cujas bases os elegeram e sim com o partido. Apenas 14,89% dos deputados entrevistados afirmaram dever fidelidade aos movimentos sociais, enquanto para 63,82% a revelam ao partido. Para não contrariar suas bases eleitorais e perder votos, os deputados profissionalizam seus gabinetes com quadros oriundos dos movimentos que lhes dão apoio eleitoral (Leal, 2005).

e sindicatos chega também a significar uma rejeição a qualquer relação com o Estado e com a ideia de luta pelo poder. Não obstante a inexistência de uma direção revolucionária, essas diferentes lutas — *ainda que defensivas* — expressam o campo da luta de classes na contemporaneidade. Um dos grandes desafios hoje postos para o projeto socialista é estabelecer vínculos e conexões entre as várias reivindicações, as diversas lutas sociais, assim como entre essas e o movimento operário. Ou seja, o desafio se posta em construir projetos que busquem uma integração das necessidades, interesses, reivindicações e ações prático-políticas advindas das lutas, incorporando-as em suas dimensões classistas e orientando-as para a construção de processos contra-hegemônicos à ordem do capital.[5]

2. A conjuntura pós-anos 1990 e o Serviço Social: desafios da relação da profissão com os processos de mobilização e organização popular

As transformações no mundo do trabalho e as configurações postas às políticas sociais no âmbito das contrarreformas colocam tensões à criação de *mediações teórico-políticas e operativas* ao projeto ético-político do Serviço Social brasileiro. Em sua condição de trabalhador assalariado, o assistente social vivencia a flexibilização das relações de trabalho e da precarização do emprego. Além disso, a centralidade da assistencialização no campo da proteção social vem operando uma mudança no significado social da ação profissional, circunscrevendo-a na órbita da administração da miséria, subtraindo, assim, sua dimensão intelectual.[6] Nosso objetivo aqui é explicitar que *uma das possibilidades* para o enfrentamento dessa subtração da dimensão

5. A concepção que nos orienta na prospecção destes processos é a desenvolvida pelo marxista italiano A. Gramsci, particularmente seu tratamento das categorias de sociedade civil, hegemonia e intelectual orgânico Duriguetto (2007).

6. Essa tensão também está no campo da formação profissional, hoje hegemonicamente refratária da lógica precária e privatista da política de educação superior.

intelectual[7] é o fomento de intervenções profissionais nos *processos de mobilização e organização popular* — que compõem um dos elementos da *dimensão ideopolítica* da ação profissional. Segundo Iamamoto (2006, p. 68), o assistente social possui, na sua intervenção profissional, uma dimensão material-assistencial — que se configura por meio da prestação de serviços, dos benefícios etc. — e também uma dimensão que é imaterial, e que influencia as formas de viver e de pensar dos sujeitos por ele atendidos. Com isso, também produz "[...] efeitos na sociedade como um profissional que incide no campo do conhecimento, dos valores, dos comportamentos, da cultura, que, por sua vez, têm efeitos reais interferindo na vida dos sujeitos". Ou seja, a intervenção profissional, *na sua dimensão ideopolítica*, pode promover nos sujeitos reflexões que lhes proporcionem mudanças na forma de pensar, de sentir e de viver, das quais podem resultar processos coletivos de resistência e de luta. Embora a condição de assalariamento limite as condições do exercício profissional, este comporta uma relativa autonomia, que depende da correlação de forças na dinâmica da luta de classes e que se expressa de forma diferenciada nos espaços ocupacionais (Iamamoto, 2008, p. 214-220). Nessa direção, discutir a inserção do Serviço Social nos processos de organização e mobilização popular significa analisar como o assistente social, *como trabalhador assalariado e considerando a própria natureza contraditória de sua intervenção profissional*, pode atuar no sentido da promoção e do fortalecimento das organizações e lutas coletivas dos trabalhadores que são alvo de suas intervenções.

As prospectivas do fortalecimento da relação do Serviço Social brasileiro nas ações de mobilização e organização popular estão imbricadas com o construto do projeto ético-político profissional. Tal projeto teve, como um dos móveis centrais para o seu desenvolvimento, a força política e organizativa de um conjunto variado de lutas, movimentos e organizações dos trabalhadores no campo da

---

7. Uma das principais direções de enfrentamento às precarizações do uso de sua força de trabalho está na inserção do profissional nas lutas sindicais desenvolvidas nos seus ramos de atividade.

sociedade civil a partir dos finais da década de 1970. Força política que foi incorporada — em suas necessidades e reivindicações — e apreendida — teórico e operativamente — pelos setores progressistas da profissão.[8] Coube ao protagonismo destes segmentos progressistas as transformações no conteúdo do processo formativo dos assistentes sociais; a reformulação dos princípios e valores do nosso Código de Ética; a densidade teórica e qualificada da produção acadêmica e do debate teórico-político; a solidez político-organizativa e classista de nossas entidades representativas. O fortalecimento das diretivas do projeto profissional, especialmente nas condições atuais que lhe parecem tão adversas, depende tanto do avanço das organizações e lutas das classes subalternas, quanto da vontade majoritária do campo profissional (Netto, 2004).

Situamos a atuação profissional nos processos de mobilização e organização popular como uma possibilidade de a profissão contribuir para as organizações e lutas sociais e, portanto, como *contribuição necessária* para o fortalecimento do projeto profissional. Entretanto, na conjuntura pós-anos 1990, a tematização e atuação do assistente social nas organizações da classe trabalhadora e a relação com seus movimentos sociais a partir de outras inserções institucionais sofre uma curvatura, de modo que o que se apresentava, na década de 1980, como uma tendência ascendente, irá sofrer um processo de retração[9]. Essa constatação se processa de forma contraditória, a partir da década em que temos a consolidação do projeto ético-político da profissão, cujos aportes constitutivos implicam no vínculo político e profissional

8. Uma apreensão do processo de construção da erosão das bases tradicionais da profissão está nas análises realizadas acerca do Movimento de Reconceituação e o de Renovação do Serviço Social (América Latina e Brasil). Apenas para efeito de exemplificação, cf. Iamamoto (2004) e Netto (2007). Análises da sintonia da profissão com as organizações, movimentos e lutas sociais são tratadas em Raichelis (1982); Abramides e Cabral (1995); Silva e Silva (2002).

9. Essa constatação não pode ser apreendida sem a determinação do movimento maior que a sustenta: o da própria retração das potencialidades das lutas das organizações sindicais e dos movimentos sociais a partir desta década. Isso não significa que não identifiquemos movimentos e organizações, sobretudo a partir dos anos 2000, que vêm pautando suas lutas com autonomia e com viés classista, como alguns movimentos de luta pela moradia, pela reforma agrária, feministas, LGBT e, no campo da organização sindical, a Conlutas.

com as lutas das classes subalternas. Temos, a partir da década de 1990, uma *exígua produção teórica da profissão tanto acerca das organizações, movimentos e lutas sociais quanto da relação da profissão com as mesmas. E uma quase oculta sistematização/relatos de experiência da intervenção profissional com as organizações, movimentos e lutas sociais.*

De acordo com Iamamoto (2008, p. 461), "a área temática de menor investimento na pesquisa refere-se aos 'conflitos e movimentos sociais, processos organizativos e mobilização popular', o que é motivo de preocupações". Marques (2010) constata que entre os 162 trabalhos publicados nos Anais dos CBAS e do ENPESS, realizados entre 1995 e 2008, somente 3% tematizam os movimentos sociais. Nesse conjunto, já exíguo, somente 6% expõem experiências de intervenção profissional junto aos movimentos sociais.

No espaço acadêmico, dentre os anos de 1994 a 2012, a temática *movimentos sociais* fez-se presente nos cursos de Serviço Social inseridos nas universidades públicas federais e estaduais em 36 diretórios de pesquisa, 87 projetos de pesquisa e 23 projetos de extensão. Na pesquisa, sobressaem análises acerca da relação entre *políticas públicas e as lutas sociais*, refletida a partir das práticas de gestão participativa, associativismo, planejamento estratégico, controle social e organização popular.[10] As organizações e movimentos sociais são em menor número tematizados, destacando os movimentos (urbano, rural, sindical; estudantil; feminista, indígena, religioso; fóruns e Frente contra a Privatização da Saúde; juvenil e hip hop).[11] Na produção acadêmica dos Programas de Pós-Graduação classificados como *Área Serviço*

---

10. Silva e Silva (2009, p. 615) também constata o significativo decréscimo da produção sobre o tema nos artigos da revista *Serviço Social & Sociedade*. A produção é de 6,6% do total da produção nos anos 1979/1989, 5,4% nos anos 1989/1999 e apenas 1,7% nos anos 2000/2009. Pesquisa também realizada nos artigos da revista publicados entre 1996-2013, constata a hegemonia das análises da relação entre políticas e participação popular, sobretudo nos conselhos de direitos. Duriguetto, Bazarello e Azevedo (2014).

11. Dois eixos analíticos aqui se destacam: a organização sindical dos trabalhadores e os desafios postos pela conjuntura da crise e o debate da organização sindical dos assistentes sociais. A presença destas análises também é constatada nos artigos da revista *Serviço Social & Sociedade* pesquisados entre 1996-2013, já citada.

Social pela Capes, no período 1985-2011, encontramos 276 Teses e Dissertações. Destas, 117 se concentram nos Conselhos de direitos, seguidos pelos temas da questão agrária, urbana e ambiental (66 produções); partidos, sindicatos e organizações de articulação de movimentos sociais (30 produções); gênero, raça/etnia e geração (26 produções); categorias teóricas — intelectual orgânico, consciência de classe; educação popular (13 produções); movimentos sociais na América Latina e por Direitos Humanos (12 produções); movimentos Sociais e ONGs (04 produções). A tematização *Movimentos Sociais e Serviço Social está somente em 08 produções*[12] (Abramides, Duriguetto, Marques et al., 2013, p. 188-195).

Na *formação profissional,* identificam-se a existência de projetos de extensão nos movimentos sociais urbanos; do campo (em especial o MST); quilombola; indígena; de mulheres e LGBT. As ações desenvolvidas são assessoria na formação política (palestras, oficinas, dinâmicas de educação popular, assembleias comunitárias, fóruns) e informações técnicas (por exemplo, estudos sócio-econômicos com o objetivo de potenciar os processos de auto-organização em torno das suas condições de vida e de trabalho). Destaca-se, ainda, a criação de convênios ou parcerias entre universidades e a Escola Nacional Florestan Fernandes — ENFF (Abramides, Duriguetto, Marques et al., 2013, p. 197-199).

No campo da *intervenção profissional* com e nas organizações, movimentos e lutas sociais, constata-se uma ausência da atuação profissional, como elucida Iamamoto "[...] em organizações e associações próprias da classe trabalhadora, por elas criadas e geridas, assim como a falta de vínculos sólidos com seus movimentos sociais autônomos" (2004, p. 47). Os relatos dessa inserção circunscrevem-se, em sua maioria, em experiênciais extensionistas realizadas em algumas universidades públicas. Marques (2010) elucida que nos trabalhos do ENPESS e CBAS pesquisados, há relatos de experiências de assessoria com o movimento sindical, rural, urbano, conselhos de direitos e de luta por

12. Pesquisa em desenvolvimento na Faculdade de Serviço Social da UFJF.

políticas públicas por meio de programas de pesquisa, estágio e extensão desenvolvidos (trabalhos de capacitação e de formação política no formato de cursos, oficinas e produção de materiais didáticos).[13] Os relatos destas experiências revelam resultados bastante exitosos para a formação profissional, para a função pública das universidades e para a própria organização dos movimentos e lutas sociais.

Particularmente em relação ao acúmulo das produções teóricas, podemos constatar algumas tendências problemáticas de referenciais teórico-metodológicos desenvolvidos no âmbito da relação da profissão com as organizações, movimentos e lutas sociais:

- forte incorporação das premissas teóricas pós-modernas e a decorrente leitura fragmentada/focalizada das lutas sociais[14] e/ou tratamento de categorias com acentuado recurso ao ecletismo;
- recorrência às categorias gramscianas, como hegemonia, cultura e intelectual orgânico, como constitutivas dos fundamentos do exercício profissional, o que incorre na tênue fronteira entre profissão e militância política;[15]
- enfoque nos espaços institucionais dos conselhos de direitos e da dinâmica de seu funcionamento, desconsiderando movimentos e lutas no campo extrainstitucional;
- recorrência à incorporação da "metodologia" da "educação popular" para a formação e atuação dos assistentes sociais. Constata-se uma não apreensão das diferentes concepções de

---

13. Os artigos publicados na *Revista Serviço Social & Sociedade* (1996-2013) revelam a inexistência de análises que tratam especificamente da relação da profissão com os movimentos e organizações das classes subalternas e da intervenção profissional nesses espaços. A tematização da relação da profissão com os processos de mobilização e organização popular aparece em um artigo pela via da adoção da "metodologia" da educação popular e, também, apenas um artigo que trata dos espaços conselhistas e faz menção à intervenção profissional. Cf. Duriguetto, Bazarello e Azevedo (2014).

14. Constatação presente na análise de Marques (2010) e nos resultados parciais da pesquisa em desenvolvimento acerca dos referenciais teóricos presentes nas Dissertações e Teses produzidas nos Programas de Pós-Graduação em Serviço Social.

15. Cf. Duriguetto e Baldi (2012).

educação popular (por exemplo, a questão do "basismo") e a ausência de problematizações da sua transposição direta, como "metodologia", para a intervenção profissional;

- permanência do "messianismo", que hipertrofia a potencialidade das intenções do sujeito profissional, desconsiderando o estatuto assalariado do trabalho profissional.

No âmbito da organização profissional, uma iniciativa importante para fomentar e induzir o debate acerca das organizações, movimentos e lutas sociais e da relação do Serviço Social com e nesses espaços foi a constituição do Grupo Temático de Pesquisa *Movimentos Sociais e Serviço Social*, pela ABEPSS.[16]

3. A necessária relação da ação profissional com as lutas coletivas

A relação interventiva do Serviço Social com os processos de mobilização e organização popular é explicitada, por exemplo, na Lei de Regulamentação da profissão (1993) que determina como competência do assistente social "prestar assessoria e apoio aos movimentos sociais em matéria relacionada às políticas sociais, no exercício e na defesa dos direitos civis, políticos e sociais da coletividade" (art. 4º, parágrafo IX) e no nosso Código de Ética (1993), que afirma como direito do profissional "apoiar e/ou participar dos movimentos sociais e organizações populares vinculados à luta pela consolidação e ampliação da democracia e dos direitos de cidadania" (art. 12, alínea *b*) e "respeitar a autonomia dos movimentos populares e das organizações das classes trabalhadoras" (art. 13, alínea *c*). Essas diretivas não constituem apenas dimensões normativas, mas *orientações tático-estratégicas e ético-políticas.*

16. O processo de construção deste GTP, sua ementa, agenda de trabalho e uma sistematização do estado da arte da relação da profissão com os movimentos sociais está em Abramides, Duriguetto, Marques et al. (op. cit.) (2013).

Como explicita Iamamoto (2006, p. 176-7), interferimos nas relações sociais cotidianas no atendimento às mais variadas expressões da questão social vividas pelos indivíduos sociais no trabalho, nas necessidades de acesso aos serviços de saúde, habitação, assistência, nas violências e discriminações etc. Nesse contexto, há resistências e inconformismos às expressões da desigualdade. Um dos desafios da intervenção profissional é apreender as expressões que as desigualdades sociais assumem na vida dos sujeitos e fortalecer suas formas de resistência já existentes ou ainda ocultas, ou seja, o desvelamento das formas de organização e das potencialidades de mobilização e de luta.[17]

Essa apreensão pode abrir novos horizontes para o exercício profissional, no sentido de favorecer que nossas ações não se pautem pelo fornecimento de informações que levem à simples adesão dos sujeitos aos programas e projetos institucionais, à individualização do acesso a serviços e políticas que reforçam a perspectiva de subalternização e do apassivamento. Mas ao contrário: pode nos abrir a possibilidade interventiva de trabalhar nos sujeitos a busca da construção de estratégias coletivas para o encaminhamento de suas necessidades. Isso demanda, por exemplo, estimulá-los à participação em organizações e movimentos sociais ou fomentar a criação desses quando inexistem; desenvolver ações de mobilização e organização popular nos espaços em que atuamos pela viabilização da participação dos sujeitos no processo de elaboração e avaliação das políticas e dos serviços que operamos.

O mergulho no cotidiano das necessidades e das resistências também nos abre possibilidades programáticas de intervenção junto às organizações e as lutas desenvolvidas pelos trabalhadores: associações comunitárias, sindicatos, movimentos e lutas sociais pela reforma agrária, pela moradia, pelo reconhecimento dos direitos das mulheres, idosos, crianças e adolescentes etc. Podemos desenvolver

17. "É na tensão entre a re-produção da desigualdade e produção da rebeldia e resistência que atuam os assistentes sociais, situados em um terreno movido por interesses sociais distintos e antagônicos [...] (Iamamoto, 2008, p. 160).

ações de assessoria nessas organizações e lutas, na perspectiva de identificação de demandas, na discussão e na formulação de estratégias para defesa e acesso aos direitos; na importância da participação desses movimentos em fóruns, conselhos, conferências; no estímulo para se relacionarem com outros movimentos e organizações dos trabalhadores para a troca de experiências e formação de ações conjuntas etc.[18]

Nos espaços dos fóruns, conselhos de direitos, conferências, o assistente social pode contribuir para a discussão das políticas e para a construção de alternativas para suas reivindicações. Ressaltamos, ainda, a importância de socializarmos, nesses espaços, informações acerca das políticas em que atuamos, atribuindo transparência e visibilidade às situações de inexistência, oferta precária ou violação dos direitos[19]. Essa aliança e articulação com as diversas instâncias que representam os interesses populares é uma potencialização de caminhos que fortalecem o protagonismo político das demandas e interesses das classes subalternas nos espaços institucionais em que intervimos[20] (Duriguetto, 2012, p. 331-2).

Esse conjunto de possibilidades de intervenção nas expressões das desigualdades sociais e de suas resistências sociopolíticas, nos

18. Como elucida Helena Silvestre, militante do movimento Luta Popular no Estado de São Paulo, na articulação dos usuários das políticas "que são a base dos movimentos populares aos assistentes sociais é que se pode avançar em políticas que sejam construídas com base nas necessidades apontadas em luta pelos trabalhadores. E acrescenta, a partir do lugar em que o(a) profissional trabalha: "vamos construir uma rede clandestina de contatos com outras assistentes sociais de luta para atuarmos em suas regiões. Quando uma assistente social souber de um despejo, ela nos avisa e nós chegamos antes da polícia para organizar a resistência" (Abramides e Duriguetto, 2011, p. 279-80).

19. Essas prospectivas interventivas são postas nos documentos "Parâmetros para a Atuação de Assistentes Sociais na política de Assistência Social" e "Parâmetros para a Atuação de Assistentes Sociais na Saúde". Brasília: CFESS, 2009.

20. Essa relação do exercício profissional com as lutas sociais "tensionam as correlações de força institucional por colocarem novas requisições que desafiam os procedimentos institucionais que individualizam o acesso aos direitos sociais" assim como "trazem novas temáticas, instrumentos e conhecimentos que enriquecem o perfil profissional do Serviço Social [...] o trabalho junto aos sem-terra nos aproxima do complexo debate da questão agrária; os sem-teto e os movimentos urbanos nos conduzem à problemática da especulação do solo urbano e sua relação com os processos de espoliação urbana" [...]. Marro, Pessoa, Macedo et al. (2012).

diferentes espaços sócio-ocupacionais, pode nos conduzir a prospectivas teórico-metodológicas, ético-políticas e técnico-operativas *para além das políticas* que intervimos, o que nos ajuda a enfrentar processos que vêm formando uma cultura profissional que tende a dar primazia à ação prática e aplicada no âmbito imediato e circunscrito aos limites das demandas institucionais posta à profissão. Ou seja, implica em criarmos *ações e relações* no sentido da promoção e do fortalecimento das organizações e lutas coletivas dos trabalhadores. Essas possibilidades fortalecem o tensionamento do projeto profissional para a sua direção construída pela profissão nos últimos 35 anos.[21]

O fortalecimento desta direção do projeto profissional está nos processos já construídos e em construção pelo Serviço Social brasileiro, como no compromisso das entidades representativas da categoria com as pautas de lutas das organizações e do conjunto dos movimentos sociais (campanhas e documentos do conjunto CFESS/CRESS; da ABEPSS, da Enesso); na hegemonia das referências na tradição marxista da produção teórico-acadêmica; no protagonismo político de assistentes sociais em espaços de organização e de lutas sociais, como nos cursos de formação desenvolvidos pelas parcerias entre a Escola Nacional Florestan Fernandes (ENFF) e os cursos de Serviço Social; nos cursos de graduação de Serviço Social da Terra; nas lutas contra o racismo, a homofobia e o patriarcado; nas lutas pela reforma agrária, por moradia, pelo reconhecimento dos direitos das mulheres, idosos, crianças e adolescentes, população LGBT, índios(as), negros(as), pessoas com deficiência etc.; na militância em partidos políticos de esquerda, frentes populares, sindicatos por ramos de atividade, entre outros; na participação crítica de assistentes sociais nos conselhos de direitos, fóruns temáticos, conferências etc.; quando lutamos e denunciamos a criminalização da pobreza e das lutas; quando recusamos

21. Ou seja, a necessidade e a importância de se [...] reassumir o trabalho de base, de educação, mobilização e organização popular, organicamente integrado aos movimentos sociais e instâncias de organização política de segmentos e grupos sociais subalternos [...] (Iamamoto, 2008, p. 200).

remoções e intervenções forçadas; quando combatemos as discriminações; quando participamos de mobilizações populares e atos públicos; quando investimos para uma formação profissional pública, presencial e qualificada; quando fortalecemos nossas entidades representativas —ABEPSS, CFESS-CRESS E Enesso.

Indicações conclusivas

Os processos de restauração do capital impactam regressivamente as condições que permitem a criação de mediações teórico-operativas do projeto profissional nos diferentes espaços sócio-ocupacionais. Entretanto, a categoria profissional, há mais de três décadas, vem acumulando conhecimentos que nos capacitam a apreender a realidade para além do imediato, superando a naturalização das desigualdades sociais e as compreendendo em uma perspectiva histórica e de totalidade. Conhecimento que, também, indica-nos uma clara defesa dos interesses, necessidades e projetos societários das classes subalternas e de suas organizações e movimentos.

Temos, assim, um patrimônio de rupturas com o conservadorismo, que nos coloca em sintonia com a defesa e com a construção de uma *vida cotidiana cheia de sentidos* para a humanidade. Nosso projeto profissional chama-nos a sermos *sujeitos* nas lutas pela construção desses cotidianos, que traduzem a sintonia com os conteúdos da emancipação humana. Nosso projeto nos possibilita sermos *sujeitos profissionais com uma função teórico-metodológica e ético-política a desempenhar na sociedade.* Para tanto, um dos nossos desafios é o de nos constituir como sujeitos profissionais *críticos, comprometidos e propositivos*. Isso nos convoca a superar os limites de sermos apenas sujeitos institucionais executores de políticas, o que implica em irmos para além das políticas e serviços que operarmos e nos sintonizarmos com o horizonte das necessidades e das lutas dos sujeitos que demandam nossa intervenção.

Referências

ABRAMIDES, M. B.; CABRAL, M. S. *O novo sindicalismo e o Serviço Social*. São Paulo: Cortez, 1995.

______. DURIGUETTO, M. L.; MARQUES, M. et al. Relatório Síntese do GTP Movimentos Sociais e Serviço Social. *Temporalis*, Brasília, ano 13, n. 26, 2013.

______. Entrevista com Helena Silvestre — Militante do Movimento Luta Popular. *Temporalis*, n. 21, 2011.

BEHRING, E. França e Brasil: realidades distintas da proteção social, entrelaçadas no fluxo da história. *Serviço Social & Sociedade*, n. 113, 2013.

BRAGA, R. *A restauração do capital:* um estudo sobre a crise contemporânea. São Paulo: Xamã, 1996.

______. *A política do precariado*. São Paulo: Boitempo, 2012.

DURIGUETTO, M. L. *Sociedade civil e democracia*: um debate necessário. São Paulo: Cortez, 2007.

______. Ofensiva capitalista, despolitização e politização dos conflitos de classe. *Temporalis*, n. 16, 2008.

______. Conselhos de Direitos e intervenção profissional do Serviço Social. In: BRAVO, M. I.; MENEZES, J. (Orgs.). *Saúde, Serviço Social, movimentos sociais e conselhos*. São Paulo: Cortez, 2012.

______; BALDI, L. Serviço Social, mobilização e organização popular: uma sistematização do debate contemporâneo. *Katálysis*, v. 15, n. 2, 2012.

______; BAZARELLO, R.; AZEVEDO, T. Serviço Social e movimentos sociais: uma análise da revista Serviço Social & Sociedade. *Relatório de Pesquisa*, FSS/UFJF, 2014.

IAMAMOTO, M. V. *Renovação e conservadorismo no Serviço Social*. São Paulo: Cortez, 2004.

______. As dimensões ético-políticas e teórico-metodológicas no Serviço Social contemporâneo. In: MOTA, A. E. et al. *Serviço Social e Saúde*. São Paulo: Cortez, 2006.

______. *Serviço Social em tempo de capital fetiche*. São Paulo: Cortez, 2008.

LEAL, P. R. F. *O PT e o dilema da representação política*. Rio de Janeiro: FGV, 2005.

MARQUES, M. G. A relação do Serviço Social com os movimentos sociais na contemporaneidade. ENPESS, 12., *Anais*..., 2010, Rio de Janeiro, ABEPSS. [CD-Rom.]

MARRO, K.; PESSOA, N.; MACEDO, P. et al. *A participação do Serviço Social em experiências de formação dos movimentos sociais das classes subalternas*. Juiz de Fora: ENPESS, 2012.

MATTOS, M. B. *Reorganizando em meio ao refluxo*. Rio de Janeiro: Vício de Leitura, 2009.

MOTA, A. E. (Org.). *O mito da assistência social*. São Paulo: Cortez, 2008.

NETTO, J. P. A conjuntura brasileira: O Serviço Social posto à prova. *Serviço Social & Sociedade*, n. 79, 2004.

______. *Ditadura e Serviço Social*. São Paulo: Cortez, 2007.

______. Crise do capital e consequências societárias. *Serviço Social & Sociedade*, n. 111, 2012.

RAICHELIS, R. Considerações a respeito da prática do Serviço Social em movimentos sociais. *Serviço Social & Sociedade*, n. 8, 1982.

SALVADOR, E. Fundo público e políticas sociais na crise do capitalismo. *Serviço Social & Sociedade*, n. 104, 2010.

SILVA E SILVA, M. O. *O Serviço Social e o popular*. São Paulo: Cortez, 2002.

______. Trinta anos da revista Serviço Social & Sociedade: contribuições para a construção e o desenvolvimento do Serviço Social no Brasil. *Serviço Social & Sociedade*, n. 100, 2009.

2

O caráter pedagógico da intervenção profissional e sua relação com as lutas sociais

Josefa Batista Lopes*
Marina Maciel Abreu**
Franci Gomes Cardoso***

1. Introdução

Neste artigo, com o tema proposto pelas organizadoras da coletânea "Movimentos Sociais e Serviço Social — uma relação necessária",

* Assistente social; professora aposentada do Departamento de Serviço Social, vinculada ao corpo permanente do Programa de Pós-Graduação em Políticas Públicas/UFMA; doutora em Serviço Social na Pontifícia Universidade Católica de São Paulo/PUC-SP.

** Assistente social; professora aposentada do Departamento de Serviço Social, vinculada ao corpo permanente do Programa de Pós-Graduação em Políticas Públicas/UFMA; doutora em Serviço Social na Pontifícia Universidade Católica de São Paulo/PUC-SP.

*** Assistente social; professora aposentada do Departamento de Serviço Social, vinculada ao corpo permanente do Programa de Pós-Graduação em Políticas Públicas/UFMA; doutora em Serviço Social na Pontifícia Universidade Católica de São Paulo/PUC-SP. Pós-doutorado no Programa de Pós-Graduação em Serviço Social da Universidade Estadual do Rio de Janeiro/UERJ.

fazemos um recorte das pesquisas que realizamos no Brasil sobre o Serviço Social como profissão e área de conhecimento, configurando uma totalidade histórica constituída de quatro dimensões: formação, intervenção, produção de conhecimento e organização política da categoria profissional, vinculadas organicamente.[1] A análise, portanto, em conformidade com o tema, é centrada na dimensão interventiva profissional, resgatando sua função pedagógica e a relação profissional com as lutas sociais, a partir dessa dimensão. Central na definição da natureza e identidade do Serviço Social, a intervenção profissional articula e determina as demais dimensões, em que pese a especificidade e a autonomia, que é relativa,[2] de cada uma delas.

Na elaboração do artigo, recuperamos análises e teses expostas em diversos textos das autoras, mas tendo como principal referência o livro de Marina Maciel Abreu, *Serviço Social e organização da cultura: perfis pedagógicos da prática profissional* (2002). Encontram-se aqui as principais ideias que apresentamos sobre a função pedagógica da intervenção profissional do assistente social e a relação profissional com as lutas sociais. A ideia força de que a intervenção profissional do assistente social exerce uma função pedagógica em suas relações na sociedade funda-se na tese do pensador marxista Antonio Gramsci de que todas as relações sociais são relações pedagógicas (Gramsci, 1999, p. 399). O Serviço Social particulariza-se no movimento real totalizante da práxis a partir das mediações que determinam a sua institucionalização e desenvolvimento como um tipo de prática de cunho eminentemente socioeducativo, no enfrentamento da questão social pelas classes sociais em confronto (Abreu, Cardoso e Lopes, 2014); como profissão inscrita na divisão sociotécnica do trabalho (Iamamoto e Carvalho, 1982), surge, portanto, em relação orgânica

---

1. Ver Abreu (2002), Lopes (1998) e Cardoso (2007), dentre outras obras das autoras.

2. As demais dimensões (formação, produção de conhecimento e organização política da categoria profissional) respondem a necessidades postas pela intervenção profissional, mas, com função de direção, atuam sobre ela a partir do confronto autônomo com as diferentes correntes de pensamento e na correlação de forças na sociedade.

com a luta das classes, no âmbito das estratégias de controle do capital pelas classes dominantes, como demanda dessas classes que precisavam atender necessidades básicas das classes subalternas, trabalhadoras cuja organização política avançava desde a segunda metade do século XIX, acirrando a questão social. Essa relação, assim, não é imediata, mas mediada[3] por um complexo de determinações históricas que criaram e institucionalizaram a profissão, formando profissionais e criando-lhes um mercado de trabalho. É como funcionário das instituições empregadoras que o profissional se relaciona com as lutas sociais no processo de intervenção profissional no cumprimento de demandas dessas instituições, onde, *como funcionário é* trabalhador. E como trabalhador coloca-se para o profissional a questão da identidade de classe na relação com os grupos sociais que necessitam dos serviços prestados por essas instituições e que pertencem, fundamentalmente, à classe trabalhadora.

Com o objetivo de contribuir para o debate sobre a temática, o artigo é desenvolvido através de dois eixos. O primeiro que oferece elementos para a compreensão da função pedagógica na dimensão interventiva do Serviço Social como totalidade histórica, destacando a práxis e o princípio educativo como fundamentos da intervenção profissional que é a ideia força da análise. O segundo eixo oferece elementos de análise sobre as principais mediações da relação profissional com as lutas sociais no Brasil na atual fase do capitalismo e a questão pedagógica. Neste eixo, partimos de indicações históricas sobre o enfrentamento da contradição fundamental da profissão na relação com as classes sociais no país; ressaltamos o movimento no qual os profissionais vêm construindo estratégias e mecanismos de vinculação com as classes subalternas, os trabalhadores e à perspectiva histórica de emancipação dessas classes e da humanidade, a partir do final da década de 1970 e as condições objetivas desse movimento

3. A partir de Gramsci (2000, p. 20), pensamos o profissional de Serviço Social na categoria dos intelectuais, cuja relação com "o mundo da produção não é imediata, como ocorre no caso dos grupos fundamentais, mas é 'mediatizada' em diversos graus, por todo o tecido social, pelo conjunto das superestruturas, do qual os intelectuais são precisamente os 'funcionários'".

na atual fase do capitalismo. Destacamos como principais mediações: a) a questão Social como referência histórica da intervenção profissional, com ênfase nas instituições de controle social e na formação da cultura profissional; b) o mercado de trabalho profissional, ressaltando a centralidade da assistência na formação da cultura profissional; c) a organização política dos profissionais como força mediadora na formação do sujeito coletivo, articulador autônomo frente ao mercado de trabalho na relação profissional com as lutas sociais.

2. A função pedagógica na dimensão interventiva do Serviço Social como totalidade histórica: a práxis e o princípio educativo como fundamentos

O Serviço Social como profissão e área de conhecimento, como dito, expressa uma totalidade em menor nível de complexidade, ou seja, uma síntese das relações constituídas e constitutivas das suas dimensões (formação, intervenção, produção de conhecimento e organização político-acadêmica) mediante as quais se materializa nas relações sociais.

Sob o ponto de vista da práxis,[4] cada dimensão traduz uma totalidade ainda em menor nível de complexidade, síntese das relações

4. A categoria práxis, neste trabalho, entendida como fundamento ontológico da natureza do Serviço Social como profissão e área de conhecimento, representa no pensamento marxiano a categoria mais geral que dá conta da totalidade da prática social ou objetivações humanas na produção material e imaterial, na produção e reprodução da sociedade, produção e reprodução da vida social. É, portanto, uma totalidade histórica. Pela práxis, como "atividade humana sensível" (Marx, 1993, p. 11) e fundamento da vida social, o homem é transformado em sujeito histórico, pois é na práxis que ele "deve demonstrar a verdade, isto é, a realidade e o poder, o caráter terreno de seu pensamento." (Marx, 1993, p. 12). A vida social processa-se por meio da atividade prática sensível dos homens, como sujeitos históricos, que a realizam sempre no âmbito e através de um conjunto de mediações que determinam a sua inserção particular na totalidade das relações sociais ao mesmo tempo em que exercem influência sobre as mesmas. O trabalho é a principal dessas mediações, pois expressa a forma que a práxis assume em sua origem, mas não a esgota. [...] assim, a práxis, partindo do trabalho, vai além dele, "afirmando

estabelecidas entre as demais, determinadas pelas múltiplas mediações que as formam e as particularizam na unidade dessas relações.[5] Historicamente, o enfrentamento da questão social integra as estratégias de racionalização da produção e reprodução das relações sociais e do exercício do controle social, concretizadas fundamentalmente por meio de políticas sociais, principalmente a assistência e, ainda de forma reduzida, nos processos de luta e resistência das classes subalternas, trabalhadoras.

Nessas mediações, a função pedagógica que exerce na dimensão interventiva apresenta-se diversificada pelos vínculos contraditórios que estabelece com os projetos societários das classes sociais que na sociedade disputam a hegemonia e materializa-se por meio dos efeitos da ação profissional na maneira de pensar e agir dos sujeitos envolvidos nos processos interventivos. Tais processos, sob a forma da prestação de serviços de ordem material e ideológica, incidem na reprodução física e subjetiva desses segmentos e na própria constituição como profissão. Através do exercício desta função, a profissão inscreve-se no campo das atividades formadoras da cultura, constituindo-se elemento integrante da dimensão político-ideológica das relações de hegemonia, base em que gesta e desenvolve a própria cultura profissional.

Na análise sobre o americanismo e fordismo, Gramsci (2001) desenvolve a noção de cultura como modo de viver, de pensar e de sentir a vida, indissociável dos métodos de trabalho (Gramsci, 2001, p. 266), isto é, sociabilidade constituída na luta pela hegemonia, considerando o nexo orgânico entre a racionalização da produção e do trabalho e a formação de uma ordem intelectual e moral, movimento no qual se inscrevem as relações pedagógicas.

Esse ponto de vista sustenta-se na tese gramsciana de que "toda relação de 'hegemonia' é necessariamente uma relação pedagógica",

---

potencialidades que se multiplicam num sujeito que se diferencia [...] e cria valores que o trabalho, por si, não pode criar" (Konder, 1992, p. 126).

5. As diferentes dimensões do complexo profissional são mediações fundamentais formadoras da cultura profissional, o modo de pensar e agir dos profissionais.

não a limitando "às relações especificamente 'escolares'", situa-a "em toda a sociedade em seu conjunto..." (Gramsci, 1999, p. 399). Esse pensador e militante marxista aprofunda, em sua análise, a ideia de que

> o conceito e o fato do trabalho (da atividade teórico-prática) é o princípio educativo imanente à escola primária, já que a ordem social e estatal (direitos e deveres) é introduzida e identificada na ordem natural pelo trabalho (Gramsci, 2000, p. 43).

Sob a ordem do capital, o trabalho abstrato, alienado, é o princípio educativo na organização de uma nova cultura, um modo de vida adequado às necessidades e imperativos da racionalização da produção e do trabalho, consubstanciado na formação de certo tipo de homem, o trabalhador, que representa a mudança de uma personalidade histórica, que assim é expressão de todo o complexo social (Gramsci, 2000, p. 45).

Desse modo, em relação ao padrão fordista/taylorista, é ilustrativa a metáfora do "gorila amestrado", que, segundo Gramsci (2001, p. 266), expressa com brutal cinismo o objetivo da sociedade americana:

> desenvolver seu grau máximo, no trabalhador, os comportamentos maquinais e automáticos, quebrar a velha conexão psicofísico do trabalho profissional qualificado, que exigia uma certa participação ativa da inteligência, da fantasia, da iniciativa do trabalhador, e reduzir as operações produtivas apenas ao aspecto físico maquinal.

Na atual fase do capitalismo, alteram-se os protocolos organizacionais da produção e do trabalho nos moldes da experiência da fábrica japonesa, na configuração de um "novo" padrão de acumulação, marcado pela chamada "acumulação flexível" (Harvey, 1994), que impõe a necessidade de um novo conformismo social — equilíbrio psicofísico — para a formação de uma cultura adequada às condições atuais do processo produtivo e do trabalho. Nessas condições, forja-se um novo tipo de trabalhador, pela necessidade de obtenção do seu consentimento ativo à nova racionalidade produtiva. Esse consentimento efetiva-se através da mobilização da subjetividade e cooperação do trabalhador, tendo como principais mediações as articulações entre a política de privatização e a formação de um consenso entre forças antagônicas encerrado em interesses econômico-corporativos, ou seja, em uma vontade corporativa, como bem assinalou Mota (1995), referindo-se à vontade ancorada no fracasso das experiências coletivistas do socialismo real e numa suposta democratização das relações entre capitais e entre estes e o trabalho.

As mudanças na racionalidade produtiva e do trabalho resultam do movimento contraditório entre estrutura e superestrutura, em suas expressões em um momento histórico específico e que exige um conformismo social.[6] O conformismo social supõe um equilíbrio psicofísico mecânico, imposto pelos interesses da acumulação do capital, e, por isso, base de uma cultura alienada, subalternizadora; ou pode ser proposto pelo próprio trabalhador, com meios apropriados e originais, trata-se de um conformismo dinâmico, na perspectiva de uma nova sociedade e cultura emancipadas.

A função pedagógica que o Serviço Social exerce na dimensão interventiva reflete estratégias pedagógicas que se definem a partir dos projetos socioeducativos e de controle social das classes sociais e são reelaboradas nas condições históricas da intervenção profissional em diferentes modalidades e perfis (Abreu, 2002). Distinguimos na trajetória do Serviço Social na sociedade brasileira estratégias pedagógicas assimiladas pela profissão, que traduzem modalidades de

6. Sob o ponto de vista do padrão fordista/taylorista, segundo Gramsci (2001, p. 267) — referindo-se à organização da cultura do americanismo sob a hegemonia da burguesia industrial — o conformismo supõe um equilíbrio psicofísico puramente mecânico, que consubstanciou a formação do trabalhador fordiano, bem traduzido na metáfora taylorista do "gorila amestrado". Não se expressa, portanto, como uma "segunda natureza", na medida em que apenas visou a impedir o colapso fisiológico do trabalhador esgotado pelo novo método de produção. O estabelecimento de um novo conformismo surgido da classe trabalhadora — um tipo diferente e indubitavelmente superior — supõe um novo equilíbrio psicofísico, em que a coerção interna de organização do eu interior é parte de um novo tipo de humanismo. Trata-se de um "conformismo dinâmico que não somente adapta o indivíduo ao ambiente, mas o educa para dominá-lo. Graças a esse conformismo, o automatismo converte-se em liberdade, a liberdade converte-se em responsabilidade e personalidade" (Manacorda, 1990, p. 283)

inserção profissional no movimento de organização/reorganização da cultura na luta pela hegemonia e configuram perfis pedagógicos da prática profissional. São elas: as pedagogias da "ajuda" e da "participação" vinculadas à cultura do conservadorismo e marcas do projeto profissional tradicional sob a orientação norte-americana; e a busca de vinculação à proposta de construção da pedagogia de resistência e emancipatória, própria da formação da nova subjetividade da classe trabalhadora, consciência da classe — elemento central de uma nova e superior cultura —, que orienta e desafia o projeto ético-político profissional em construção desde os anos 1980. Tais perfis não se sucedem na história do Serviço Social, mas revelam tendências construídas e reconstruídas pela profissão em sua inserção nas relações sociais, profundamente metamorfoseadas na atual fase do capitalismo em decorrência das transformações na economia e na ideologia em todo o mundo, sob a orientação do neoliberalismo.

> Na economia, com a reestruturação das relações de produção e de trabalho, hegemonizada pelo capital financeiro, o capital rentista. E, no campo ideológico, a contrarrevolução burguesa orientou a reforma dos Estados nacionais para sustentar e responder às demandas da nova fase da economia; ao mesmo tempo forjava a cultura e a ideologia da chamada pós-modernidade que lhe corresponde, com reorientação em todas as instâncias de sua formação, garantindo, assim, a unidade entre economia e política (Abreu; Cardoso e Lopes, 2014).

Com essas mudanças impõem-se a atualização e o revigoramento das posturas pedagógicas tradicionais subalternizantes — a "ajuda" e a "participação" — consubstanciadas da ideologia da "solidariedade" indiferenciada entre classes antagônicas, no bojo da chamada "cultura da qualidade" que respondem às necessidades de dissimulação das contradições entre classes e do controle persuasivo do trabalhador.

Tais posturas são acionadas na intervenção profissional para o enquadramento dos sujeitos nas exigências legais e normas institucionais de acesso aos serviços prestados nos estreitos limites impostos pelo padrão de acumulação, que negam diretos e alimentam uma visão acrítica e legitimadora desse sistema. Nessa perspectiva, a pedagogia embutida na política de assistência fortalece a despolitização e cooptação dos usuários e contribui para a debilitação e inibição de formas de resistência e pressão em torno dos interesses imediatos e históricos da classe.

Os desafios da função pedagógica na dimensão interventiva na perspectiva emancipatória tornam-se ainda mais complexos se considerarmos a complexidade dessa dimensão, seja enquanto base da definição da natureza e identidade do Serviço Social e a expressão primeira e a mais complexa na especificidade das quatro dimensões (formação, intervenção, produção de conhecimento e organização político-acadêmica), como dito, constitutivas da profissão como uma totalidade histórica; seja pelas tensões do mercado de trabalho na atualidade, postas pela precarização que se intensifica com a "flexibilização" das relações de trabalho, privatização das políticas sociais tendo a assistência a pobres como centralidade e, pelo profundo imbricamento ao sistema de controle dominante no atendimento de necessidades contraditórias das classes sociais, em que o Estado mantém-se como principal empregador; seja pelas implicações do enfraquecimento das próprias condições da classe trabalhadora de elaboração de sua estratégia político-cultural na luta pela hegemonia, postas pelas inflexões nas bases materiais e político-ideológicas da organização e luta dos trabalhadores.

Nesse quadro, coloca-se a necessidade da resistência pela sustentação do Projeto Ético-Político Profissional que impõe o avanço da criação/recriação de estratégias de intervenção profissional vinculadas ao movimento de rearticulação de forças na perspectiva da emancipação humana, que perpassam e reorientam a formação, a produção do conhecimento e a organização política dos profissionais.

Nessa direção, a intervenção profissional requisita a permanente atualização pedagógica, inspirada na construção cotidiana da pedagogia de resistência e emancipatória, própria da formação da nova subjetividade da classe, consciência da classe no confronto com as forças conservadoras e do retrocesso revigoradas na sociedade e na profissão.

3. Principais mediações da relação profissional com as lutas sociais no Brasil na atual fase do capitalismo e a questão pedagógica

A questão das mediações[7] é fundamental na relação profissional com as lutas sociais, como para todas as relações sociais, considerando-se que no sistema de metabolismo social do capital, como diz Antunes (1999, p. 19):

> Os seres sociais tornaram-se mediados entre si e combinados dentro de uma totalidade social estruturada, mediante um sistema de produção e intercâmbio estabelecido. Um sistema de mediações de *segunda ordem* sobredeterminou suas mediações primárias básicas, suas mediações de *primeira ordem*.[8]

É complexa a questão e não trataremos aqui de toda essa complexidade. Apenas apontamos como uma referência importante de nossas análises. E nessa direção destacamos que o Serviço Social como profissão é, ela própria, uma mediação no sistema de mediações de *segunda ordem*. E, por conseguinte, a relação profissional com as lutas sociais, como já demonstrado, é intrínseca ao Serviço Social como profissão. Essa relação é o fundamento primeiro de sua origem em um momento de acirramento da questão social, sintetizada no confronto das classes sociais, entre dominados e dominadores na sociedade capitalista.

---

7. Temos presente na análise a importância da compreensão da mediação como categoria. Para um estudo específico sobre *mediação*, ver Marx (1987, p. 7) na sua análise sobre "A relação geral da produção com a distribuição, troca e consumo".

8. Sobre as mediações de *segunda ordem* e *primeira ordem*, ver Mészáros (2002, p. 179) e Antunes (1999, p. 20).

No enfrentamento da questão social, o capital que por sua natureza só pode ser controle, em virtude de ser constituído "como um corpo reificado separado e em oposição ao próprio corpo social" (Mészáros, 2002, p. 991), ao qual tudo, inclusive os seres humanos, deve se adaptar, tem a necessidade de atualizar e adequar permanentemente o sistema global de controle.

Nesse processo, o Estado é a principal mediação do sistema de controle do capital enquanto "estrutura totalizante do comando político do capital" (Mészáros, 2002, p. 106) à qual estão submetidas as instituições sociais, como instâncias do exercício do controle, dentre as quais se sobressaem as "mais tradicionais": a família, a educação e a religião (Mészáros, 2002). Tais instituições, hoje em crise, refletem a própria crise do sistema global de controle, em decorrência das contradições da produção destrutiva do sistema capital, que denunciam os seus próprios limites estruturais. O fato desse sistema não ter limites para sua expansão configura-se ontologicamente incontrolável e autodestrutivo. Como destaca Mészáros (2002, p. 1009), o capital "é incapaz de cumprir as funções vitais que supostamente deve realizar na totalidade do intercurso social" e quanto mais "controla (diretamente), menos controla (efetivamente) enfraquecendo e finalmente destruindo até mesmo os mecanismos de 'correção'" (Mészáros, 2002, p. 1009).

Com vínculos históricos a essas mediações desde a sua origem, e tendo as instituições sociais prestadoras de serviços sociais como espaços privilegiados de atuação no mercado de trabalho, o Serviço Social como profissão exerce função mediadora no exercício do controle social e move-se na relação entre o processo de transferência do controle para o capital e a re-transferência ao corpo social como um todo, pela tendência objetiva inerente às próprias contradições do desenvolvimento do capital em todas as esferas e das formas de resistência e luta da classe trabalhadora que apontam para a perspectiva de construção de um sistema de controle alternativo ao controle do capital nos marcos dos processos de construção de alternativas à ordem do capital. Desse ponto de vista, a profissão atua sobre os processos sociais de transformação mas é, sobretudo, objeto desses processos e também se transforma.

Nesse movimento, a função pedagógica que o Serviço Social exerce na dimensão interventiva está profundamente imbricada às estratégias de controle social, mediadas pelo mercado de trabalho profissional cujas contradições abrem a possibilidade de construção pelos assistentes sociais de estratégias de vinculação com as classes subalternas, os trabalhadores, na direção da perspectiva de emancipação dessas classes e da humanidade.

A busca dessa vinculação, materializada no Projeto Ético-Político Profissional em construção desde os anos 1980, pode ocorrer a partir de duas referências institucionais distintas. A primeira refere-se à intervenção profissional do assistente social, realizada nas instituições de organização autônoma da classe trabalhadora, como empregadora desses profissionais; e a segunda diz respeito à prática que o assistente social desenvolve junto a essas instituições e no movimento de organização da classe trabalhadora, a partir de outras instituições da prática profissional (Cardoso e Lopes, 2009).

Verifica-se, a partir dos anos 1990, um redimensionamento do mercado de trabalho do assistente social[9] materializado, principalmente, através de mudanças referentes a: I) ao perfil das instituições empregadoras dos assistentes sociais, reconfiguradas a partir da contra-reforma neoliberal do Estado, no bojo das estratégias de privatização das políticas sociais em que, paradoxalmente, a assistência é fortalecida como política pública no sistema de Seguridade Social e se con-

9. As metamorfoses do mercado de trabalho dos assistentes sociais são aqui consideradas em relação ao quadro que se configurou no país nos anos 1980, como mostra a análise de Netto (1991) sobre a consolidação nacional do mercado de trabalho desses profissionais. O autor parte da análise de Iamamoto e Carvalho (1982), de que esse mercado "tem seus mecanismos originais deflagrados em meados dos anos quarenta (quase uma década depois da fundação das primeiras escolas de Serviço Social, portanto), no bojo do processo de 'desenvolvimento das grandes instituições sociais', implementadas no ocaso do Estado Novo" (Iamamoto; Carvalho, 1982, p. 241). Referem-se às grandes instituições de assistência social, com destaque para a Legião Brasileira de Assistência Social (LBA), em 1942; o Serviço Nacional de Aprendizagem Industrial (Senai), no mesmo ano; e o Serviço Social da Indústria (Sesi), em 1946 (Iamamoto, 1982, p. 255).

solida o "terceiro setor" no enfrentamento da questão social;[10] II) a reconfiguração dos postos de trabalho em decorrência da flexibilização das relações de trabalho, com destaque para a terceirização que abarca acentuadamente as atividades consideradas secundárias ou de apoio e o aprofundamento dos processos de precarização das condições de trabalho com a intensificação da exploração da força de trabalho.

Tais mudanças, em um contexto de arrefecimento dos movimentos operários e de massa, incidem profundamente na cultura profissional, ou seja, no modo de pensar e agir dos assistentes sociais em sua inserção nas relações sociais, e fortalecem as condições de retrocesso profissional, em particular se considerarmos que a assistência social impõe-se para o Serviço Social, desde a sua origem, como uma das principais áreas de intervenção e mercado de trabalho dos assistentes sociais, com repercussão em todas as dimensões da profissão. Nestas condições é revigorada a ideologia da assistência que repõe o assistencialismo, prática ineliminável do capitalismo. Tem-se que a ideologia da assistência penetra a subjetividade dos profissionais e dos estudantes de Serviço Social em um processo que incide profundamente na cultura profissional, orientada, na prática, pela despolitização da questão da pobreza e da desigualdade (Lopes, 2009, p. 25).

Impõe-se nesse processo a mediação da organização política profissional como força mediadora na formação do sujeito coletivo, articulador autônomo frente ao mercado de trabalho na relação profissional com as lutas sociais sob a orientação do projeto histórico de emancipação da classe trabalhadora e de toda a humanidade. Na dinâmica mais geral da luta de classes e o avanço das lutas sociais, a articulação é mediada pelas *instituições de organização da classe trabalhadora, dos grupos sociais em luta por direitos e na construção de alternativas emancipadoras*; até mesmo novos espaços de intervenção profissional nessas instituições ou em articulação com elas são criados. A experiência do Serviço Social brasileiro, a partir do final da década de 1970, é bastante expressiva nesse sentido.

---

10. Sobre o debate referente ao "terceiro setor" e questão social, consultar Montaño (2002).

No quadro complexo na atual fase do capitalismo em que no Brasil se destaca a mediação do Estado, sob o PT no governo desde a eleição de Lula para a Presidência da República, a resistência em defesa do projeto ético-político do Serviço Social, orientado pela perspectiva da emancipação, coloca um imenso desafio no enfrentamento dos dilemas cotidianos na concretização dessa perspectiva nos espaços institucionais do exercício profissional nos quais se incluem as instituições de formação acadêmica e profissional, no atual momento, um importante eixo de tensão e de luta para além do Serviço Social (Abreu e Lopes, 2007); como, aliás, é a luta em relação à multiplicidade de eixos de resistência em defesa desse projeto que, efetivamente, é uma luta em defesa da perspectiva de emancipação da classe trabalhadora e de toda a humanidade. É um desafio que se impõe para os profissionais e estudantes de Serviço Social, comprometidos com essa perspectiva, e tem sua principal referência orgânica nas entidades de organização acadêmica e profissional dos assistentes sociais e estudantes de Serviço Social: a Associação Brasileira de Ensino e Pesquisa em Serviço Social (ABEPSS), o Conselho Federal de Serviço Social (CFESS) e a Entidade Nacional dos Estudantes de Serviço Social (Enesso). Mas essa resistência não se organiza aí de modo mecânico. Apesar de muito fortes e onde os setores progressistas e de esquerda da profissão asseguraram hegemonia há mais de 30 anos, não se pode perder de vista uma possibilidade de retrocesso na direção dessas instituições, no âmbito das atuais transformações em um processo de incidência na subjetividade dos sujeitos da profissão, os profissionais e estudantes de Serviço Social, e que podem se manifestar nas formas e instituições de organização desses sujeitos.[11] No movimento operário e sindical no Brasil, vimos o que ocorreu com a Central Única dos Trabalhadores (CUT); e mesmo na experiência das entidades de organização dos assistentes sociais, temos um exemplo na direção inversa até a "virada" no final da década de

---

11. É importante registrar o avanço que vem alcançando a rearticulação dos Sindicatos de Assistentes Sociais sob a coordenação da Federação Nacional dos Assistentes Sociais (FENAS), vinculada à CUT, portanto, organizando uma tendência ou tendências em um campo diverso daquele que vem articulando as forças hegemônicas desde o desmonte da ANAS.

1970: as duas entidades tradicionais, ABESS (atual ABEPSS) e CFAS (atual CFESS)[12] eram espaços de expressão do pensamento conservador hegemônico na profissão, embora se deva atribuir a elas o imenso legado em torno da organização da categoria.

Hoje estas entidades podem apresentar amplas e profundas conquistas em relação à vida acadêmica, da intervenção profissional e da organização política que elas representam. Grande parte dessas conquistas está consolidada e não sofre ameaça de retrocesso; mas grande parte, a ABEPSS, no âmbito da formação acadêmica, com sua base social de organização político-acadêmica nas universidades e instituições de ensino superior, tem uma ameaça latente, organizadora das condições para uma virada dessa natureza no momento atual: o ensino privado e, sobretudo, o ensino à distância, fortemente respaldado pela política nacional de educação, por cuja via a privatização e o ensino à distância avançam inclusive nas universidades públicas; e, portanto, também está na base da Entidade Nacional dos Estudantes de Serviço Social (ENESSO), atualmente bastante tensionada, no âmbito do movimento nacional dos estudantes, em particular em relação à União Nacional dos Estudantes (UNE), hoje atrelada ao governo Lula. O CFESS, que passou por significativas transformações, desde o III Congresso e, com a extinção da ANAS (Abramides e Cabral, 1995, p. 207), em 1989, tem assumido funções amplas, para além das estritas funções de controle do exercício da profissão, de caráter sindical e político na organização dos assistentes sociais,[13] mas é, por sua natureza, vinculada ao Estado, em face do que é importante destacar a importância da autonomia das entidades na luta social e política.

É, em particular, a conquista da força e hegemonia do pensamento crítico, marxista, orientador da inserção na luta pela emancipação

12. Trata-se de instituições de natureza profundamente diferentes, mas igualmente sujeitas à incidência das transformações. Ressalto aqui que o surgimento da Enesso é posterior a este processo. Naquele momento, os estudantes de Serviço Social estavam profundamente envolvidos na reorganização da UNE, perseguida e desarticulada pela ditadura militar.

13. Neste aspecto, cabe hoje uma análise específica sobre a extinção da ANAS (Abramides e Cabral, 1995, p. 207), considerando a metamorfose do PT, e aqui, em particular da CUT, no contexto das transformações contemporâneas.

das classes subalternas e da humanidade que está ameaçada, pelas condições atuais sobre as quais apenas apontamos, antes, indicações de reflexão que devem ser aprofundadas, através de pesquisas sistemáticas. Essas condições ameaçam, profundamente, essa conquista, também em todas as dimensões da vida profissional. Aí, na defesa e sustentação do pensamento crítico, marxista, encontra-se o eixo central da resistência histórica necessária.

4. Considerações finais

Uma análise cada vez mais necessária sobre a relação profissional com as lutas sociais que os pesquisadores de Serviço Social devem dar conta passa por uma análise da organização política dos assistentes sociais e as instituições dessa organização. Certamente mostrará o importante papel que elas vêm desenvolvendo, desde 1979, na construção e consolidação de um pensamento crítico no Serviço Social que tem por base o marxismo, com a consciência madura de que encontra aí os fundamentos e as explicações mais adequadas sobre as relações sociais e a questão social, referências concretas da prática profissional. Um papel que não foi difícil exercer com a sustentação das lutas sociais em ascensão até a década de 1990 e mesmo a partir daí, no contexto do neoliberalismo, quando contava com o PT como maior partido de esquerda, e a CUT como a maior central sindical na resistência a este movimento de reação do capitalismo na administração da crise do capital ocorrida na década de 1970. A adesão do PT e da CUT ao projeto econômico e ideológico do capital, agora como partes da engrenagem do Estado e do governo central, impõe desafios mais complexos do que os dois momentos anteriores desse período; até para bem compreender as contradições do governo Lula no qual a crise do capital que explodiu em 2008, igual ou maior que a crise de 1929, considerada até então a maior do século XX, encontrou um eficiente administrador, segundo demonstram os analistas e ideólogos do capital sem demonstrar quem pagou e está pagando os custos da crise: os trabalhadores.

São, certamente, desafios para os assistentes sociais e estudantes de Serviço Social, mas em particular para as instituições de organização da categoria, como sujeitos coletivos. Nesse processo, destaca-se a tarefa central de fortalecer os vínculos com as instituições de organização da luta social que permanecem na resistência contra o capital, como o MST, e avançar na inserção nos movimentos de rearticulação da organização classista dos trabalhadores, como a Coordenação Nacional de Lutas (Conlutas), e também a partidos de esquerda que contribuam para o avanço da resistência e a formação político-ideológica da classe trabalhadora e sua organização como classe, hoje representados pelo PSOL, o PSTU e o PCB. São movimentos em curso no Brasil e no mundo, dos quais se destacam processos na América Latina, como na Bolívia, Equador e Venezuela, que vêm apoiando a grande e profunda agonia da revolução cubana. Nesse processo, assume particular importância a Asociación latinoamericana de Trabajo Social (Alaeits) na articulação acadêmica e política do Serviço Social na América Latina, de certo com uma perspectiva estratégica no jogo contraditório das relações internacionais, sob a qual *a organização continental das profissões e seus profissionais, em vinculação com a organização de todos os trabalhadores* ganha significado e importância (Lopes, 1998) e tendo presente que, de acordo com Gramsci, "a situação internacional deve ser considerada no seu aspecto nacional. Realmente a conexão "nacional" é o resultado de uma combinação única (em certo sentido) e nessa originalidade e unicidade deve ser compreendida e concebida" (2000); e também que deve partir da especificidade e das demandas da profissão no continente.

Referências

ABRAMIDES, Maria Beatriz C.; CABRAL, M. do Socorro. *O novo sindicalismo e o Serviço Social*. São Paulo: Cortez, 1995.

ABREU, Marina Maciel. *Serviço Social e organização da cultura*: perfis pedagógicos da prática profissional. São Paulo: Cortez, 2002.

ABREU, Marina Maciel; LOPES, Josefa Batista. Formação profissional e diretrizes curriculares. *Inscrita*, ano VII, n. X, Brasília, CFES, 2007.

______; CARDOSO, Franci Gomes; LOPES, Josefa Batista. *Estratégias de intervenção em Serviço Social na perspectiva emancipatória na atual fase do capitalismo*. Texto submetido ao ENPESS, 2014.

ANTUNES, Ricardo. *Os sentidos do trabalho*. Ensaio sobre a afirmação e a negação do trabalho. São Paulo: Boitempo, 1999.

CARDOSO, Franci Gomes. Fundamentos históricos e teórico-metodológicos do Serviço Social: tendências quanto à concepção e organização de conteúdos na implementação das diretrizes curriculares. *Temporalis*, ano VII, n. 14, Brasília, ABEPSS, 2007.

______; LOPES, Josefa Batista. O trabalho dos assistentes sociais nas organizações da classe trabalhadora. In: CONSELHO FEDERAL DE SERVIÇO SOCIAL/ASSOCIAÇÃO BRASILEIRA DE ENSINO E PESQUISA EM SERVIÇO SOCIAL. *Serviço Social*: direitos sociais e competências profissionais. Brasília: CFESS/ABEPSS, 2009.

GRAMSCI, Antonio. *Cadernos do cárcere*. Rio de Janeiro: Civilização Brasileira, 1999. v. 1.

______. *Cadernos do cárcere*. Rio de Janeiro: Civilização Brasileira, 2000. v. 2.

______. *Cadernos do cárcere*. Rio de Janeiro: Civilização Brasileira, 2001. v. 4.

HARVEY, David. *Condição pós-moderna*. São Paulo: Loyola, 1994.

IAMAMOTO, Marilda Vilela; CARVALHO, Raul de. *Relações sociais e Serviço Social no Brasil*: esboço de uma interpretação histórico-metodológica. São Paulo: Cortez; Lima: CELATS, 1982.

KONDER, Leandro. *O futuro da filosofia da práxis*: o pensamento de Marx no século XXI. Rio de Janeiro: Paz e Terra, 1992.

LOPES, Josefa Batista. O Serviço Social na América Latina: nas malhas da modernização conservadora e do projeto alternativo de sociedade. Tese (Doutorado em Serviço Social) — Pontifícia Universidade Católica, São Paulo, 1998.

______. Os desafios, 30 anos depois. *Inscrita*, n. 12, Brasília, CFESS, 2009.

MANACORDA, Mario Alighiero. *O princípio educativo em Gramsci*. Porto Alegre: Artes Médicas, 1990.

MARX, Karl. *Introdução [à Crítica da Economia Política]*. São Paulo: Nova Cultural, 1987.

______. Teses sobre Feuerbach. In: MARX, Karl; ENGELS, F. *A ideologia alemã (Feuerbach)*. São Paulo: Hucitec, 1993.

MÉSZÁROS, István. *Para além do capital*. São Paulo: Boitempo, 2002.

MONTAÑO, Carlos. *Terceiro setor e questão social*: crítica ao padrão emergente de intervenção social. São Paulo: Cortez, 2002.

MOTA, Ana Elizabete. *Cultura da crise e seguridade social*: um estudo sobre as tendências da Previdência e da Assistência Social Brasileira nos anos 80 e 90. São Paulo: Cortez, 1995

NETTO, José Paulo. *Ditadura e Serviço Social*: uma análise do Serviço Social no Brasil pós-64. São Paulo: Cortez, 1991.

3

Cotidiano, Serviço Social e sua dimensão ideopolítica: prospectivas de ação

Amanda Guazzelli*
Ana Lívia Adriano**

1. Alguns apontamentos sobre a vida cotidiana

A recorrência ao tema da vida cotidiana não é algo recente no Serviço Social, o que, podendo evidenciar motivações teórico-práticas as mais diversas, parece explicitar que essa profissão não se afasta da cotidianidade, antes, responde às suas necessidades mais prementes, participando do processo de reprodução das relações sociais precisamente por meio da reprodução de uma dada cotidianidade.

* Assistente social; mestre em Serviço Social pela PUC-SP; professora do Curso de Serviço Social das Faculdades Metropolitanas Unidas (FMU).

** Professora da Escola de Serviço Social da Universidade Federal Fluminense (UFF).

Não raras vezes, o destaque ofertado à temática é aquele que trata da estrutura da vida cotidiana e suas características fundantes à luz da célebre abordagem de Heller (2000), nem sempre numa coerente articulação com a perspectiva ontológica marxiana;[1] de outra maneira, não parece incomum localizar referências bastante equivocadas à vida cotidiana como sinônimo de dia a dia, banalizando-a e contribuindo para justificativas que conformam as respostas profissionais em seus estreitos limites. Ainda que a apreensão da vida cotidiana a partir de sua estrutura e características fundantes, tais como a heterogeneidade, a hierarquia, o pragmatismo, a espontaneidade, o imediatismo, a imitação, a ultrageneralização, a entonação (Heller, 2000) seja fundamental também para a sua necessária crítica (Netto, 2000), a assimilação do *ser e sua totalidade* movida e movente na/da vida cotidiana é indispensável à sua compreensão. Tal assimilação — a que procuramos elucidar somente alguns aspectos nos apontamentos seguintes — contribui inclusive para clarificar a importância da ressignificação de conteúdos históricos na perspectiva de preencher a cotidianidade de humanização. Sob esta perspectiva, localizamos as lutas sociais — suas configurações, instrumentos e fundamentos — como um desses conteúdos. Partamos de uma anotação inicial de a *Sociología de la vida cotidiana*:

> Para reproduzir a sociedade é necessário que os homens particulares se reproduzam a si mesmos como homens particulares. *A vida cotidiana é o conjunto de atividades que caracterizam a reprodução dos homens particulares*, os quais, por sua vez, criam a possibilidade da reprodução social (Heller, 1991, p. 19; grifos nossos).[2]

1. Com isso queremos anotar que parece haver uma interpretação da vida cotidiana mais generalizada do ponto de vista de suas características fundantes (conforme ainda citaremos), expressando no campo do conhecimento e da reflexão o mesmo pragmatismo que lhe é inerente, sem necessariamente capturar o ser que se forma, move e se reproduz na estrutura da cotidianidade, na totalidade de suas dimensões.

2. O original encontra-se em espanhol; a tradução é de nossa inteira responsabilidade, tanto nesse trecho quanto em outros que eventualmente possam aparecer. Aproveitamos ainda para assinalar que nas produções de Heller (2000, 1991) aparecem os termos *particularidade* e *homem particular*, cujos significados equivalem, respectivamente, a *singularidade* e *homem singular*.

A possibilidade da reprodução social é consequência que se torna necessária no processo de desenvolvimento do homem como um ser cada vez mais genuinamente social, tendo no trabalho a atividade fundante de tal processo. Como ser que se autoproduz de forma livre e consciente pelo trabalho,[3] o homem constrói a si mesmo como ser genérico precisamente pelo conjunto de objetivações que cria: a produção de necessidades e possibilidades de satisfazê-las como expressão de escolhas efetuadas em face do existente e dos acúmulos até um dado momento. A produção e transformação do mundo — e, por conseguinte, do ser mesmo — supõe a consciência e a liberdade como capacidades fundamentais que, uma vez desenvolvidas pelo trabalho, passam a orientar o conjunto de outras possibilidades de objetivação do homem, mas também, e ao mesmo tempo, é expressão de causalidades, de amplos e complexos movimentos e determinações que definem o mundo mesmo. Desse modo, a decisão entre alternativas (e sua própria produção) com vistas ao atendimento de necessidades pressupõe assim o movimento teleológico rumo à objetivação mesma, cujas implicações e consequências à humanidade apenas podem ser compreendidas se considerada a causalidade como dado ontológico constitutivo da existência social.

Nesse sentido, a genericidade humana, cujo desenvolvimento se expressa no complexo conjunto das distintas possibilidades de objetivação do ser — dada a generalização das capacidades humanas fundamentais, tais como a liberdade, a consciência, a sociabilidade — forma uma das mais amplas dimensões ontológicas do homem o qual, por seu turno, apenas se (re)produz ao reproduzir sua própria singularidade. Com isso, afirmamos — a partir daquela anotação de

3. Sobre a centralidade do trabalho no processo de produção do homem como um ser tipicamente social, vale anotar o seguinte ponto das brilhantes análises de Lukács: "Com o trabalho, portanto, dá-se, ao mesmo tempo, no plano ontológico, a possibilidade do desenvolvimento superior dos homens que trabalham. Já por esse motivo — mas, antes de mais nada, porque se altera a adaptação passiva, meramente reativa, do processo de reprodução ao mundo circundante, já que esse mundo circundante é transformado de maneira consciente e ativa —, o trabalho se torna não simplesmente um fato no qual se expressa a nova peculiaridade do ser social, mas, ao contrário, precisamente no plano ontológico, também se converte no modelo de toda a nova forma de ser (Lukács, 2007, p. 230).

Heller posta em relevo — que não há reprodução social sem reprodução da singularidade humana, ou ainda, é essa última que instaura a possibilidade da primeira, num processo dialético e profundamente histórico de (re)produção do "pequeno mundo" ou do "ambiente imediato", e do "grande mundo", para ficarmos com os termos de Heller (1991).[4]

O "pequeno mundo" ou o "ambiente imediato" equivale ao espaço e tempo em que os homens singulares — o "eu" — se apropriam do mundo, ao mesmo tempo em que o formam, dando-se, assim, fundamentalmente, a objetivação da singularidade na vida cotidiana. A apropriação — e a intervenção, obviamente — do "pequeno mundo" pelos homens singulares torna-se assim uma de suas principais formas de objetivação na vida cotidiana, cabendo apreender os conteúdos concretos e sócio-históricos que o definem (o "pequeno mundo") como tarefa para qualquer apreensão da cotidianidade de um dado tempo e espaço histórico. Aqui cabe assinalar dois elementos fundamentais: no "pequeno mundo" rebatem determinações mais amplas do "grande mundo", donde a articulação orgânica entre a reprodução social e a reprodução da vida cotidiana como sua parte constitutiva e constituinte; a apreensão dos conteúdos, determinações e direção histórico-social da vida cotidiana apenas pode se dar pela própria apreensão das atividades que marcam a reprodução da singularidade humana em dado tempo e espaço. Em outros termos, o cotidiano, ao ser o campo da singularidade e sua reprodução, ele é campo de formas de objetivação nas quais o homem produz e responde às suas necessidades de existência, produzindo-a e reproduzindo-a — donde a vida cotidiana constituir-se pelas objetivações genéricas em si.[5]

4. Ainda que a referência de Netto em suas argumentações críticas acerca da vida cotidiana seja direta e exclusivamente Lukács (e não Heller, conforme utilizamos) cabe assinalar uma sugestiva passagem de seu texto acerca do que destacamos: "A vida cotidiana, posta assim em sua insuprimibilidade ontológica, não se mantém como numa relação seccionada com a história. O cotidiano não se descola do histórico — antes, é um dos seus níveis constitutivos: o nível em que a reprodução social se realiza na reprodução dos indivíduos enquanto tais" (Netto, 2000, p. 66).

5. Interessante anotar que Heller (1991) trata as objetivações em duas dimensões: *em si* e *para si*. O *em si* sinaliza a produção da existência humana, porquanto a cria; o *para si* é uma

Ao perseguir uma assimilação o mais clara possível da vida cotidiana, Heller destaca e examina alguns componentes de tais objetivações, entre outros: os *produtos*, os *usos* e a *linguagem*. De fato, é impossível considerar a reprodução da singularidade humana sem esses componentes como dados ontológicos da existência e reprodução do ser social: os produtos como coisas úteis que satisfazem necessidades; os usos que assinalam comportamentos e modos de ser;[6] a linguagem como meio de intercâmbio entre os homens.

Se se procede a assertiva de que a vida cotidiana delineia-se pelas atividades que caracterizam a reprodução da singularidade humana, sendo as atividades fundamentais objetivações marcadas pelos produtos, usos e costumes, parece-nos que a assimilação da cotidianidade evidencia todo seu necessário e insuprimível significado ontológico e histórico. A tarefa posta aos que pretendem compreender de fato a vida cotidiana não é outra senão a compreensão adequada dos movimentos da história que definem os conteúdos das atividades que a singularidade humana realiza, atentando para sua direção e significado social. Como expressão do "grande mundo", o "ambiente imediato" e, portanto, a singularidade que nela se move guarda traços da universalidade, manifestando a composição do ser social e suas formas de reprodução por meio de objetivações distintas — sobretudo pelas objetivações genéricas em si constitutivas da cotidianidade, mas que encaminham possibilidades outras de objetivação (para si) do ser, o qual inevitavelmente "regressa" ao cotidiano.[7] Conforme registra Lukács:

---

possibilidade que se coloca em face das determinações econômicas que estruturam uma dada sociedade, podendo se efetivar mais ou menos para a totalidade dos homens, ou seja, desigualmente.

6. Assim nos parece que a moral é condição da sociabilidade humana. No âmbito do Serviço Social são exemplares as investigações de Barroco (2003) sobre moral e vida cotidiana.

7. Em suas preciosas investigações sobre a vida cotidiana, Lukács compreende que a arte e a ciência "[...] nascem das necessidades da vida cotidiana [...]" (1982, p. 35), assim como a arte, a ciência e o pensamento cotidiano refletem uma mesma realidade objetiva, indicando que, ainda que distintas as formas de objetivação do ser social, a cotidianidade as conecta como uma necessária mediação ontológica.

> A sociedade somente pode ser compreendida em sua totalidade, em sua dinâmica evolutiva, quando se está em condições de entender a vida cotidiana em sua heterogeneidade universal. A vida cotidiana constitui a mediação objetivo-ontológica entre a simples reprodução espontânea da existência física e as formas mais altas da genericidade agora já consciente, precisamente porque nela, de forma ininterrupta, as constelações mais heterogêneas fazem com que os dois polos humanos das tendências apropriadas da realidade social, a particularidade e a genericidade, atuem em sua interrelação imediatamente dinâmica (1991, p. 11-12).

Certamente, essas breves observações acerca do significado ontológico da vida cotidiana não o captam em todos os elementos necessários, antes, apenas oferecem tópicos para uma compreensão a qual exige uma mínima assimilação dos componentes histórico-sociais que a definem. Com a complexificação da divisão social do trabalho e a reprodução mesma da "questão social" como fenômeno típico da sociedade capitalista e que expressa as necessidades de acumulação do capital, toda a cotidianidade é conformada por tais necessidades e as objetivações que a delineiam manifestam exatamente a inevitável desigualdade e desumanização dessa sociedade: os produtos como coisas úteis necessariamente resultantes e inseridos em relações sociais permeadas pela troca; os usos, comportamentos, modos de ser (re) produzidos numa sociabilidade determinada pela troca; a linguagem, a estrutura e as formas de objetivação do pensamento permeadas pela troca. Em outros termos, numa sociedade e sociabilidade *mercantil*, a singularidade humana obedece às suas exigências e necessidades, definindo-se como singularidade alienada que convoca o "eu" cada vez mais para o "eu" ensimesmado.

Em face disso, há que se efetivarem possibilidades ricas de objetivação — e, portanto, de reprodução das dimensões do ser social, sua singularidade e genericidadede fato humanas — que despontam das necessidades advindas da sociedade e sociabilidade mercantil na perspectiva de sua crítica, negação e superação.

2. Lutas sociais na cotidianidade do tempo presente

Conforme assinalamos anteriormente, concebemos a relação entre o homem e o mundo como uma "questão histórica e de história" (Heller, 2000, p. 67). Logo, a coisificação do ser humano e a fragmentação da existência do "homem que se perdeu", à medida que afasta deste a possibilidade da consciência de ser um *ser genérico*, conectado com a espécie que pertence e a toda a riqueza material e espiritual por ela produzida solicita, pelo mesmo processo, uma necessidade prática e um imperativo histórico da transcendência da sociabilidade que o produz e é por este produzida.

A validação histórica desta transcendência é viabilizada por uma das formas mais ricas de objetivação e construção de possibilidades: *a política*. Vinculada estreitamente ao debate da produção da vida social, da natureza mediadora das classes sociais e dos projetos por estas formulados, bem como da necessidade de reatualizar a teoria da revolução, a política se apresenta, sob uma análise crítica, como uma construção humana que responde dialeticamente às contradições e necessidades históricas. Isto é, é um dos fundamentos e conexões do "pequeno mundo" e do "grande mundo", bem como do questionamento da singularidade alienada à medida que pode "alargar as fronteiras do possível" ao viabilizar o diálogo e a compreensão, na vida cotidiana, da indissociabilidade das escolhas singulares e coletivas.

Enquanto um dos conteúdos históricos que perfiguram a vida cotidiana, as lutas sociais — manifestação privilegiada da política e das lutas de classes — adquirem considerável relevância nos processos de construção de alternativas e resistências à coisificação, pragmatismo, utilitarismos etc. Fundamentando o processo de regulação da produção da vida social, as classes sociais evidenciam o embate entre interesses e necessidades individuais e coletivas, destacando como uma de suas particularidades na sociedade burguesa a "questão social" — em seus componentes de desigualdade e rebeldia

(Iamamoto, 2001) —, associada à possibilidade da produção de uma consciência coletiva acerca do significado social das classes, o qual sofistica os padrões de exploração ou de resistência. A apropriação dos determinantes estruturais que produzem essa sociabilidade — na perspectiva de sua defesa ou recusa — apresenta-se como condição para a compreensão do papel revolucionário atribuído aos trabalhadores no processo de negação e reversibilidade da desumanização burguesa, sob o horizonte concreto de referenciais emancipatórios.

Portanto, a luta das classes pelo poder assinala a capacidade que elas têm de se configurarem como sujeitos coletivos e no interior de sua organização produzirem um conjunto de estratégias e táticas, as quais se constituirão como eixo orientador tanto às respostas mais imediatas à sua sobrevivência quanto às suas elaborações macroscópicas. Tais respostas assumem, sob uma perspectiva de totalidade, a forma de projetos societários, cuja denominação justifica-se em grande medida por estes apresentarem "uma imagem de sociedade a ser construída, que reclamam determinados valores para justificá-la e que privilegiam certos meios (materiais e culturais) para concretizá-la" (Netto, 1999, p. 2).

Assumindo formas e conteúdos coletivos e exigindo uma atmosfera minimamente democrática, os projetos societários[8] têm como principais artesãos as classes sociais: seus sujeitos, as determinações históricas que imprimem seus referenciais de sociabilidade, condições de vida, desejos, formas de apropriação e consciência do real. Para tanto, requisitam a defesa de seus interesses e necessidades e a referencialidade de princípios e valores éticos e morais, modos de vida, elementos culturais e ideológicos,[9] uma vez que não se apartam as

8. "A experiência histórica demonstra que, tendo sempre em seu núcleo a marca da classe social a cujos interesses essenciais respondem, os projetos societários constituem estruturas flexíveis e cambiantes: incorporam novas demandas e aspirações, transformam-se e se renovam conforme as conjunturas históricas e políticas" (Netto, 1999, p. 3).

9. Um dos debates mais polêmicos na produção das ciências humanas e, localizadamente, no interior da tradição marxista diz respeito às considerações realizadas na discussão em torno da ideologia. Enquanto categoria analítica e manifestação do real, apresenta-se um arsenal de

condições de dominação dos fatores ideológicos prementes em cada tempo histórico.

Intencionando destacar alguns matizes da atual forma de organização do capital, percebemos, na contemporaneidade, que o desenvolvimento da sociedade burguesa em sua plenitude requer fontes de dominação, controle de necessidades e de liberdade, bem como o desenvolvimento de um aparato científico e tecnológico necessários à sua reprodução econômica, política, social e ideológica. Assim, nas últimas quatro décadas, o capitalismo apresenta-se com uma tendência globalizante que eleva o grave potencial destrutivo do capital, à medida que o monetarismo neoliberal assume a posição de orientador ideológico da sua reorganização. A defesa da violência, do terror e da barbárie apresenta-se como expressão máxima de um imperialismo que combina habilmente a força com a persuasão, em que o domínio faz-se sob o discurso de defesa da *democracia, dos direitos humanos, da igualdade, da participação social e autonomia da sociedade civil* (Mészáros, 2004). A liberdade e o "valor supremo do indivíduo" são palavras de ordem de um processo de legitimação política e ideológica caucionado no autoritarismo, na violência e nas ações antidemocráticas. Assim, o neoliberalismo ou o processo de *neoliberalização*[10] torna-se a força máxima do projeto hegemônico do capitalismo contemporâneo.

Tais componentes impactam brutalmente na reprodução dos trabalhadores, notadamente no que diz respeito às condições de sobrevivência, à legitimação de suas atividades e espaços sócio-ocupacionais e, principalmente, no fôlego ideopolítico e organizativo que

---

explicações acerca de sua significância na vida social, apontadas por liberais, idealistas e marxistas. Infelizmente não dispomos de espaço neste trabalho para tecer algumas considerações acerca dos referenciais apresentados, ademais cabe-nos apenas mencionar nossa inclinação lukacsiana ao compreendermos que "a ideologia não é ilusão nem superstição religiosa de indivíduos mal-orientados, mas uma forma específica de consciência social, materialmente ancorada e sustentada" que por vezes pode se apresentar como "principal obstáculo da consciência para a autonomia e a emancipação" (Mészáros, 2004, p. 65).

10. "O livre empreendimento e a propriedade privada são declarados vitais para a liberdade. Afirma-se que nenhuma sociedade com fundamentos que não estes merece ser considerada livre; a liberdade que a regulação cria é denunciada como não liberdade; a justiça, a liberdade e o bem-estar que oferece são reduzidos à camuflagem da escravidão" (Harvey, 2008, p. 46).

esses possuem para construir referenciais à luta anticapitalista, mediante a apropriação dos fundamentos teóricos e políticos legados historicamente pelas lutas na trincheira do socialismo. Assim, o diálogo com as imposições histórico-conjunturais apontando para a superação de tais imposições, requer a ressignificação de espaços, instrumentos, fundamentos e estratégias de enfrentamento a ordem do capital, isto é, exige-se, sobretudo, a capacidade de formular projetos alternativos à dominação burguesa e, consequentemente, criar coletivamente possibilidades de humanização da/na vida cotidiana.

3. Vida cotidiana e projeto ético-político: prospectivas de ação

Enquanto partícipe da divisão social e técnica do trabalho e, portanto, inserida no movimento de produção e reprodução da vida social, o Serviço Social é, também, determinado pelos antagonismos inerentes ao modo capitalista de acumular e pensar. Sob esse prisma, a profissão move-se no terreno da exploração e da desumanização e resiste a estas mediante a formulação e afirmação de uma consciência coletiva referenciada na teoria social, na conexão com as lutas dos trabalhadores, na defesa de valores emancipatórios e no reforço *à dimensão ético-política* — na acepção gramsciana do termo[11] — que possibilita a esta profissão a formulação de um projeto profissional que em hipótese alguma se desconecta das construções e lutas travadas pelo conjunto dos trabalhadores.

Conforme Netto, os projetos profissionais possuem, na sua dinamicidade, "uma consonância com o sistema de necessidades sociais

11. Ao discutir a sociedade civil, Gramsci evidencia a direção ideológica e cultural necessária para romper com a dimensão *econômico-corporativa* — restrita à alienação, à exploração e à reificação das relações sociais — e a construção de um projeto hegemônico alternativo, com valores anticapitalistas, potencializando, assim, a dimensão *ético-política* — em que os homens adquirem consciência crítica, se percebem como sujeitos históricos e projetam formas de ruptura e de negação à sociabilidade burguesa, em que as classes trabalhadoras constroem a capacidade de se colocarem *para si*, como construtora de um outro bloco histórico.

sobre o qual a profissão opera" (1999, p. 95). Assim, ao participarem organicamente das relações sociais, as profissões podem mobilizar processos políticos diversos, que coadunem com os mecanismos de coação ou de rebeldia das classes sociais. No que concerne ao Serviço Social brasileiro, percebemos, a partir dos anos 1980, elaborações teóricas e políticas seminais que justificamos instrumentos, os espaços e as alternativas construídas para adensar um projeto profissional crítico, combativo e com lúcida direção teórica e ético-política.

Intencionando não confundir ou subsumir o projeto profissional à heterogeneidade de resistências e movimentos protagonizados pelos trabalhadores a partir das últimas décadas do século XX, no Brasil, não podemos nos furtar de assumir o significado das lutas pela (re)democratização da sociedade brasileira[12] para a elaboração do projeto ético-político, à medida que estas possibilitaram um solo histórico redirecionador da organização política e da cristalização de uma cultura de ruptura com o Serviço Social Tradicional.[13] Assim, à medida que os sujeitos dessa profissão e as entidades políticas da categoria afirmam-se na interlocução orgânica junto aos instrumentos da formação de "novas intelectualidades" e "vontades coletivas" (Gramsci, 2004): movimentos sociais, partidos, sindicatos, entidades profissionais etc., caucionam-se as possibilidades para uma formação e um trabalho profissional com consistência teórica, ética e política que apontam para o desvelamento do significado da profissão na sociedade capitalista e das contradições que as configuram.

No entanto, a conquista tardia de referências mínimas de cidadania — aqui no Brasil e estendendo-se aos países latino-americanos

12. As resistências formuladas pelos trabalhadores brasileiros a partir do golpe de abril enfeixam-se sob os processos da "contrarrevolução preventiva" — em pleno curso de padronização do desenvolvimento do capital, de imobilização do protagonismo político dos trabalhadores e no combate às alternativas políticas e ideológicas ao capitalismo — e obedecem a uma pluralidade de tendências, partidos, movimentos e intencionalidades. Assim, a aparente unidade da luta por direitos truncou, em grande medida, o processo de democratização, transformando-o "num processo de transação, coroando mais uma conciliação política que reiterou, na história brasileira, a velha e nefasta solução da urgência de transformações estruturais pela via das saídas pelo 'alto'" (Netto, 2014, p. 202).

13. A referência segue sendo Netto (2001).

— colide com a organização econômica, política, social e cultural da hegemonia neoliberal, apresentando elementos coibidores das determinações conjunturais que produziram o projeto profissional. Tal descompasso parece destruir todas as sinfonias das lutas de outrora, esfacelando as notas e os homens que as produziram. A neoliberalização vigente também logra uma nítida desvalorização, no âmbito das ciências humanas e sociais, da teoria social de Marx[14] e, por conseguinte, de todo o legado marxista. Mudam-se vocábulos e semânticas. Em vez de classe, entra em cena a defesa da família e do indivíduo. A questão social desvencilha-se de sua dimensão estrutural e é reduzida às singularidades, a partir do discurso da "exclusão", do "risco" e da "vulnerabilidade" social. A defesa do triunfo do capitalismo, a recusa do trabalho como fundamento do ser social e o reforço do conservadorismo nas diversas dimensões da vida social, torna-se pressuposto para a afirmação de que a classe social é uma quimera, que há muito foi substituída por agrupamentos de relações particulares, restando-nos apenas aceitar "a vida como ela é".

Tais elementos exigem como imperativo categorial a capacidade criativa e criadora que os trabalhadores possuem para formular respostas consistentes direcionadas ao estabelecimento de uma justiça distributiva e de uma liberdade que não fundamente a propriedade privada, mas humanize "os sentidos dos homens e crie uma sensibilidade humana correspondente a toda riqueza do ser social" (Marx, 2002, p. 144). No que compete ao Serviço Social, podemos elucidar que os componentes que reclamam e legitimam as formulações do projeto profissional são também aqueles que ameaçam e limitam a sua materialidade, tais como: a condição de assalariamento dos sujeitos e, consequentemente, a sua inserção no conjunto dos trabalhadores. Logo, as defesas históricas dos trabalhadores sintonizadas com

14. "A abordagem pós-moderna dirige sua crítica à razão afirmando-a como instrumento de repressão e padronização. Propõe a superação das utopias, denuncia a administração e o disciplinamento da vida, recusa a abrangência das teorias sociais com suas análises totalizadoras e ontológicas sustentada pela razão e reitera a importância do fragmento, do intuitivo, do efêmero e do microssocial (em si mesmos), restaurando o pensamento conservador e antimoderno" (Yazbek, 1999, p. 31).

os referenciais do projeto socialista, requisitam a necessidade da formação de intelectuais organicamente vinculados ao projeto da emancipação humana e coloca desafios a todos os movimentos de lutas sociais, bem como aos assistentes sociais, por serem profissionais cujo terreno principal de intervenção fundamenta-se nas expressões múltiplas da "questão social" e nos indivíduos com sociabilidades marcadas pela miséria, fome, morte, violência, loucura, infração e ausência de protagonismo político e social.

Mais especificamente, compreender a dimensão ideopolítica[15] do Serviço Social e o significado social atribuído a essa profissão na (re) produção social e da singularidade humana requer não somente a identificação de desafios estruturais, históricos e conjunturais, mas, sobretudo, a capacidade de proposições coletivas, em que os vetores inerentes à profissão só ganham ampla consistência e completude se conectados às lutas e organizações dos trabalhadores. Diante disso, destacamos duas prospectivas de ação: uma de natureza interna à profissão e outra de conteúdo macrosocietário, sendo ambas indissociáveis, direcionadas a afirmação do acumulo teórico, ético e político desta profissão.

Na primeira, localizam-se as particularidades do existir e fazer profissional, no percurso da formação, do trabalho e da organização política do Serviço Social. Logo, as prospectivas de ação, isto é, o desenvolvimento da capacidade criativa e transformadora dos seus agentes, deve direcionar-se cada vez mais à afirmação da consciência cultural e ideopolítica apontada no projeto profissional, materializada no Código de Ética, nas Diretrizes Curriculares, na produção do conhecimento, nos posicionamentos políticos das entidades da categoria, na criação de espaços de formação permanente e na ação dos sujeitos que conformam essa profissão nos mais diversos espaços

15. Aqui o uso do termo ideopolítico não é desinteressado, mas revela as formas de consciência social produzidas na história pelos homens nos processos de sua formação como sujeitos sociais; processos esses que tanto podem propiciar e expressar a consciência crítica do lugar que ocupamos como trabalhadores rumo às ações de lutas em sua defesa, quanto e, ao mesmo tempo, de colocação de obstáculos a tais ações, numa manifestação explícita de sua obstrução.

sócio-ocupacionais. O exercício realizado na perspectiva da referida afirmação do projeto ético-político pode objetivar de modo especial a participação do Serviço Social na reprodução da singularidade humana que não perde de vista a universalidade do ser social — no conjunto diverso de nossas ações, atividades e inserções profissionais — buscando tomá-la como medida ético-política de qualquer resposta e intervenção que contribui para processos de humanização, ainda que, ao mesmo tempo, participando da reprodução das necessidades desumanizadoras do capital. De outra forma, ainda que o Serviço Social não se afaste da vida cotidiana, a defesa objetiva dos conteúdos e direção do projeto profissional pode significar a vivência crítica e criativa do atendimento às necessidades de reprodução da singularidade, sinalizando possibilidades de aproximação à universalidade.

As opções teórico-metodológicas que esta profissão vem priorizando nas últimas três décadas possibilitam várias potencialidades, no mesmo compasso que elucidam alguns desafios. Assim, a apreensão ontológica do ser social, sua formação pela práxis e pelo trabalho; a compreensão da ética pelo resgate dos fundamentos sócio-históricos e da perspectiva de totalidade; a evocação dos fundamentos da economia política no trato da "questão social", das classes sociais e da relação Estado/sociedade civil; a ênfase no debate dos fundamentos e particularidades da formação social brasileira para subsidiar a discussão dos fundamentos do trabalho e da vida social e o acúmulo teórico-prático que esta profissão legou — na condução democrática, participativa, pluralista e com densidade argumentativa nas instâncias de deliberação das entidades, na definição de intervenções coletivas, nos processos de gestão das políticas sociais, na redefinição do arsenal teórico metodológico que subsidia a dimensão técnico-operativa da ação profissional — fundamenta, sobretudo, a ousada definição pela luta contra a exploração, o combate à desigualdade e a defesa da emancipação humana.

A construção de uma direção hegemônica interna à profissão, que visa romper com traços tradicionais, conservadores e reacionários, exige necessariamente o diálogo com as dimensões históricas, políticas e sociais que configuram a existência (ou não) de forças, direções políticas e projetos hegemônicos presentes na sociedade brasileira, cuja formação econômica e social é ainda fortemente marcada por traços autoritários e coloniais — eis aqui a segunda prospectiva referida. Por sua vez, as ameaças ao projeto profissional e a necessidade de proposições para sua vitalidade e atualidade histórica, não residem apenas nas opções teóricas e políticas neste priorizado, mas na interlocução que a profissão tem e mantém "com o processo histórico de constituição das principais matrizes de conhecimento do social, do complexo movimento histórico da sociedade capitalista brasileira e do processo pelo qual o Serviço Social incorpora e elabora análises sobre a realidade em que se insere e explica sua própria intervenção" (Yazbek, 1999, p. 2).

Referências

BARROCO, M. L. *Ética e Serviço Social:* fundamentos ontológicos. 2. ed. São Paulo: Cortez, 2003.

GRAMSCI, A. *Cadernos do cárcere.* Introdução ao estudo da filosofia: a filosofia de Benedetto Croce. 3. ed. Rio de Janeiro: Civilização Brasileira, 2004. v. 1.

GUAZZELLI, A. *O desvelo da vida cotidiana e o trabalho do assistente social.* Dissertação (Mestrado) — Pontifícia Universidade Católica, São Paulo, 2009.

HARVEY, D. *O novo imperialismo.* São Paulo: Loyola, 2008.

HELLER, A. *O cotidiano e a história.* 6. ed. São Paulo: Paz e Terra, 2000.

______. *Sociología de la vida cotidiana.* Barcelona: Ediciones Península, 1991.

IAMAMOTO, M. V.; CARVALHO, R. *Relações Sociais e Serviço Social no Brasil*: esboço de uma interpretação histórico-metodológica. 14. ed. São Paulo: Cortez, 2014.

LUKÁCS, G. As bases ontológicas do pensamento e da atividade do homem. In: COUTINHO, C. N.; NETTO, J. P. *O jovem Marx e outros escritos de filosofia.* Rio de Janeiro: Ed. da UFRJ, 2007.

LUKÁCS, G. Prefácio. In: ______. *Sociología de la vida cotidiana*. Barcelona: Ediciones Península, 1991.

______. Los problemas del reflexo en la vida cotidiana. *Estética*, Barcelona, Grijalbo, v. 1, n. I, 1982.

MARX, K. *Manuscritos econômico-filosóficos*. São Paulo: Martin Claret, 2002.

MÉSZÁROS, I. *O poder da ideologia*. São Paulo: Boitempo, 2004.

NETTO, J. P. *Pequena história da ditadura brasileira (1964-1985)*. São Paulo: Cortez, 2014.

______. *Ditadura e Serviço Social*: uma análise do Serviço Social no Brasil no pós-64. 5. ed. São Paulo: Cortez, 2001.

______. Para a crítica da vida cotidiana. In: NETTO, J. P.; CARVALHO, M. C. B. *Cotidiano*: conhecimento e crítica. 5. ed. São Paulo: Cortez, 2000.

______. A construção do projeto ético-político profissional frente à crise contemporânea. In: ______. *Curso de Capacitação em Serviço Social e política social*: reprodução social, trabalho e Serviço Social. Módulo 1. Brasília: CEAD, UnB/CFESS/ABEPSS, 1999.

YAZBEK, M. C. Os Fundamentos do Serviço Social na Contemporaneidade. In: ______. *Curso de Capacitação em Serviço Social e política social*: reprodução social, trabalho e Serviço Social. Módulo 1. Brasília: CEAD, UnB/CFESS/ABEPSS, 1999.

4

Movimento sindical e Serviço Social:
organização sindical por ramo de atividade ou por categoria profissional?

Maria Beatriz Costa Abramides*

Introdução

O tema ora tratado expressa um debate permanente na categoria das(os) assistentes sociais no campo de luta da organização política e sindical, ao longo dos últimos 35 anos, nos marcos do projeto de ruptura com o conservadorismo. Nesse período, nos organizamos em um primeiro momento, a partir de 1978, em sindicato por categoria profissional e, após 1989, decidimos em nossa assembleia sindical

* Professora da PUC-SP; coordenadora do Núcleo de Estudos e Aprofundamentos Marxistas (NEAM) do Programa de Pós-Graduação em Serviço Social-Diretora da APROPUC-SP.

nacional, por unanimidade, pela construção da organização sindical por ramo de atividade econômica. Essas formas organizativas — categoria e/ou ramo de atividade econômica — devem ser contextualizadas historicamente vinculadas às condições objetivas e subjetivas que sustentaram a deliberação política organizativa acoplada à inserção das(os) assistentes sociais na divisão sócio-técnica do trabalho.

De outro lado, esse debate encontra-se articulado à organização do conjunto dos trabalhadores no âmbito do sindicalismo classista e da trajetória histórica de organização político-sindical dos assistentes sociais no interior do processo de ruptura com o conservadorismo que expressou sua inflexão pública e coletiva no III CBAS — Congresso Brasileiro de Assistentes Sociais — o conhecido "Congresso da Virada", em 1979. Essa referência emblemática foi possível mediante a articulação das(dos) assistentes sociais com a organização sindical dos trabalhadores, a partir de 1977, em uma quadra de efervescência das lutas sociais no país em um amplo ascenso da luta de classes expresso na luta contra a ditadura militar, contra o imperialismo, contra o capitalismo na direção da construção do socialismo na perspectiva da emancipação humana. É nesse contexto que as(os) assistentes sociais se reconheceram como trabalhadores em sua condição de assalariamento e se inseriram na luta mais ampla da classe trabalhadora.

A categoria profissional das(dos) assistentes sociais se materializa em sua condição de assalariamento, inserida na divisão sócio-técnica do trabalho, com autonomia relativa em seu exercício profissional e partícipe do trabalho coletivo socialmente combinado. De outro lado, o processo de organização e lutas da categoria, em seus sindicatos, rearticulado à reorganização do movimento sindical, estava ancorado no solo histórico de lutas e respostas organizativas no âmbito político sindical que imprimiu uma direção classista às suas reivindicações. O processo de luta de classes estabeleceu uma direção político-sindical que incidiu na direção social da profissão, no final dos anos 1970 e início dos anos 1980, em que as(os) assistentes sociais se reconheceram como parte da classe trabalhadora e sua perspectiva profissional se direcionou aos interesses imediatos e históricos dos trabalhadores. Naquele momento já há uma clara articulação do projeto profissional de ruptura ao projeto societário emancipatório em que a organização político-sindical assumiu um papel central.

E por que as(os) assistentes sociais se organizaram sindicalmente por categoria profissional? Pelo fato de a estrutura sindical vigente no Brasil desde os anos 1930, na ditadura de Vargas, instituir o sindicalismo corporativista, atrelado ao Estado, baseado na Carta Del Lavoro de Mussolini, herdado do período da Itália fascista. O sindicalismo combativo, dos anos 1930, acabou por disputar os sindicatos oficiais com o sindicalismo pelego, amarelo, de colaboração de classe, posto que não seria reconhecido nos processos de negociação das categorias por intermédio do sindicato livre; e de outro lado, se desvincularia da classe trabalhadora em sua representação caso não disputasse os sindicatos legalizados. Assim o sindicalismo combativo, a partir daquele período, assumiu os sindicatos oficiais, porém travando permanentemente a luta pelo sindicalismo autônomo, classista, organizado desde a base e que avançasse a consciência dos trabalhadores, em sua condição de classe e de seu protagonismo histórico, no processo de ruptura com a ordem do capital.

Nessa trajetória, as(os)assistentes sociais, a partir dos anos 1950, também iniciaram a organização dos sindicatos de categoria, que eram os sindicatos existentes pela legislação e que lutaram por reivindicações trabalhistas, salariais, por plano de cargos e carreiras, por serviços públicos de qualidade sendo que até o início dos anos 1970, tínhamos cinco estados com sindicatos de assistentes sociais que foram fechados bem como a maioria dos sindicatos durante o período mais truculento da ditadura militar no Brasil.

Sindicalistas operários e de outras categorias de trabalhadores foram reprimidos, exilados, assassinados assim como estudantes, jornalistas, militantes da cidade e do campo; restando na vida sindical o sindicalismo "pelego" que fazia coro com a ideologia da segurança nacional imposta pela ditadura militar. Grandes sindicatos, entre eles o maior da América Latina, o dos metalúrgicos de São Paulo, expressavam essa política de conciliação de classes e de sustentação ideológica à ditadura aliada a um sindicalismo assistencialista que trazia para seu interior programas sociais que deveriam ser desempenhados pelo Estado.

Com resistência e luta por um sindicalismo combativo, o movimento de oposição sindical metalúrgica de São Paulo — MOSMSP, com muitas dificuldades, face à repressão, organizou-se na resistência e formou militantes aguerridos que se vincularam ao sindicalismo classista e terão um papel dirigente no final dos anos 1970 no processo de organização do sindicalismo classista à época denominado de "novo sindicalismo".[1] Em um primeiro momento, a partir de 1977, esse e outros movimentos de oposição sindical e sindicatos de lutas articularam-se na Articulação Nacional dos Movimentos Populares e Sindicais (ANAMPOS) e em 1983, mais de 5.000 trabalhadores, da cidade e do campo, fundaram a Central Única dos Trabalhadores (CUT) que representou durante os anos 1980 um sindicalismo classista, independente, de lutas, organizado pela base.

1. O processo histórico e o desafio contemporâneo para avançar na organização sindical por ramo de atividade econômica

As(os) assistentes sociais na crise da autocracia burguesa no Brasil, no final dos anos 1970, também rearticularam seus sindicatos

1. Aqui optei por colocar "novo sindicalismo" entre aspas por duas razões: a primeira é de que esse expressa traços de continuidade com o sindicalismo autônomo classista no país, presente desde os primórdios da organização sindical no início do século XX até o golpe militar de 1964 que reprimiu a ação sindical. A segunda razão das aspas é a de que sob diferentes angulações, os social-democratas e reformistas propagandearam, teorizaram e formularam concepções de "novo sindicalismo", "novos movimentos sociais", "novos sujeitos sociais", "nova questão social" na ideologia de que os movimentos classistas estariam superados na quadra democrática e outros mais conservadores e reacionários defendem o fim da história e a inexorabilidade do capitalismo. Claro que novas expressões da questão social e novos desafios estão postos na fase atual de crise estrutural sistêmica do capital em que os ataques à classe trabalhadora se ampliam e que exigem estratégias diferenciadas para enfrentar a barbárie contemporânea que atinge a classe trabalhadora, inserida ou não no mundo do trabalho, mas a velha "questão social" somente será superada com o fim da ordem capitalista.

e de imediato suas direções se alinharam ao sindicalismo classista e desenvolveram uma ação sindical voltada aos interesses imediatos e históricos da classe trabalhadora. Em 1978, período de rearticulação das entidades sindicais de assistentes sociais, tínhamos três entidades rearticuladas e que se uniram para impulsionar a retomada da organização sindical de assistentes sociais em todo o país de tal modo que em 1979 já contávamos com 29 entidades sindicais, associações profissionais e a Comissão Executiva Nacional de Articulação das Entidades Sindicais e Pré-Sindicais (Ceneas), e dessas entidades 24 se inseriram organicamente no sindicalismo classista na Anampos e posteriormente na CUT. Em muitos estados do país as(os) dirigentes das APAS — Associações profissionais pré-sindicais de assistentes sociais[2] e sindicatos de assistentes sociais fundaram as CUTs e compuseram suas direções em todos os níveis. Assim, como outros sindicatos de categoria filiados à CUT, apesar de serem organizados por categoria, suas ações foram marcadas por uma trajetória sindical classista como trabalhadoras(es) e com as (os) trabalhadoras(es).

Cabe ressaltar que as(os) assistentes sociais, historicamente, inserem-se em postos de trabalho no âmbito do serviço público nas várias esferas: municipal, estadual e federal, majoritariamente, totalizando 62,5% em 1979 (pesquisa da Ceneas pelo Dieese) que se ampliou em 1995 para 78,16% da categoria empregada (pesquisa CFESS) e que atuam na esfera da reprodução social na intervenção sócio-profissional com serviços e políticas sociais públicas no âmbito do Estado.

Importante relembrar de que até a Constituição de 1988, os trabalhadores em serviço público eram proibidos pela legislação de se organizarem sindicalmente. No período de 1978 a 1988, as entidades

2. As associações profissionais pré-sindicais deveriam existir por dois anos e possuírem 1/3 dos profissionais a elas filiados, de acordo com a legislação, para se transformarem em sindicatos. Essa legislação se altera a partir dos anos 1990, de tal modo que um pequeno grupo de profissionais pode solicitar a formação de um sindicato, o que tem levado à formação de sindicatos pouco representativos e sem base de legitimidade, em uma enorme proliferação de sindicatos "fantasmas".

sindicais de categorias profissionais: assistentes sociais, médicos, psicólogos, enfermeiros, engenheiros, que se filiaram ao sindicalismo classista e possuíam grande contingente de profissionais na esfera pública tiveram um papel decisivo na luta sindical dos trabalhadores em serviço público, incentivando suas lutas, sua organização desde a base, por local de trabalho, estimulando as associações existentes que também passaram a atuar na Anampos e posteriormente na CUT. Como o governo não negociava somente com as associações, os sindicatos de categoria cumpriram um papel central posto que se constituíram, juntamente com essas associações, a intersindical para impulsionar as campanhas salariais unificadas, a luta por salário igual para trabalho igual, plano de cargos, salários e carreiras profissionais no serviço público, luta por serviço público de qualidade, solidariedade ativa aos movimentos sociais em suas lutas por serviços públicos, atuação no movimento grevista para negociação das reivindicações.

Ora, se o trabalhador é coletivo, partícipe do trabalho socialmente combinado, a luta sindical deve-se desenvolver a partir da inserção das(os) trabalhadoras(es) na divisão sócio-técnica do trabalho. Posto que é nessa relação direta da inserção no mundo do trabalho que se negociam as questões trabalhistas e sindicais nas esferas da produção e reprodução social. Por exemplo: o plano de cargos e carreiras, salários de profissionais de nível universitário no município serão negociados com o Sindicato dos Trabalhadores em Serviço Público do Município e não com os Sindicatos de categorias profissionais; a campanha salarial de reposição de perdas salariais, trabalho igual para salário igual serão negociados com o sindicato de contratação dos trabalhadores, independentemente de seus sindicatos específicos de categoria; essas reivindicações no âmbito de sindicatos gerais da saúde e da previdência serão negociados com seus respectivos sindicatos e não com os sindicatos de categoria, posto que são reivindicações que se vinculam à inserção do(a) trabalhador(a) coletivo que não se restringe à uma categoria.

Nessa breve retrospectiva podemos sintetizar que os sindicatos de categoria profissional cumpriram um papel de resistência e de luta enquanto os sindicatos de contratação, gerais ou de atividades do serviço público eram proibidos de se organizarem por lei, bem como cumpriram um papel classista na luta mais ampla da classe trabalhadora, porém a partir de 1988, com a construção dos Sindicatos por atividade (Saúde, Previdência) e por contratação (sindicato dos municipais) os Sindicatos de Categoria perderam sua razão de existência. Nessa direção nosso incentivo é de que as(os) assistentes sociais se filiem ao Sindicato de Ramo de Atividade Econômica em que estão inseridas(os) contratualmente, o que corresponde à decisão histórica da categoria profissional na IV Assembleia Sindical da Associação Nacional dos Assistentes Sociais (ANAS). Essa se constituiu na Entidade Nacional Sindical autônoma dos assistentes sociais, independente do Estado fundada em 1983 e extinta em 1992 por deliberação sindical unânime da categoria que passou a se organizar nos ramos de atividade (por contratação; na esfera municipal e por atividade como saúde e previdência nas esferas estaduais e federal).

Uma das questões frequentes é a de por que a organização por atividade ocorre nas esferas estaduais e nacional nas áreas da saúde e da previdência social e não em outras áreas. A resposta está vinculada ao fato de que os trabalhadores da saúde e da previdência se organizaram, desde o final dos anos 1970, em associações de lutas por reivindicações salariais e defesa de políticas e serviços públicos de qualidade, se utilizando do instrumento da greve e de paralisações para suas negociações e conquistas. De outro lado, os sindicatos de categorias profissionais estimularam e estiveram presentes nesse processo de organização por ramos de atividade econômica a partir do movimento real de lutas dos trabalhadores desses sindicatos gerais de atividades, que congregam os trabalhadores coletivos inscritos na divisão sócio-técnica do trabalho.

Historicamente, desde os anos 1930, no período Vargas, em que se instaurou a estrutura sindical, a organização por categoria vigorava como um instrumento de dividir a classe, pulverizando sua organização, o que dificultava sobremaneira a unificação, posto que os trabalhadores negociavam por categorias, o que ocasionava situações extremamente desiguais entre trabalhadores em suas reivindicações. O Estado negociava salários com determinadas categorias que para ele eram consideradas essenciais do ponto de vista da dominação e do controle de poder, por exemplo, se precisava dos procuradores a esses concedia um aumento salarial diferenciado de outras categorias profissionais de nível universitário e assim sucessivamente. Por outro lado, a própria constituição do Estado brasileiro na formação sócio-histórica do país expressava seu caráter patrimonialista, hierarquizado, centralizador, clientelista em que a organização dos trabalhadores em serviço público poderia significar uma ameaça à essa ordem imposta, o que somente será quebrado, em 1988, com a alteração na legislação que aprovou a organização sindical desses trabalhadores. Essa foi uma conquista do movimento sindical que se organizou no comitê popular na luta pela constituinte livre, soberana e democrática, assim como a conquista do sistema único de saúde como política pública universal, entre outras conquistas, embora aquém das reivindicações impulsionadas pela classe trabalhadora naquela conjuntura.

A perspectiva é a de que todos os trabalhadores se organizem por ramos de atividade econômica, e nesse sentido ainda há muito por construir. Vejamos: muitos sindicatos que deveriam ser ampliados ainda não o fizeram; por exemplo, o sindicato dos bancários deveria abranger toda a área financeira e não somente as(os) trabalhadoras(es) dos bancos; o mesmo se passando com outros ramos da atividade produtiva que necessitariam incorporar todos(as) os(as) trabalhadores (as) de uma dada área de produção. E por que isso não tem ocorrido? A partir dos anos 1990, o movimento sindical se colocou na defensiva, fruto dos ataques do capital no processo de reestruturação produtiva, materializada pela acumulação flexível que ampliou a superexploração no trabalho, com desemprego estrutural, trabalho precário, temporário, informal, sem carteira assinada, o que ocasionou ainda uma certa paralisia na questão da ampliação do ramo. Acrescenta-se nesse período uma acomodação do sindicalismo outrora classista (anos 1980) para a posição hegemônica e majoritária social-democrata, em que a CUT se filia a Central Sindical Internacional Social Democrata (CIOLS).

Cabe ressaltar que nos anos 1980, a posição majoritária e hegemônica da CUT, sob a direção da corrente denominada Articulação Sindical, que corresponde à tendência Unidade na Luta no interior do Partido dos Trabalhadores (PT), já era social-democrata; porém, o processo de luta de classes era intenso e o setor classista empurrava a social-democracia para uma ação ofensiva com grandes mobilizações e greves setoriais e gerais, de caráter econômico e político.

A década de 1990, com a implantação do neoliberalismo, na esfera do Estado, e da reestruturação produtiva, no mundo do trabalho, empurrou a classe para ações defensivas; de outro lado, a ilusão na democracia formal burguesa faz com que, majoritariamente, o sindicalismo abdicasse das ações diretas (greves) para negociações na institucionalidade, nas câmaras setoriais, implantadas no governo de Fernando Henrique Cardoso que consolidou o neoliberalismo no Brasil. Em 1995, a partir da greve dos petroleiros, o governo neoliberal de FHC tentou quebrar o movimento sindical de lutas com repressão ao movimento grevista em curso e do ponto de vista institucional promoveu as contrarreformas de ataque ao conjunto da classe (entre elas a do Estado, sindical, trabalhista e previdenciária).

Nas Câmaras setoriais, os trabalhadores de setores da produção participavam dessa instância de negociação juntamente com o patronato e com o Estado a ele aliado, portanto, a posição dos trabalhadores era minoritária nessa instância. Os sindicatos estabeleceram um neocorporativismo naquele processo pois somente negociavam reivindicações dos trabalhadores contratados diretamente pelas empresas, ficando sem cobertura sindical o conjunto de trabalhadores precarizados (terceirizados, contratados por tempo parcial, subcontratados).

No final dos anos 1980, o PT assumiu diversas e importantes prefeituras pelo país, e o fato de o chamado projeto democrático popular estar nos governos levou o sindicalismo, em sua posição hegemônica, à uma acomodação sindical e abandono das ações diretas que para esse setor era concebida somente no período anterior, ainda sob a autocracia burguesa no período ditatorial. Essa situação se aprofundou a partir do primeiro governo Lula, em 2002, atravessou seu segundo mandato e permanece até hoje, em 2014, no mandato de Dilma Rousseff.

O giro hegemônico sindical social-democrático, a partir dos anos 1990, se transformou em sindicalismo estadista, governista, a partir de 2002. Nesse sentido, implementou-se o chamado "sindicato cidadão", que estabeleceu acordos com o governo e prescindiu das pautas que vinculavam as lutas econômicas às lutas políticas. A CUT, que é fundada nos marcos do sindicalismo classista, em plena ditadura militar, a partir dos anos 2000, se igualou ao sindicalismo de resultados da Força Sindical se distanciando do vigor e da radicalidade que a caracterizavam no calor da luta de classes dos anos 1980.

Uma outra questão a ser enfrentada pela organização sindical é a de aglutinar no mesmo ramo todos os trabalhadores, independentemente de sua forma de contratação (carteira assinada, temporários, parciais, pessoa jurídica), posto que são trabalhadores coletivos exercendo as mesmas funções, e com contratos e salários diferenciados, rebaixados, parte da lógica da acumulação flexível que fragmentou, pulverizou, atomizou a classe trabalhadora, tornando-a mais complexa e heterogênea (Antunes, 2005). Portanto, a organização sindical por ramos de atividade econômica (na esfera da produção e da reprodução social) pressupõe organizar a classe no sentido de sua unificação organizativa, significa pensar como incluir o conjunto de trabalhadores no sindicato do ramo. Os assistentes sociais que são terceirizados, contratados como pessoas jurídicas, assim como outros trabalhadores de um mesmo ramo, devem se unificar sindicalmente e não criar um sindicato de uma única categoria, posto que os outros(as) trabalhadores(as) do mesmo ramo também sofrem a mesma precarização em suas condições de trabalho e salário. O Estado burguês aposta na divisão da classe e, portanto, quanto mais isolada, setorizada, pulverizada, dispersa, melhor para os ataques do capital e do Estado de dominação. Portanto é ilusório pensar que somente uma categoria, organizada corporativamente, negociará os interesses dessa categoria dispersa mas numerosa nas várias áreas de atuação profissional.

Se a decisão sindical das(dos) assistentes sociais por unanimidade, em 1989, foi a de organização por ramo de atividade, porque alguns sindicatos de assistentes sociais são retomados e a Federação Nacional dos Assistentes Sociais (FENAS) é criada em 2000? Que aspectos precisam ser debatidos para se avançar na organização por ramo? A essas pergunta respondemos com várias reflexões e considerações a saber:

a) Cinco sindicatos permaneceram abertos, apesar da deliberação da categoria pela organização e inserção dos assistentes sociais nos sindicatos de trabalhadores em serviço público na esfera municipal e nas esferas estaduais e federal nos sindicatos da saúde e da previdência social.

b) As(os) assistentes sociais de outras espaços sócio-ocupacionais nas esferas estadual e federal em que não há sindicatos deveriam se articular, se organizar, juntamente com outros trabalhadores desses espaços profissionais para a construção do sindicato do ramo.

c) As(os) assistentes sociais precarizados em seus contratos tem a função de juntamente com o conjunto de trabalhadores de suas áreas de atuação se organizarem sindicalmente no ramo com os trabalhadores diretamente contratados pelo Estado naquela área de atividade.

d) As(os) dirigentes de alguns desses sindicatos de categoria politicamente alinhados com a corrente sindical classista, expressão do Partido Comunista do Brasil (PCdoB) no movimento sindical, que entrou tardiamente na CUT, exatamente quando esse partido passou a ter alianças sistemáticas com o PT, vêm no Sindicatos de categoria uma forma de disputar politicamente com a direção hegemônica das(os) assistentes sociais alinhados no CFESS e na maioria dos CRESS, e na ABEPSS e que são legatários do Projeto Ético Político do Serviço Social Brasileiro. Lembrando que os Sindicatos e ANAS foram protagonistas da direção social da profissão no final dos anos 1970 e toda década de 1980 na ruptura com o conservadorismo e fundamentais no processo de democratização do Conjunto CFESS/CRESS e da articulação dos setores de esquerda para que disputassem os CRESS com os conservadores que assumiram essas entidades nos anos 1970. Essa mobilização e estratégia política é parte da luta pela conquista da hegemonia do Serviço Social Brasileiro que nos anos 1990 passa a ser denominado de Projeto Ético-Político Profissional. No âmbito da formação profissional, desde os anos 1980, com o Currículo de 1982, se processou a ruptura com o Serviço Social tradicional (tecnocrático e ou conservador) ao adotar a perspectiva da totalidade em suas análises e intervenção assentada no legado marxiano e na tradição marxista, acrescente-se a reorganização do movimento estudantil desde o final da década de 1970, na Sessune (subsecretaria de Serviço Social na UNE) e posteriormente da Enesso — Executiva Nacional de Estudantes em Serviço Social.

e) Em 2000, com a presença de 5 sindicatos de assistentes sociais, é criada a Federação Nacional dos Assistentes Sociais (Fenas) cujas dirigentes, a partir de 2002, se alinharam majoritariamente à posição Articulação Sindical, no interior da CUT, e que corresponde à corrente Unidade na Luta do PT, sua posição hegemônica e majoritária. Esse sindicalismo estadista e governista passou a ser correia de transmissão e base de sustentação dos governos de Lula da Silva e de Dilma. Rousseff. Se nos anos 1970 tínhamos que possuir 1/3 da categoria nas associações profissionais para a transformação em sindicatos, na contemporaneidade, os sindicatos com número reduzido de associados se forma. Assim, a Fenas impulsionou a retomada de sindicatos da categoria em vários estados do país, independentemente de base de sustentação política e organizativa, e, portanto de legitimidade. As(os) assistentes sociais, 68,8%, que estão no serviço público têm suas reivindicações e lutas impulsionadas pelos sindicatos de trabalhadores em Serviço Público; os terceirizados, pessoa jurídica, que estão sem cobertura sindical são trabalhadores de várias categorias profissionais e portanto suas negociações deveriam ser do ramo, reafirmo, cobertas por sindicato de trabalhadores em serviço público independentemente do tipo de contrato. Da mesma maneira que outros trabalhadores terceirizados, por tempo determinado, nos ramos industrial, têxtil, financeiro, entre outros, por exemplo, deveriam ser abarcados por sindicatos do ramo juntamente com os trabalhadores contratados diretamente pelas empresas. Esse desafio está colocado para o conjunto da classe trabalhadora mediante o avanço da ofensiva do capital e do Estado que desregulamentou as relações de trabalho.

f) Embora o conjunto CFESS-CRESS esteja voltado para o acompanhamento do exercício profissional e sua natureza é acompanhar, normatizar, debater, articular os profissionais no âmbito do exercício a partir do Código de Ética de 1993; assim como a ABEPSS orienta, normatiza, elabora os pressupostos e diretrizes da formação profissional dos assistentes sociais, voltada para a formação profissional, ambos, CFESS e ABEPSS, têm uma concepção e ação articuladas às lutas dos trabalhadores e nesse sentido têm se colocado firmemente contra a ofensiva do capital, contra o neoliberalismo e na defesa dos direitos sociais historicamente conquistados, bem como apoiado e se solidarizado ativamente com os movimentos sociais se contrapondo à sua criminalização e a repressão às lutas sociais pela polícia militar sob a anuência do Estado burguês de dominação.

g) Cabe destacar que o Conjunto CFESS/CRESS no plano estadual e nacional dirigiu a luta pela Jornada de 30 horas para as(os)assistentes sociais, cuja lei foi promulgada em 2010 e a partir daí tem sido uma referência para a conquista das 30 horas para outras categorias profissionais aliada a luta pela redução da jornada de trabalho sem redução de salários juntamente com a classe trabalhadora. Essa luta iniciou-se em 1978 sob a direção das entidades sindicais — Sindicatos/ Ceneas/ANAS. O Projeto à época previa "Condições de Trabalho, Salário e Carga horária", foi aprovado com alterações na Câmara Federal mas vetado pelo então presidente José Sarney em 1986. No final dos anos 1990, a luta foi retomada em um novo projeto que dizia respeito somente à carga horária e, apesar do CFESS não ser entidade sindical do ponto de vista político-organizativo, não tivemos dúvida em colocar essa instância nessa luta que se traduziu em conquista com muita mobilização. Paralelamente a isso, têm sido empreendidas outras lutas como a da conquista de um salário mínimo profissional com projeto em tramitação na Câmara Federal, luta por abertura de concurso público para assistentes sociais, que ocorreu na previdência social, luta pela criação do cargo para assistente social na educação, entre outras lutas.

Conclusão

A organização sindical deve responder às reais necessidades da classe trabalhadora; assim os sindicatos mais abrangentes por ramo de atividade econômica ao aglutinarem os trabalhadores na divisão sócio técnica do trabalho possibilitam a unificação das lutas. O trabalho é coletivo, socialmente combinado, e, nessa lógica, o patronato, o empresariado e o governo estabelecem as relações contratuais de trabalho. É nessa inserção que os trabalhadores pautam suas reivindicações e formas de luta, desde o local de trabalho, do setor, de cada empresa sob a direção sindical. A forma de organização por ramo de atividade deve estar articulada a uma prática sindical classista e de lutas. O conjunto de desafios aqui apresentados (retomada do sindicalismo autônomo, organização sindical em ramos ainda sem organização, abrangência sindical para todas(os) as(os) trabalhadoras(es) do ramo, independentemente do tipo de contratação, estáveis ou temporários, pessoa jurídica, terceirizados; bem como dar continuidade às lutas sindicais mais amplas em frentes de lutas classistas, aqui me refiro à Central Sindical e Popular (CSP-CONLUTAS) e à Intersindical e disputar os sindicatos de base sob a direção governista, estadista. Essas frentes classistas podem se consolidar como frentes de lutas para avançar na luta de resistência, combate ao neoliberalismo, ao sindicalismo governista, de resultados no horizonte do socialismo e do projeto de emancipação humana.

Referências

ABRAMIDES, M. B. C. *O projeto ético-político do Serviço Social brasileiro.* Tese (Doutorado em Serviço Social) — Programa de Pós-Graduação em Serviço Social, Pontifícia Universidade Católica, São Paulo, 2006.

ABRAMIDES, M. B. C.; CABRAL, M. do S. *O novo sindicalismo e o Serviço Social*. São Paulo: Cortez, 1995.

ANTUNES, R. *Adeus ao trabalho?* Ensaio sobre as metamorfoses e a centralidade no mundo do trabalho. São Paulo: Cortez, 2005.

REVISTA EM FOCO. *Organização sindical dos assistentes sociais*, Rio de Janeiro, CRESS, n. 7, set. 2011.

5

Experiências profissionais do Serviço Social nos movimentos sociais urbanos

Eblin Farage*

1. Introdução

Em tempos de acirramento da crise do capital, intensificação da criminalização dos movimentos sociais e da pobreza, retirada de direitos sociais e trabalhistas, retração da ação estatal direta, precarização dos serviços públicos, mercantilização dos direitos básicos e intensificação das diferentes formas de violência, debater a relação do Serviço Social com os movimentos sociais urbanos é requisito central para revigorar o Projeto Ético-Político da profissão.

* Assistente social; mestre e doutora em Serviço Social; coordenadora do Núcleo de Estudos e Pesquisas sobre Favelas e Espaços Populares (NEPFE); professora da Escola de Serviço Social da UFF.

Diante do estreitamento das desigualdades, como consequência do aprofundamento da *questão social*, do processo de contrarreforma do Estado brasileiro, da fragmentação da luta dos trabalhadores e da aceleração do processo de urbanização, o Serviço Social é provocado a pensar sua ação profissional além dos limites institucionais. Esta provocação sobre o fazer profissional do Serviço Social passa, nesta breve análise, sobre a necessária articulação entre o urbano, o direito à cidade, a luta dos movimentos sociais urbanos e o projeto ético-político da profissão comprometido com a emancipação humana.

2. O direito à cidade e os movimentos sociais urbanos

Precede o debate sobre os movimentos sociais urbanos e a relação com o Serviço Social, a reflexão sobre o que é o urbano e o que é a cidade. Para tal é importante compreendermos o desenvolvimento econômico na América Latina e do Brasil, que foi marcado pelo que Fernandes (1981), Harvey (2004) e Ianni (2004) classificam como desenvolvimento capitalista desigual e combinado. Desenvolvimento desigual e combinado porque integra, ao mesmo tempo, o avanço e a modernização provocada pela expansão capitalista em suas diferentes fases — especificamente em sua fase monopolista industrial — com elementos sociais arcaicos e conservadores. A "Lei do Desenvolvimento Desigual e Combinado" da sociedade, segundo Novack (1988, p. 9) se refere "às distintas proporções no crescimento da vida social [...] à correlação concreta destes fatores desigualmente desenvolvidos no processo histórico", o que acaba por assinalar o processo do desenvolvimento capitalista tardio.

Na combinação entre o moderno e o arcaico, entre o desenvolvido e o pré-desenvolvido, são criadas marcas internas e externas aos países, com desdobramentos na conformação urbana. A vida social se organiza a partir do processo combinado entre polos desenvolvidos e polos em desenvolvimento, em um movimento de inter-relação e dependência mútua, na qual a riqueza e o desenvolvimento dos países centrais se dão a partir da exploração e da geração de riqueza dos e nos países periféricos. A organização social daí derivada se origina da busca de adaptação das estruturas internas ao desenvolvimento social, econômico e político do capitalismo, sedimentando estruturas hierárquicas e hegemonizadas pelos interesses da classe e das frações de classe dominantes. Forja-se um Estado capaz de, ao mesmo tempo, hegemonizar os interesses da burguesia e também incorporar algumas demandas da classe trabalhadora, compondo um cenário social propício para o desenvolvimento capitalista.

Precedidas inicialmente pelo desenvolvimento do comércio e, mais tarde pelo desenvolvimento industrial, é apenas no século XX que as cidades começam a se consolidar. Segundo Maricato (2008), é o advento do trabalhador livre, da industrialização e da República que impulsionam a organização das cidades.

As cidades, como fruto do processo de desenvolvimento, acabam por ser a expressão mais tangível do espaço urbano, tornando-se, em alguns momentos, sinônimo do urbano. A cidade, ao se constituir de distintos territórios, passa a evidenciar a conformação desigual do espaço urbano, que se expressa não na geografia natural dos territórios, mas em suas intervenções sociais e urbanísticas.

O espaço urbano é definido por Corrêa (1995, p. 10) como o "conjunto de diferentes usos da terra justapostos entre si", que revela a apropriação desigual do solo e a distribuição desigual da riqueza, traduzida não apenas pelas construções imobiliárias, mas também pela distribuição dos equipamentos públicos e privados.

É no cenário do desenvolvimento urbano que a *questão social* vem paulatinamente se acirrando no capitalismo, nos termos de Iamamoto (2007). Identifica-se o processo de expansão das cidades orientado pela segregação sócio-espacial, econômica e cultural. Essa segregação ganha aparência de um processo "natural" de organização da cidade. A cidade passa a expressar de forma enfática as desigualdades das relações sociais, cuja consequência na vida dos sujeitos é a degradação de sua humanidade.

Como afirmou Marx (2007), a classe que domina economicamente também domina política e ideologicamente, construindo relações sociais que conformam os seus interesses de classe e o desenvolvimento da produção capitalista. A dominação dos espaços e dos meios de produção pressupõe uma organização social e territorial que possibilite a ampliação do processo produtivo em suas múltiplas dimensões. As relações sociais no modo de produção capitalista desenvolvem uma forma de produzir que privilegia a produção de valores de troca, ao mesmo tempo em que constitui uma determinada sociabilidade. Como afirma Lefebvre (2008), o direito à cidade constitui uma unidade espaço-temporal, que não elimina as classes, mas ao contrário, torna-se o espaço privilegiado de seu confronto e da evidência de suas contradições, que se expressão no território.

Segundo Haesbaert (2007, p. 45),

> Um marxista, dentro do materialismo histórico e dialético, irá defender uma noção de território que: i) privilegia sua dimensão material, sobretudo no sentido econômico, ii) está historicamente situada e iii) define-se a partir das relações sociais nas quais se encontra inserido, ou seja, tem um sentido claramente relacional.

É nesse contexto que se desenvolvem diferentes formas de resistência da classe trabalhadora. Na batalha pela vida e contra o *apartheid social* imposto pelo capitalismo, organiza-se a luta por moradia, saneamento, emprego, cultura, segurança, educação, saúde etc. As dimensões da vida real vão se materializando na disputa organizada de movimentos sociais urbanos, populares, comunitários, organizações não governamentais, partidos de esquerda, além do movimento sindical e estudantil.

2.1 Provocações sobre Movimentos Sociais urbanos e sua organização após a Constituição de 1988

É com esse pano de fundo que o espaço urbano e a cidade vão tomando lugar no debate político contemporâneo. A vida na cidade passa a ser entendida como uma questão que despende atenção, pelo aumento da violência urbana, pelas novas e diferentes formas de organização dos trabalhadores, pela urgência de remodelamento da cidade para atender aos interesses do capital, ou, ainda, pela necessidade de organizar o adensamento populacional que se intensificou nas últimas décadas.

O debate da cidade e do direito à cidade foi sendo incorporado pelo poder público, pelos meios de comunicação, pela burguesia e por amplos segmentos da classe trabalhadora. Cada qual sugerindo e construindo suas respostas às demandas do desenvolvimento urbano, a partir do projeto político ao qual se vinculam, mediados, que são, pelos interesses de classe.

A cidade passa a ser debatida a partir das diferentes interpretações e interesses. Para a burguesia, deve ser ordenada de forma a garantir o "desenvolvimento", que nessa interpretação, é sinônimo de garantia ao desenvolvimento do capitalismo. A essa interpretação, a imprensa agrega o discursos do medo e da violência, ratificando a necessidade de ordenação da cidade para se garantir a paz. Os segmentos organizados dos trabalhadores pleiteiam o ordenamento da cidade, a partir de suas necessidades de vida, ou seja, reivindicando as condições básicas da vida na cidade, como saúde, educação, transporte, habitação, emprego, lazer etc. O Estado, como "comitê executivo da burguesia", como afirmaram Marx e Engels (1997), cumpre seu papel com dupla ação, por um lado incorporando algumas reivindicações dos trabalhadores e por outro mantendo o movimento repressivo sobre qualquer organização que questione o *status quo*. Como afirmou Gramsci (2001), trabalhando com a coerção e o consenso. Forja-se um Estado capaz de, ao mesmo tempo, hegemonizar os interesses da burguesia e também incorporar algumas demandas da classe trabalhadora, compondo um cenário social propício para o desenvolvimento capitalista.

> O Estado não é, pois, de modo algum, um poder que se impôs à sociedade de fora para dentro; tampouco é "a realidade da idéia moral", nem "a imagem e a realidade da razão", como afirma Hegel. É antes

> um produto da sociedade, quando esta chega a um determinado grau de desenvolvimento; é a confissão de que essa sociedade se enredou numa irremediável contradição com ela própria e está dividida por antagonismos irreconciliáveis que não consegue conjurar. Mas para que esses antagonismos, essas classes com interesses econômicos colidentes não se devorem e não consumam a sociedade numa luta estéril, faz-se necessário um poder colocado aparentemente por cima da sociedade, chamado a amortecer o choque e a mantê-lo dentro dos limites da "ordem". Este poder, nascido da sociedade, mas posto acima dela se distanciando cada vez mais, é o Estado (Engels, 2008, p. 135-136).

Neste processo, como forma estratégica de conciliar interesses, são instituídos espaços para se debater e pensar alternativas para a questão urbana, como os conselhos de direitos e os fóruns. Especificamente no que tange à questão urbana, os primeiros debates no Brasil para repensar o espaço urbano de forma mais integrada remontam à década de 1960. Porém, com o golpe civil militar de 1964, as organizações coletivas foram abafadas. O debate sobre a questão urbana foi retomado nas décadas de 1970 e 1980, já com o arrefecimento da ditadura.

A partir do final da década de 1980, instaura-se uma ampla e diversificada gama de organização de trabalhadores urbanos. Surgem movimentos populares diversos, que lutam por uma bandeira específica, outros que apesar de se organizar em torno de uma bandeira específica (moradia, água, luz, transporte etc.), se caracterizam como anticapitalistas e por isso buscam uma organização nacional, que articule a luta imediata com a totalidade da vida social. Após a Constituição de 1988, impulsionado pela ânsia de participação popular e pela possibilidade constitucional de criação dos fóruns e conselhos de direitos, também surgem movimentos e organizações urbanas que passam a fazer sua trajetória, *pari passu* com a institucionalidade governamental.

Os movimentos sociais urbanos se constituem como sujeitos coletivos fundamentais no processo de luta pela democratização da sociedade e das relações sociais. Alguns se caracterizam por um perfil contestador e de enfrentamento com o instituído. Destacam-se pela organização de importantes segmentos da classe trabalhadora na luta cotidiana pela vida. Porém, vale destacar que os movimentos sociais urbanos não são homogêneos e guardam entre si profundas diferenças teóricas, políticas, de táticas e estratégias. Alguns com a marca da luta classista ou institucional, outros da luta imediata e outros ainda marcados pela cooptação. Em certos momentos da luta, algumas dessas características se entrelaçam, sem, contudo influir na identidade do movimento.

Apesar de tentador, não trabalharemos aqui com *uma* definição sobre os movimentos sociais urbanos. Mais importante que defini-los, classificá-los e identificá-los como "novos" ou "velhos" movimentos, é apontar alguns dos desafios postos na conjuntura para o avanço da organização da classe trabalhadora na cidade, assim como na (re) construção da identidade de classe, após o processo de implementação do neoliberalismo no Brasil, do refluxo dos movimentos sociais e do processo de ascensão do projeto social-liberal da década petista (governos Lula da Silva — 2003 a 2010 e Dilma Roussef — desde 2010).

Nesta perspectiva entende-se que os movimentos sociais urbanos, em sua diversidade, se destacam por possuir uma ou mais das seguintes características: 1) se originarem de demandas específicas; 2) se originarem fora do espaço produtivo formal, apesar de parte de seus integrantes estarem em espaços produtivos formais; 3) terem elementos da luta classista em sua formulação e organização; 4) serem autônomos em relação ao governo; 5) terem como tática a realização de ações diretas; 6) articularem em sua luta diferentes elementos da vida cotidiana na cidade; 7) posição anticapitalista; 8) estabelecerem canal de diálogo com o poder público para a garantia das demandas imediatas; 9) ação continuada; 10) possuir metodologia organizativa, entre outros.

A década de 1980 se torna um importante marco na luta pela reforma urbana. O Brasil chega ao final dessa década com cerca de 75% da população vivendo nas cidades. O crescimento populacional das cidades não foi acompanhado do crescimento adequado de infraestrutura, recaindo sobre amplos segmentos da classe trabalhadora, péssimas condições de vida, em especial no que se refere à moradia, transporte e saneamento. O adensamento das cidades se intensifica e assim amplia-se o número de moradores em favelas, chegando a 11,4 milhões de brasileiros, 6% da população, com concentração na região sudeste, segundo os dados do Censo do IBGE de 2010.

O agravamento das condições de vida na cidade produzem reações. Em 1985 é fundado o Movimento Nacional pela Reforma Urbana,[4] primeiro movimento em âmbito nacional que trata do direito à cidade. Inicialmente a demanda imediata por moradia toma as reivindicações do movimento, mas pouco a pouco a compreensão de que o direito à cidade extrapola o direito à moradia vai se consolidando. Esse movimento teve papel fundamental na Constituição de 1988 que também representou um grande avanço no âmbito da reforma urbana.

A Constituição Federal de 1988 (CF-88), já no Título II "Dos direitos e garantias fundamentais", define no inciso XXIII que "a propriedade atenderá a sua função social". No artigo 6º define como direitos sociais, educação, saúde, previdência etc., que em sua emenda 64, de 2010, passa a incluir como direito social, a moradia. A Constituição Federal prevê um capítulo sobre política urbana, que apesar de possuir apenas dois artigos, prevê a criação do plano diretor para os municípios com mais de 20 mil habitantes, reafirma a função social da propriedade urbana e prevê a desapropriação de imóveis urbanos. Mesmo que ao longo dos 26 anos da CF pouco se tenha avançado no que tange aos direitos urbanos, em especial na constituição dos planos diretores municipais, este continua a ser um

4. Reunia "uma série de organizações da sociedade civil, movimentos, entidades de profissionais, Organizações Não Governamentais, sindicatos. Entre eles a Federação Nacional dos Arquitetos, Federação Nacional dos Engenheiros, Federação de Órgãos para Assistência Social e Educacional (FASE), Articulação Nacional do Solo Urbano (ANSUR), Movimento dos Favelados, Associação dos Mutuários, Instituto dos Arquitetos, Federação das Associações dos Moradores do Rio de Janeiro (FAMERJ), Pastorais, movimentos sociais de luta pela moradia, entre outros". Disponível em: <base.d-p-h.info/pt/fiches/dph/fiche-dph-8583.html>. Acesso em: 28 jul. 2014.

importante marco na luta pela reforma urbana em favor dos interesses dos trabalhadores, já que pela primeira vez no Brasil a legislação federal incorpora princípios para a reforma urbana. Nesse sentido, constitui-se como elemento importante para a ação profissional dos assistentes sociais e para a luta política dos movimentos sociais.

A partir da promulgação da CF-88, ganha impulso o Fórum Nacional de Reforma Urbana[5] (FNRU), que havia sido criado em 1987,[6] e que reúne diferentes movimentos e entidades. O FNRU passa então a ter como meta central de sua ação a promulgação do Estatuto da Cidade, o que só acontece em 2001, com a promulgação da Lei federal n. 10.257/2001, que passa então a regulamentar o capítulo da política urbana da CF-88. O Estatuto da Cidade também se constituiu como uma importante conquista na luta pelo direito à cidade, que acabou impulsionando a criação do Ministério das Cidades e da Conferência Nacional das Cidades em 2003 e o Conselho Nacional das Cidades, em 2004.

Fazem parte do FNRU, entre outros, os intitulados quatro grandes movimentos sociais urbanos da contemporaneidade, que são a Central de Movimentos Populares (CMP), o Movimento Nacional de Luta pela Moradia (MNLM), a Confederação Nacional das Associações de Moradores (CONAM) e a União Nacional de Moradia Popular (UNMP). Além desses movimentos o FNRU agrega organizações não governamentais, organizações de pesquisa ligadas a universidade, sindicatos e conselhos, entre os quais o Conselho Federal de Serviço Social (CFESS).

Desde sua fundação, o FNRU agrega diferentes forças políticas, e traça sua ação junto à luta institucional com governo, muito mais

5. "O Fórum Nacional de Reforma Urbana é um grupo de organizações brasileiras que lutam por cidades melhores para todos nós. São movimentos populares, associações de classe, ONGs e instituições de pesquisa que querem promover a Reforma Urbana". Disponível em: <http://www.forumreformaurbana.org.br>. Acesso em: 28 jul. 2014.

6. Existem informações diversas sobre a fundação do FNRU. No *site* do Fórum consta o ano de 1987 e não existe nenhuma referência ao processo anterior derivado do MNRU. Em vários trabalhos acadêmicos, como Gusso (2012) e Uzzo e Saule (2014), o ano de fundação do FNRU aparece como 1989.

na perspectiva da colaboração do que do enfrentamento. O FNRU cumpriu no início dos anos 2000 o papel de prestar assessoria e consultoria aos municípios preparando-os para a formulação do plano diretor municipal, sua ação foi muito oportuna à gestão petista. Porém o seu grau de institucionalidade não garantiu o avanço no debate sobre a reforma urbana em todas as regiões do país, pois suas ações mais bem sucedidas se concentram em gestões petistas (Gusso, 2013). Suas ações se revelaram importantes para o avanço do debate junto às instâncias governamentais sobre o direito à cidade e sobre a reforma urbana, porém, insuficientes diante do problema real e da necessidade de mobilização dos trabalhadores. Este constitui o primeiro grande bloco de organizações urbanas que lutam pelo direito à cidade.

O segundo bloco de organizações que lutam pelo direito à cidade são aquelas que pautam seu trabalho na ação direta, ou seja, na ocupação de terrenos e prédios ociosos e focam na organização de base dos trabalhadores. Em sua maioria, têm na luta por moradia seu foco central, apresentando um forte traço anticapitalista e de enfrentamento aos governos. Entre esses movimentos, que possuem organização nacional, destacam-se o Movimento dos Trabalhadores Sem Teto (MTST), o Movimento de Luta por Bairro (MLB) e o Movimento de Luta Popular (MPL). Em cidades como São Paulo, Rio de Janeiro e Recife, é possível identificar uma gama de outros movimentos locais que desenvolvem a luta no âmbito da questão urbana, mas que nem sempre se organizam nacionalmente.

Entre os movimentos de organização nacional, merece destaque o MTST, pelo avanço que vem alçando em sua organização de base e em sua organização política, com ações e conquistas em vários estados do Brasil, como São Paulo, Fortaleza, Brasília, entre outros. Sua vitalidade vem ampliando a perspectiva da luta por moradia, para além dos marcos dos programas governamentais em uma direção anticapitalista e de luta pelo real direito à cidade. Hoje o MTST integra a Frente de Resistência Urbana com mais 14 entidades. Entre as várias conquistas, merece destaque a ação realizada por meio do

Projeto Minha Casa Minha Vida Entidades, no estado de São Paulo, no qual a luta política junto ao governo conseguiu ampliar em quase $20m^2$ o tamanho da construção das casas. Infelizmente, essa experiência não conta com a inserção de assistentes sociais.

Ainda no bloco de organizações, que alçaram abrangência nacional, também merece destaque a Articulação Nacional dos Comitês Populares da Copa (ANCOP), que reúne os comitês locais das 12 cidades que sediaram a Copa do Mundo de 2014. Essa organização vêm realizando um importante trabalho denunciando os efeitos da mercantilização das cidades e da preparação das mesmas para receber os megaeventos[7] esportivos. Entre as muitas ações realizadas, organizou o "Dossiê Megaeventos e violações de Direitos Humanos no Brasil"[8], a campanha "Copa pra quem?" e organizou o "Primeiro encontro de atingidos" pelos megaeventos. Os dados levantados sobre as remoções, gastos públicos, violações dos direitos humanos e arbitrariedades das instâncias governamentais, são estarrecedores e emblemáticos da imposição da lógica do capital no cotidiano da cidade, atingindo de forma violenta a vida da classe trabalhadora.

Um terceiro bloco de organizações espalhadas por todo o Brasil reúne aquelas constituídas como pequenas e médias, e se denominam como fórum, associação, frente, articulação etc. Possuem como bandeira de luta algum aspecto da vida cotidiana, que deve permear o processo de reforma urbana, necessária a garantia de direito de amplos segmentos da classe trabalhadora. Organizações ligadas à saúde, cultura, habitação, meio ambiente, transporte etc, como o Fórum de Saúde do Rio de Janeiro, que realiza articulação fundamental na luta em defesa do SUS e contra todas as formas de privatização da saúde.

7. A preparação das cidades para receber os megaeventos esportivos mereceu atenção de muitas entidades, entre elas a Plataforma Brasileira de Direitos Humanos, Econômicos, Sociais, Culturais e Ambientais (Plataforma Dhesca), que lançou, em maio de 2011, um dossiê sobre as diversas violações de direitos humanos cometidas no processo de preparação das cidades sedes para os megaeventos. Entre as inúmeras denúncias, figuram-se algumas supostamente atribuídas a assistentes sociais nos processos de remoção.

8. O Comitê Popular da Copa e das Olimpíadas do Rio de Janeiro lançou o Dossiê "Megaeventos e Direitos Humanos no Rio de Janeiro", em maio de 2012 e 2013.

Movimentos ligados à cultura urbana, como o APAFUNK e o Luta Armada no Rio de Janeiro, Movimento Passe Livre (MPL), que foi um dos grandes protagonistas das manifestações de junho de 2013 e que tem sua base de organização junto aos estudantes. Além das organizações locais de favelas, algumas ligadas a ONG e outras autônomas, que fazem no território de origem, importantes enfrentamentos contra as arbitrariedades do poder público, como o fechamento de equipamentos públicos e a ação violenta do Estado através da força policial.

Certamente no processo de disputa política cada uma das organizações exerce um papel importante. Porém vale destacar, que partindo da perspectiva da análise marxista sobre o capitalismo, o papel do Estado e a luta de classes, entende-se que os avanços legais, só acontecem como consequência da luta política dos trabalhadores organizados. Nessa perspectiva, tão importante quanto avançar nos marcos legais, é avançar na organização coletiva e autônoma dos trabalhadores, até porque, o marco legal se dá nos limites da ordem do capital.

E os assistentes sociais, onde estão na luta pela reforma urbana e pelo direito à cidade? Certamente a categoria está envolvida nos três blocos de movimentos acima explicitados, ainda que de forma diversificada. Porém, com destaque para o primeiro bloco dos movimentos e organizações com vínculos institucionais, seja com o governo federal, ou com os governos municipais. Em parte essa aproximação se deve pelo fato, da luta pela criação e efetivação de políticas públicas, ser um horizonte forte na formação e na ação profissional. Por outro, a tímida inserção de assistentes sociais em movimentos sociais urbanos de ação mais direta, de posicionamento mais crítico e combativo, podem ser explicados em parte, pelo fato dessas organizações não se constituírem como espaços sócio ocupacionais para a categoria, por sua impossibilidade de manter vínculo empregatício com trabalhadores assalariados e também, pelo fato, de que o envolvimento com essas organizações requer, essencialmente, um envolvimento militante.

3. Desafios do Serviço Social junto aos movimentos sociais urbanos

Compreendendo o Serviço Social como uma profissão inserida na divisão social do trabalho, e o assistente social, como um trabalhador assalariado (Iamamoto, 2007), buscamos analisar os desafios da ação profissional a partir das orientações do Projeto Ético-Político, tendo em seu horizonte a superação da ordem do capital. Certos de que a superação do sistema capitalista não é tarefa de uma categoria profissional, mas sim de uma classe, a classe trabalhadora, nos termos de Marx (1997), coloca-se como desafio para os assistentes sociais assumir a perspectiva coletiva do projeto profissional.

De acordo com o primeiro princípio fundamental do Código de Ética do Serviço Social, os/as assistentes sociais reivindicam o "*reconhecimento da liberdade como valor ético central e das demandas políticas a ela inerentes — autonomia, emancipação e plena expansão dos indivíduos sociais*" (grifos do autor), (CFESS, 2001). Todos os princípios do Código de Ética guardam estreita relação entre si, e devem ser considerados em seu conjunto, no direcionamento político do fazer profissional. Vive-se a contradição cotidiana de ter como orientação e princípios da profissão, aspectos que são incompatíveis com a ordem do capital. Como afirmou Marx (2009, p. 63), "a liberdade é, portanto, o direito de fazer e empreender tudo o que não prejudique nenhum outro", ou seja, em sua essência é incompatível com a exploração do homem pelo homem e com a apropriação privada da riqueza socialmente produzida.

Ao tratar da emancipação humana, Marx (2009, p. 71-72), afirma:

> Só quando o homem individual retoma em si o cidadão abstrato e, como homem individual — na sua vida empírica, no seu trabalho individual, nas suas relações individuais —, se tornou *ser genérico;* só quando o homem reconheceu e organizou as suas *forças propres* [forças próprias] como *forças sociais* e, portanto, não se separa mais de si a força social na figura da força *política* — [é] só então [que] está consumada a emancipação humana (grifos originais).

A luta pela emancipação humana é certamente um dos maiores desafios da classe trabalhadora, porque necessariamente pressupõe a superação da ordem social capitalista e a construção de um novo ordenamento social. Os assistentes sociais, como categoria profissional comprometida com a construção de uma nova sociedade, nos termos de Gramsci (2001) e Marx (1997), têm como desafios conciliar a venda de sua força de trabalho com a construção do que Gramsci (2001) identifica como o germe da nova sociedade, que deve ser construída ainda no capitalismo.

Desta feita, a inserção nos movimentos sociais deve avançar para além da retórica, da formação profissional e da luta institucionalizada, materializando o projeto de sociedade apontado no Código de Ética dos Assistentes Sociais, na Lei que regulamenta a profissão e no Projeto Ético-Político. Reafirma-se o pressuposto de que a direção social da ação profissional deve e pode direcionar a intervenção, tanto nos espaços autônomos de organização dos trabalhadores como em espaços institucionais. E para tal, é fundamental reforçar os movimentos sociais urbanos, que reivindicam o direito à cidade, provocando reflexões e lutando por outro projeto de sociedade, em que os indivíduos sejam considerados em sua totalidade.

O trabalho dos assistentes sociais se intensifica na área urbana, na medida em que as cidades vão passando, de forma rápida, por uma nova "faxina étnica", aonde os pobres vão sendo impulsionados a sair das áreas centrais, seja pelas remoções seja pela especulação imobiliária. Mantém-se a antiga receita da urbanização, expulsão dos pobres das áreas que podem servir a classe média e alta com ampliação de investimento público nessas áreas e pauperização da vida dos segmentos da classe trabalhadora com sua retirada das áreas centrais.

Nessa lógica vai se forjando a cidade da exceção. E o Serviço Social está intrinsecamente vinculado a esse processo, em especial a partir de sua inserção precarizada nas políticas públicas, que vão desde a contratação precária de profissionais para a execução do trabalho na área urbana, em sua maioria profissionais terceirizados, que ficam subjugados aos ditames das empreiteiras, como é o exemplo da área habitacional ou subordinados às imposições do poder econômico, como é o caso da regulamentação do Trabalho Técnico Social[9] pela Caixa. O trabalho dos assistentes sociais passa a ser pautado pelos interesses de transformação da cidade em mercadoria, para o qual a faxina social e étnica é condição.

Nessa conjuntura, como tornar possível a manutenção da direção social de nosso fazer profissional embasado no projeto ético-político do Serviço Social? Deste modo, a aproximação com os movimentos sociais urbanos torna-se condição essencial aos assistentes sociais, para negar uma prática conservadora e fugir das orientações subalternizantes das políticas públicas. Para tal, alguns desafios se apresentam a ação profissional, como:

1) Não cairmos na armadilha de fragmentação da questão urbana, os direitos devem ser tratados de forma integral. Não basta morar, é necessário mobilidade social, emprego, cultura, lazer, educação e saneamento.
2) Manter vivo em nosso cotidiano de trabalho as diretrizes de nosso projeto ético-político, com sua clara direção social vinculado aos interesses da classe trabalhadora, tendo como horizonte a superação da ordem do capital, a partir da vinculação com os movimentos sociais e as entidades da classe.
3) Fazermos o debate da questão urbana de forma articulada com o debate da questão rural, na defesa, como afirma Lefebvre, do "direito à vida urbana, transformada, renovada" (1991, p. 117).
4) Não reduzir a ação profissional a meras interferências nos espaços institucionais.
5) Intensificar, na pauta do conjunto CFESS-CRESS, a luta pela realização de concursos públicos para assistente social nas diferentes frentes de trabalho da área urbana.

9. Vale destacar que o conjunto CFESS-CRESS fez um esforço para intervir na revisão das normas do Trabalho Técnico Social através de debates e formulações nas Comissões Estaduais de Direito à Cidade.

6) Romper definitivamente com práticas higienistas.
7) Intensificar a luta pela não subordinação do trabalho técnico social aos interesses econômicos; a definição sobre o fazer profissional é ação privativa do Serviço Social.
8) Contribuir para a formação política dos sujeitos sociais integrantes dos movimentos sociais urbanos e para o processo de formação da consciência, a partir da apreensão das contradições capital x trabalho e suas consequências para a classe trabalhadora, nos termos que Iasi (2001) apresenta.
9) Resgatar o caráter de ação pedagógica do fazer profissional do Serviço Social, nos termos que Abreu (2002) apresenta.
10) Contribuir para a sistematização das experiências organizativas da classe trabalhadora e para a socialização das mesmas entre os segmentos da classe.

Para continuar a reflexão...

Os territórios são espaços nos quais se desdobram as relações sociais, a partir da construção da vida cotidiana. Neste sentido, Lefebvre (2008) e Santos (2008) afirmam que o espaço é construído, não nasce pronto, acabado. E como afirma Harvey (2004), não pode ser definido apenas pelas dimensões geográficas. Os territórios se constituem a partir da dinâmica econômica e também a partir da identidade de seus moradores. Em um movimento dialético, os territórios são construídos pelos sujeitos reais que aí se fixam, com suas identidades, valores, perspectivas. Ao mesmo tempo em que se organizam enquanto espaço, produzem novas identidades[10] e subjetividades.

10. O conceito de identidade vem sendo discutido desde a Antiguidade, não tendo apenas uma definição, já que cada área de conhecimento a define a partir de determinados parâmetros. Neste trabalho, a identidade é considerada como o conjunto de características presentes nas

O desafio dos assistentes sociais consiste em, garantindo sua contribuição técnica, na elaboração e execução de políticas públicas que contribuam para a efetivação dos direitos da classe trabalhadora, também possa ultrapassar seus limites, através de sua ação pedagógica, construir e nos inserir nas lutas urbanas, em suas diferentes formas. Fortalecendo as ações dos movimentos sociais urbanos, e as ruas da cidade, como espaço de reivindicação — a exemplo do que foi a jornada de junho de 2013. Reforçando uma agenda de luta que não se restrinja aos limites das políticas públicas e sociais, mas que, ultrapassando-as, possa contribuir para que os sujeitos vivenciem experiências reais de participação política e que a categoria, enquanto segmento da classe trabalhadora, também possa construir e lutar pelo aprofundamento da democracia e pela socialização da riqueza. Para que possamos contribuir para a emancipação humana, que, nos termos de Marx (2009), colocará fim à "pré-história da humanidade" e que possamos, como afirma Gramsci (2001), construir no hoje o germe da nova sociedade.

Referências

ABREU, Marina Maciel. *Serviço Social e organização da cultura*: perfis pedagógicos da prática profissional. São Paulo: Cortez, 2002.

BRASIL. *Constituição Federal do Brasil*, 1988.

CFESS. Código de Ética do Assistente Social, 2001.

CORRÊA, Roberto Lobato. *O espaço urbano*. São Paulo: Ática, 1995.

ENGELS, Friedrich. *A situação da classe trabalhadora na Inglaterra*. São Paulo: Boitempo, 2008.

FERNANDES, Florestan. *Capitalismo dependente e classes sociais na América Latina*. Rio de Janeiro: Zahar, 1981.

relações sociais de um determinado grupo, considerando aspectos sociais, econômicos, culturais e territoriais que forjam sua cotidianidade.

GRAMSCI, Antonio. *Cadernos do cárcere*. Rio de Janeiro: Civilização Brasileira, 2001. v. 1 a 6.

GUSSO, Ramon José. Movimentos sociais no Brasil: o Fórum Nacional de Reforma Urbana. In: ENCONTRO ANUAL DA ANPOCS, 37., *Anais*..., Águas de Lindóia, 2013.

HAESBAERT, Rogério. Concepções de territórios para entender a desterritorialização. In: ______. *Território*: territórios. Niterói: Ed. da EDUFF, 2007.

HARVEY, David. *Espaços de esperança*. São Paulo: Loyola, 2004.

IAMAMOTO, Marilda Villela. *Serviço Social em tempos de capital fetiche*: capital financeiro, trabalho e questão social. São Paulo: Cortez, 2007.

IANNI, Octávio. *Pensamento social no Brasil*. São Paulo: Ed. da EDUSC, 2004.

IASI, Mauro. *Processo de formação da consciência*. São Paulo: Editora CPV, 2001.

LEFEBVRE, Henry. *Espaço e política*. Belo Horizonte: Ed. da UFMG, 2008.

______. *A vida cotidiana no mundo moderno*. São Paulo: Ática, 1991.

MARICATO, Ermínia. *Brasil, cidades alternativas para a crise urbana*. Petrópolis: Vozes, 2008.

MARX, Karl. *Contribuição à crítica da economia política*. São Paulo: Expressão Popular, 2007.

______. *Para a questão judaica*. São Paulo: Expressão Popular, 2009.

______; ENGELS, Friedrich. *O Manifesto Comunista*. São Paulo: Paz e Terra, 1997.

NOVACK, George. *A lei do desenvolvimento desigual e combinado da sociedade*. São Paulo: Editora Rabisco, 1988.

SANTOS, Milton. *A urbanização brasileira*. São Paulo: Edusp, 2008.

______. *O espaço do cidadão*. São Paulo: Edusp, 2007.

UZZO, Karina; SAULE, Nelson Júnior. *A trajetória da reforma urbana no Brasil*. Disponível em: <http://www.redbcm.com.br/Biblio.aspx>. Acesso em: 28 jul. 2014.

6

A realidade agrária e o trabalho do assistente social na interface com os assentamentos rurais

Raquel Santos Sant'Ana*

Introdução

Este artigo faz uma breve interlocução entre realidade agrária e modelo de desenvolvimento agrário na atual conformação das relações capital/trabalho no campo. A partir da discussão sobre a ausência de uma reforma agrária que permita a desconcentração fundiária, procurou-se tratar das consequências desse processo expressas em suas refrações em âmbito rural.

A partir dessas breves considerações sobre o rural brasileiro trago algumas reflexões sobre o trabalho do assistente social em espaços

* Professora doutora; Livre Docente da Faculdade de Ciências Humanas e Sociais da Unesp de Franca; membro do Grupo de Estudo e Pesquisa Teoria Social de Marx e Serviço Social.

onde ocorre a interface com a realidade agrária, focando alguns elementos para pensar a atuação em assentamentos rurais. O texto pretende contribuir com a discussão sobre Serviço Social e questão agrária ao evidenciar elementos que perpassam os diversos espaços de trabalho do assistente social e que estão direta ou indiretamente relacionados ao modelo de agricultura hoje hegemônico.

1. As particularidades da realidade agrária brasileira

A inserção subalterna do Brasil no processo de mundialização da economia capitalista agudiza as desigualdades e aumenta a tensão nas relações entre as classes. Ainda que seu parque produtivo tenha se ampliado no século XX de forma bastante significativa, é por meio da exportação de produtos manufaturados que o país tem mantido seu *superávit* primário. Com isso, no entanto, vai paradoxalmente reforçando e reproduzindo sua condição subalterna frente ao processo de financeirização do capital mundial. A exportação de produtos primários agora sob as rédeas do mercado de *commodities* tem feito da agricultura brasileira um grande negócio mercantil. Cada vez com maior intensidade, os capitais industriais e financeiros de diversas partes do mundo se mesclam à agricultura para retirar dos trabalhadores mais trabalho e, da terra, rendas exorbitantes.

Nesse quadro, a questão social se completa na particularidade do rural por meio do conjunto de lutas e tensões dos diversos segmentos da classe trabalhadora que se organizam em busca de melhores salários, terra, trabalho e direitos sociais. O resultado, no entanto, tem sido bastante difícil para os trabalhadores: a pobreza rural é uma das refrações mais cruéis desse embate de classes.

Em 2003, o governo Lula assim se manifestou sobre as condições no meio rural:

> Associada à elevada concentração da terra há uma imensa desigualdade no acesso à renda. De acordo com os dados do Censo Demográfico

> de 2000, cinco milhões de famílias rurais vivem com menos de dois salários mínimos mensais — cifra esta que, com pequenas variações, é encontrada em todas as regiões do país. É no meio rural brasileiro que se encontram os maiores índices de mortalidade infantil, de incidência de endemias, de insalubridade, de analfabetismo. Essa enorme pobreza decorre das restrições ao acesso aos bens e serviços indispensáveis à reprodução biológica e social, à fruição dos confortos proporcionados pelo grau de desenvolvimento da nossa sociedade (II PNRA, 2003, p. 12).

Em 2008, por meio de programas focalizados, o Governo Federal promoveu uma ampla diminuição da pobreza extrema e também da pobreza, grande parte dela situada em área rural.

> A partir de 2003, o país apresentou clara tendência de queda nos indicadores de incidência de pobreza, extrema pobreza (indigência) e desigualdade de renda. Pelos dados da PNAD e estimativas realizadas pelo IPEA, em 2003, eram 61,4 milhões de pobres (36%) e 21,6 milhões de indigentes (26%). Em 2008, esses totais caem para 41,5 milhões (23%) e 13,9% milhões (14%), respectivamente. Isto corresponde a uma redução de mais de 30% na incidência da pobreza e de mais de 46% na incidência da extrema pobreza. Já a desigualdade de renda medida pelo Coeficiente de Gini que permaneceu no patamar de 0,60 por 20 anos, atinge seu menor valor em 2008 (0,548) (Cobo, 2012, p. 178).

A ênfase em programas focalizados de renda e algumas exigências para o assentamento de famílias em projetos de reforma agrária evidenciam a estratégia do Governo de transformá-la em mera política compensatória, retirando sua característica principal: ser uma política de desenvolvimento.

No Brasil, a efetivação da reforma agrária como política pública do Estado destinada a permitir a democratização do acesso à terra nunca se realizou. As características particulares da formação sócio-histórica do país e sua dimensão continental permitiram que os interesses das oligarquias agrárias pudessem se mesclar e/ou conjugar com os interesses do capital, ainda que esse processo não tenha se efetivado sem lutas e tensões entre os diversos segmentos da classe dominante.

Ainda que o debate sobre a necessidade da reforma agrária tenha sido elemento de destaque em diversas conjunturas — tendo dois Planos Nacionais lançados por diferentes governos —, a estrutura agrária permanece com um índice de concentração extremamente alto. O índice de Gini da estrutura fundiária permanece em 0,8, variando apenas em alguns décimos, mesmo após a efetivação do II Plano Nacional de Reforma Agrária do governo Lula.

Uma das conjunturas em que a discussão sobre o papel a ser desempenhado pela agricultura no projeto de desenvolvimento do país ocorreu de forma mais acentuada foi na década de 1960. Diferentes posicionamentos políticos e ideológicos fomentaram o debate sobre o modelo de agricultura que deveria ser implantado no país. A Cepal, principal interlocutora do debate, defendia que a agricultura deveria garantir disponibilidade de alimentos para a população, liberar força de trabalho e fornecer matéria-prima para a indústria nascente.

O golpe militar de 1964 vai abortar a discussão sobre a reforma agrária, ainda que paradoxalmente seja responsável pela primeira lei de reforma agrária no país. O Estatuto da Terra (Lei n. 4.504 de novembro de 1964) foi resultado das discussões do início da década, porém, na versão construída pelos militares, estabeleceu como caminho para a agricultura a modernização baseada na grande propriedade (ou seja dispensava qualquer processo de desconcentração fundiária e conciliava os interesses dos latifundiários com os empresários capitalistas), no uso intensivo de maquinário e de agroquímicos e com um modelo produtivo voltado para a cultura de um único produto em vastas extensões de terra; para os trabalhadores sem terra, implementava uma política de colonização que mais serviu para provocar conflitos dessa população migrante com as comunidades nativas do que, de fato, viabilizar o acesso à terra para os trabalhadores rurais que estavam sendo expulsos do campo. Em 1963 é promulgado o Estatuto do Trabalhador Rural e as Leis ns. 5.889 (1973) e

6.019 (1978) que "não só regulamentaram a expulsão como também legitimaram a condição de volante" (Silva, 1999, p. 66-67). A própria lei destinada a garantir direitos aos trabalhadores rurais deixou brechas para a contratação precarizada e desprotegida. É nesse período que são construídos os Complexos Agroindustriais (CAIs) que congregavam uma estrutura produtiva conjunta para indústria e agricultura, subsidiados pelo capital financeiro ou diretamente pelo Estado.

A reforma agrária como política pública de desenvolvimento que permitiria a ampla desconcentração fundiária foi descartada. Em seu lugar, foi realizada uma política de assentamentos direcionada a dirimir conflitos decorrentes da luta pela terra.

Nos projetos de assentamento implantados, as políticas agrícolas e sociais capazes de viabilizar o acesso e permanência da população assentada nas diferentes regiões do país sempre foram frágeis e, em alguns governos ao longo desse período, praticamente inexistentes.

Ao viabilizar o acesso ao trabalho, a geração de renda monetária e moradia, a reforma agrária poderia promover uma outra condição social às famílias camponesas. Além disso, a ênfase para a agricultura familiar (não só aos assentados, mas os incluindo também) viabilizaria ao país a sua soberania alimentar e permitiria um contraponto ao modelo hegemônico de agricultura. Ao invés de monocultura, uso intensivo de agrotóxicos e compactação dos solos, poderíamos ter uma agricultura com pluriatividade, com respeito à diversidade ambiental e ao ciclo da cultura de maneira a produzir alimentos mais saudáveis para toda a população.

À medida que a grande agricultura capitalista garantiu aquilo que seria o papel da agricultura, ou seja, produziu alimentos e matéria-prima para abastecer os centros urbanos e liberou mão de obra para a indústria, a opção da elite brasileira e do Estado foi tratar a questão agrária como resolvida.

As tensões e conflitos advindos da luta pela terra encontram solução numa política de assentamentos dispersa e num processo de repressão e criminalização constante dos movimentos sociais.

No governo Lula, ainda que tenha diminuído a violência contra os movimentos sociais e tenha aumentado os programas destinados à agricultura familiar, a direção política da reforma agrária foi mantida: redistribuir terra não para viabilizar o acesso das famílias e garantir sua autonomia por meio de políticas voltadas para o fortalecimento do assentado como produtor autônomo, responsável por produzir alimento e, ao mesmo tempo, garantir sua reprodução e de sua família por meio do trabalho; ao contrário, o beneficiário da reforma agrária passa a ser usuário dos programas sociais destinados àqueles que não possuem renda.

Com isso, a reforma agrária é tratada como política social focalizada onde a principal ação governamental estará voltada para os benefícios sociais e não para a viabilização da produção.

Os diversos governos, ainda que com diferentes orientações políticas, realizaram políticas de assentamentos ao invés de reforma agrária e sempre essas iniciativas foram decorrentes das pressões desencadeadas pela resistência e lutas dos trabalhadores rurais. A maior evidência desse fato é que os estudos focalizados ou mais abrangentes que trazem dados sobre o processo de formação dos assentamentos mostram que o processo de desapropriação das terras por parte dos governos são sempre ações que procuram responder a pressão daqueles que lutam pela terra nesse país e que se organizam em diferentes movimentos sociais rurais, alguns mais abrangentes, outros mais focalizados.[12]

A trabalhadores rurais e camponeses que se organizam constituem um dos alvos mais atingidos pela classe dominante e seus veículos de comunicação de massa. O processo de criminalização dos movimentos sociais,[13] em especial os de trabalhadores sem terra, é fundamental para a classe dominante pelos desdobramentos que a própria

12. A esse respeito cf. Leite et al. (2004); Carvalho (2013).

13. Durante o governo de Fernando Henrique Cardoso, a criminalização constante dos movimentos sociais foi árdua e resultou em dois massacres a trabalhadores rurais que causaram impactos em nível mundial: o massacre de Corumbiara e de Eldourado dos Carajás. A respeito da luta pela terra e criminalização da luta (cf. Morissawa, 2001).

luta pode trazer. Os seus resultados por si só evidenciam para a massa dos trabalhadores a sua potência: pode constituir-se como real alternativa de aquisição de terra, trabalho e moradia.

Esse debate já foi iniciado no Congresso Brasileiro de Assistentes Sociais a partir da apresentação do resultado da pesquisa concluída junto aos assalariados da cana de açúcar da região de nordeste do Estado de São Paulo. Foi possível evidenciar como a proximidade com os assentamentos faz com que o trabalhador perceba a legitimidade da reforma agrária e, isso pode constituir-se como um "rastilho de pólvora":

> Conviver com os assentados e acampados evidencia as dificuldades da luta pela terra, mas também retira o estigma que os meios de comunicação tentam atribuir aos Sem Terra. [...] A efetivação da luta pela terra nas proposições trazidas pelos movimentos sociais, em especial pelo MST, traz uma perspectiva nova para os trabalhadores que conseguem superar o discurso da ilegalidade divulgado pela ideologia dominante. Pode ser um "rastilho de pólvora", pois não é difícil o trabalhador identificar-se com aquele que está na luta pela terra (Sant'Ana, 2010).

Em pesquisa posterior realizada junto a esse segmento, constatamos que esses trabalhadores e suas famílias são um importante segmento usuário da política de assistência social. Na pesquisa quantitativa, os trabalhadores rurais são 43,5% do público registrado no Cadastro Único do Governo Federal ou nos serviços de plantão nos municípios de até 20 mil habitantes cuja economia é de base agrária. Na pesquisa qualitativa e na percepção dos assistentes sociais, eles chegam a constituir 70% dos demandatários da política de assistência social[14]. Daí a necessidade do debate sobre a assistência social

14. Foram consultadas 100 fichas de 5 municípios de até 20 mil habitantes num total de 500 instrumentos. Os trabalhadores rurais e ex-trabalhadores estavam presentes em 203 e 14 registros respectivamente, o que equivale a 43,5% dos usuários (217 famílias). As fichas sem trabalhadores rurais foram 269 registros (53,8%) e as fichas sem informação sobre ocupação perfizeram um total de 14 (2,8%) do universo pesquisado. Os registros, no entanto, são muito lacunares na especificação da ocupação. Em um dos municípios, foram consultadas 90 fichas

identificar nos usuários dos programas a sua condição de classe, aspecto fundamental para apreender a questão agrária como componente particular do embate entre capital e trabalho, que são decorrentes do modelo de desenvolvimento agrário.

Os recortes sistêmicos das políticas dificultam essa apreensão do usuário como trabalhador. A ideologia dominante distorce o significado político dos movimentos sociais e da luta pela terra. Isto exige dos assistentes sociais não só uma sólida formação teórica metodológica, mas também, um compromisso ético político no sentido de optar pela defesa de um projeto de sociedade que, para além de diminuir desigualdades extremas, possa viabilizar dignidade aos trabalhadores do campo e da cidade.

2. O Serviço Social e realidade agrária: alguns apontamentos sobre a atuação junto aos assentamentos rurais

O acúmulo teórico do Serviço Social nos últimos 30 anos tem possibilitado a profissão ter uma direção social que dialoga com os movimentos sociais e que faz a defesa da luta dos trabalhadores; na realidade, a partir de uma leitura dos fundamentos da sociedade do capital, o Serviço Social defende a necessidade de construção de outra ordem social, pois nessa não é possível construir emancipação humana a medida em que a exploração e a opressão são as bases sob as quais se assenta essa sociabilidade. Isso não significa que os profissionais não tenham o compromisso com as lutas políticas radicadas nas condições objetivas dessa materialidade. O projeto profissional do Serviço Social defende a democracia, a cidadania, os direitos sociais e para isso assume o compromisso com a qualidade dos serviços e

do cadastro, e nas outras 10, a equipe de pesquisa acompanhou o preenchimento do registro. Enquanto nos registros já preenchidos os trabalhadores rurais correspondiam a 8,9% dos demandatários, nas fichas monitoradas corresponderam a 70% da população (Sant'Ana, 2014).

acesso à informação. E são exatamente essas bandeiras diretas ou indiretamente vinculadas às lutas pela emancipação política que nos colocam frente a embates de diversas naturezas nos diferentes espaços sócio-ocupacionais. E nessa arena política os assistentes sociais têm lutado junto aos espaços institucionais para a ampliação da participação e controle sociais em diversas esferas, especialmente nos conselhos de direitos criados a partir da Constituição Federal de 1988.

Nesse esforço de construção de uma massa crítica que subsidie a ação, a profissão precisa investir no sentido de estabelecer interlocuções com saberes e com as lutas estabelecidas pelos diversos segmentos profissionais e, também, com os diferentes sujeitos coletivos, especialmente os movimentos sociais.

Nas últimas décadas, no entanto, a atuação do Serviço Social junto aos movimentos sociais não se expandiu, aliás, pelo contrário. Cada vez mais o assistente social atua junto às políticas sociais, representando o Estado, ainda que também nesses espaços estabeleça embates e possa não abrir mão dos princípios profissionais e da aliança com a classe trabalhadora. Problematizar esse lugar de atuação, portanto, não significa aqui retornar velhos debates, e sim considerar que hoje já temos acúmulo teórico que pode auxiliar na condução da ação, qual seja: o profissional tem que distinguir o projeto institucional do projeto profissional, pois assim consegue colocar seu saber em prol da classe trabalhadora e das lutas sociais, mesmo frente aos limites institucionais. Com isso pode fazer o que Iamamoto chama de "ampliação da legalidade institucional, em defesa dos direitos de cidadania ameaçados pelas políticas neoliberais" (Iamamoto, 1995, p. 141).

Numa sociabilidade que faz com que a naturalização da realidade social seja regra, que trata as resistências e lutas como anarquia ou sectarismo, é evidente que a formação em Serviço Social deve permitir essa desmistificação das referências negativas lançadas sobre a classe trabalhadora e, especialmente, junto aos movimentos sociais — o que é uma tarefa árdua frente às condições que estão sendo dadas à formação no atual contexto.

Atuar nos diversos espaços sócio-ocupacionais traz desafios diferenciados, daí a necessidade de um profissional criativo, propositivo e bem preparado teórica e metodologicamente e com capacidade de fazer uma opção ético-político de defesa de uma nova ordem societária sem opressão e exploração, mas também capaz de pensar uma atuação crítica ainda que nas condições limitadas estabelecidas nas diversas materialidades do trabalho profissional. Iamamoto afirma:

> O assistente social lida, no seu trabalho cotidiano, com situações singulares vividas por indivíduos e suas famílias, grupos e segmentos populacionais, que são atravessadas por determinações de classes. O profissional é desafiado a desentranhar da vida dos sujeitos singulares que atendem as dimensões universais e particulares que aí se concretizam, como condição para transitar suas necessidades sociais da esfera privada para a esfera da luta por direitos na cena pública, potencializando-a em fóruns e espaços coletivos. Isso requer competência teórico-metodológica para ler a realidade e atribuir visibilidade aos fios que integram o singular no coletivo quanto o conhecimento sobre o modo de vida, trabalho e expressões culturais desses sujeitos sociais, como requisitos essenciais do desempenho profissional, além da sensibilidade e vontade políticas que movem a ação (Iamamoto, 2007, p. 220-1).

É evidente que frente à diversidade de espaços sócio-ocupacionais do Serviço Social, a formação generalista, de qualidade e com uma perspectiva crítica é que permitirá aos profissionais uma atuação que de fato viabilize o acesso a informações, o compromisso com a qualidade dos serviços prestados e a aproximação com os sujeitos políticos que constroem a resistência à exploração e a diferentes formas de opressão.

O constante sucateamento do ensino superior e a avalanche mercantilista que tomou conta do ensino universitário em nosso país colocam em xeque a formação em Serviço Social e isso decorre não só do ensino à distância, como também do processo de precarização do ensino presencial que passou a ser orientado quase que exclusivamente pela lógica mercantil. E é exatamente esse processo que tensiona a atual direção política da profissão, afinal sem capacidade crítica, sem fundamento teórico-metodológico e opção ético-política não é possível fazer o enfrentamento com a sociabilidade do capital.

Riscos e condições adversas, no entanto, são tendências passíveis de serem revertidas na luta política, afinal não há lugar para determinismos sociais. Se não houvesse espaço para o inusitado, o Serviço Social não seria o que é hoje, afinal foi em condições bastante adversas que ele construiu e fortaleceu seu direcionamento atual e isso já o coloca em condições peculiares para o enfrentamento das condições atuais. Como afirma Netto (2006, p. 158): para além da vontade dos assistentes sociais, a efetivação da atual direção ético-política depende "vitalmente do fortalecimento do movimento democrático e popular" no país.

Nesse aspecto, socializar e debater experiências de atuação alinhadas ao projeto profissional é de suma importância, especialmente junto aos movimentos sociais e comunidades assentadas, pois os registros nessa área são muito escassos (Marques e Diniz, 2010).

Na década de 1980, profissionais de Serviço Social vinculados a Projetos de Educação Popular desenvolvidos por igrejas, faculdades/universidades ou mesmo entidades — que hoje seriam denominadas de ONGs —, realizavam o trabalho de assessoria aos movimentos sociais rurais e contribuíram de maneira efetiva com diversas comunidades que conquistaram a terra.

Com a ampliação da atuação do Serviço Social nos espaços institucionais do Estado pela via das políticas sociais, o Serviço Social diminui sua atuação diretamente junto aos movimentos sociais e passa a se relacionar com esses sujeitos, via de regra, mediados pelas políticas públicas.

Na interface com os movimentos sociais rurais o descaso governamental (estadual e federal) com os órgãos responsáveis pela implantação da reforma agrária faz com que os profissionais da área social diretamente vinculados à efetivação da política sejam reduzidos ou seus vínculos se tornam ainda mais precarizados. Vários profissionais (e não só o assistente social) são contratados por Organizações não Governamentais (ONGs) ou cooperativas agrícolas que são responsáveis pela assessoria aos assentados na implantação dos Projetos de Assentamento a partir das orientações do Estado.

Nesses espaços, ao profissional de Serviço Social cabe o encaminhamento dos benefícios sociais vinculados à seguridade social, o trabalho com grupos, principalmente de mulheres e jovens, assessoria a construção de projetos sociais e de produção e o trabalho junto às prefeituras para estabelecer parcerias para a efetivação de políticas sociais nos assentamentos.

Com contratos terceirizados, o profissional passa a ter metas de atendimentos a serem cumpridas junto às comunidades, o que o pressiona e o precariza. Nas atividades a serem desenvolvidas com os grupos dentro dos assentamentos, as possibilidades concretas do fortalecimento dos espaços coletivos são mediadas pelas políticas institucionais, o que gera tensões permanentes, mas não elimina as possibilidades do trabalho.

A atuação junto às comunidades assentadas, quando realizadas em órgãos governamentais, vai reproduzir os embates e tensões característicos das atuações junto ao Estado. Nesses espaços, via de regra, é possível a interlocução direta com os sujeitos coletivos com experiência de organização coletiva e isso pode potencializar as ações dos profissionais. No entanto, a atuação num espaço não consolidado de trabalho profissional e, via de regra, sendo contratado em cargos genéricos, o assistente social vivencia condições bastante difíceis de trabalho, inclusive o descumprimento das 30 horas semanais.

O vínculo precário, a sobrecarga de trabalho, as pressões dos órgãos governamentais e interferência destes no trabalho, as dificuldades de organização da comunidade assentada, políticas agrícolas que dificultam a autonomia dos assentados e, a consequente precarização das condições de vida da população constituem os grandes desafios do trabalho profissional junto às comunidades assentadas. Nenhum desses, no entanto, é maior do que ter que desafiar o instituído e ser um profissional que, para além de viabilizar acesso a programas focalizados de renda, possa contribuir efetivamente para a construção de uma política pública de desenvolvimento para o campo. Daí a importância do compromisso com a qualidade e direção do serviço prestado, com a democratização e acesso a informação, o respeito aos sujeitos e aos movimentos sociais.

Manter o compromisso ético-político e a competência teórico-metodológica no sentido de apreender para além da imediaticidade posta pelo cotidiano profissional é fundamental ao profissional de Serviço Social, especialmente nesses espaços. Uma tarefa árdua, mas realizada com maior ou menor desenvoltura quando o profissional encontra aliados nas equipes interdisciplinares onde atua e quando o seu vínculo com os movimentos sociais e com as comunidades assentadas é de aliança política ou vínculo orgânico.

Considerações finais

A atuação do profissional de Serviço Social se depara com a particularidade da questão agrária em diversos espaços sócio-ocupacionais, seja no âmbito urbano ou rural.

Nas políticas de seguridade social, as refrações da questão agrária vão estar expressas nas demandas postas à assistência social, a previdência, e mesmo a saúde devido ao processo de adoecimento de amplo contingente de trabalhadores que, devido às condições insalubres e precárias do trabalho, se tornarão usuários frequentes dos equipamentos sociais.

Apreender essa demanda advinda do rural passa pela leitura do modelo de desenvolvimento em curso em área agrária. A opção brasileira pelo agronegócio em detrimento de um modelo voltado para a agricultura familiar traz rebatimentos diretos sobre a maioria dos municípios brasileiros de base rural. São as resultantes desse processo que vão trazer inchaços populacionais, desertificação do campo, ausência de soberania alimentar e condições indignas de vida para grande parte da população que vive ou trabalha no campo; também é no bojo desse processo que a reforma agrária vai sendo transformada em política social para assentamento dos pobres do campo e, com isso, perdendo seu caráter de política pública de desenvolvimento destinada a garantir terra, trabalho e moradia aos trabalhadores rurais e camponeses brasileiros.

Somente uma leitura que apreenda os determinantes da questão agrária é que vai permitir aos assistentes sociais, nos diversos espaços sócio-ocupacionais, atuarem de maneira a fortalecer os sujeitos coletivos e os movimentos sociais que lutam por outro modelo de produção para a agricultura. E o profissional pode fazer isso diretamente vinculado aos movimentos sociais, mas pode e deve ter esse compromisso nos diversos espaços de trabalho, seja fazendo a discussão com a população usuária da política social, seja democratizando os espaços e as discussões nas comunidades assentadas.

Referências

BRASIL. II Plano Nacional de Reforma Agrária. Ministério do Desenvolvimento Agrário, Instituto Nacional de Colonização e Reforma Agrária. Brasília, 2013.

CARVALHO, L. H. *As condições de vida dos assentados da região de Andradina*: a realidade e os indicadores de avaliação da política pública de reforma agrária. Tese (Doutorado em Serviço Social) — Faculdade de Ciências Humanas e Sociais de Franca, Unesp-Franca, 2013.

COBO, B. *Políticas focalizadas de transferência de renda*: contextos e desafios. São Paulo: Cortez, 2012.

IAMAMOTO, M. V. *Renovação e conservadorismo no Serviço Social*: ensaios críticos. São Paulo: Cortez, 1995.

______. *Serviço social em tempo de capital fetiche*: capital financeiro, trabalho e questão social. São Paulo: Cortez, 2007.

LEITE, S. et al. (orgs.). *Impacto dos assentamentos*: um estudo sobre o meio rural brasileiro. São Paulo: Unesp, 2004.

MARQUES, M. C.; DINIZ, B. R. *A relação do serviço social com os movimentos sociais na contemporaneidade*. XIII CBAS, Brasília, 2010.

MORISSAWA, M. *A história da luta pela terra e o MST*. São Paulo: Expressão Popular, 2001.

NETTO, J. P. A construção do projeto ético-político do Serviço Social. In: MOTA, A. E. et al. (Orgs.). *Serviço Social e saúde*: formação e trabalho profissional. São Paulo: OPAS/OMS/Ministério da Saúde, 2006.

SANT'ANA, R. S. *A luta pela terra, os movimentos sociais e o Serviço Social*: um debate sobre os trabalhadores rurais e as possibilidades de uma ação educativa do assistente social. XIII CBAS, Brasília, 2010.

______. Trabalho e modelo de desenvolvimento: a realidade rural e as expressões da questão social. *Serviço Social & Sociedade*, São Paulo, n. 120, edição especial out./dez. 2014. Disponível em <http://www.scielo.br/scielo.php?script=sci_issues&pid=0101-6628&lng=pt&nrm=is>.

SILVA, M. A. de M. *Errantes do fim do século*. São Paulo: Edunesp, 1999.

7

O que a universidade pode aprender quando coloca seus pés em um acampamento sem terra?

Katia Iris Marro*

1. Introdução

Tendo como referência nossos esforços intelectuais e políticos-organizativos das últimas décadas como categoria profissional, podemos afirmar a importância da relação do Serviço Social com as lutas das classes subalternas, pois ela representa uma *possibilidade de redimensionamento crítico da profissão*, no sentido de *processar criticamente sua função na reprodução das relações sociais e nos próprios conflitos de classe* (grifos do autor).

* Doutora em Serviço Social pela UFRJ; professora da UFF de Rio das Ostras; educadora da Escola Nacional Florestan Fernandes.

Por isso escolhemos começar traçando o ritmo — às vezes mais espontâneo, às vezes mais orgânico — do protagonismo recente das massas trabalhadoras, pois, na medida em que as mesmas se organizam através de movimentos sociais e organizações populares para lutar pelos seus direitos e suas condições de vida, podem se tensionar os mecanismos estatais de enfrentamento das expressões da "questão social", e portanto, as próprias bases de configuração da demanda profissional do Serviço Social. Olhar para o movimento das classes subalternas[1] é assim uma condição para problematizar os significados da nossa intervenção profissional nas diversas expressões do conflito de classes, sobretudo em tempos onde a fome, o desemprego, a violência ganham roupagens de resistência coletiva em assentamentos, ocupações, acampamentos. Olhar para o movimento das classes subalternas é também a possibilidade de questionar a relação histórica da nossa profissão com esses segmentos, pautada na subalternização e no apaziguamento dos "efeitos incômodos" do conflito de classes. Ao mesmo tempo, esse cenário de movimentação das classes subalternas "sacode" as "zonas de conforto" da universidade pública questionando sua função social. Então esta é também uma oportunidade para pautar a produção de conhecimento em sintonia com a agenda de luta e reivindicação desses sujeitos.

2. Reflexões sobre o contexto sócio-histórico atual na perspectiva das lutas das classes subalternas

Como compreender as recentes mobilizações populares que irromperam com maior força na aparente "paz" das classes dominantes? Qual é o quadro societário que nos permite entender essas reações

1. Ao observar os processos de auto-organização das classes subalternas, nos inspiramos em uma série de critérios metodológicos sobre a dinâmica de movimentação desses grupos, que se desprendem da leitura dos textos gramscianos. Cf., sobretudo, Gramsci (2000a; 2000b).

inorgânicas e espontâneas dos de baixo, mas não por isso menos significativas para a experiência histórica da classe? Neste artigo não pretendemos abordar em profundidade estas questões, mas podemos situar características atuais da dinâmica de movimentação das classes subalternas que são úteis para dimensionar melhor os desafios, os dilemas e as contradições da relação do Serviço Social com essas expressões de luta.

Em primeiro lugar, é fundamental tecermos algumas reflexões sobre a natureza e a expressividade dos conflitos de classe na atualidade, cuja raiz remete às profundas transformações societárias que se desencadeiam a partir da crise do capital que se abre na década de 1970. É inegável que as mudanças na dinâmica da acumulação no mundo do trabalho, nas formas de exercício do domínio de classe e na configuração da hegemonia burguesa, na composição da classe trabalhadora e até no próprio perfil da política social tiveram *consideráveis impactos nas condições materiais da luta de classe.* Assim, estas *transformações nas formas como se expressa o conflito de classes reverteram numa mudança paulatina na identidade de luta das classes subalternas*, redimensionando suas formas clássicas de organização, suas bandeiras de luta, a proliferação de diferentes sujeitos do antagonismo de classes e a própria forma histórica da identidade operária[2] (grifo do autor).

Uma breve análise dos movimentos e conflitos de classe na América Latina das últimas décadas nos permite constatar essa metamorfose de sujeitos que transbordam largamente as tensões clássicas do mundo do trabalho. Então, que elementos da dinâmica da luta de classes podemos destacar nas rebeliões populares (ou crises que envolveram mobilizações de massas) que aconteceram em países como Argentina, Equador, México, Bolívia, Paraguai, Chile, Venezuela, ao longo das décadas de 1990 e 2000? (Taddei, 2006).

É possível observar que em um primeiro momento daquela década observa-se uma paulatina redução das taxas de sindicalização, das greves e da gravitação do movimento operário frente a um relativo

2. Uma análise mais profunda dessa questão pode ser observada na pesquisa que realizamos à luz da experiência do Movimento de Desempregados na Argentina. Cf. Marro (2009).

aumento da participação dos assalariados dos serviços públicos no enfrentamento da privatização neoliberal. Particularmente no Brasil, esse recuo das lutas coletivas dos trabalhadores expressa-se na diminuição do número de greves, que passam de 4.000 em 1989, para 1.228 em 1996, decrescendo ainda mais para 525 em 2000 e 299 em 2005 (Badaró, 2014).

Entretanto esse quadro também é acompanhado de um protagonismo dos movimentos indígenas, sobretudo no enfrentamento da crescente mercantilização dos recursos naturais, retratado em experiências como as do EZLN no México (pelo avanço dos TLCs); ou as rebeliões na Bolívia e no Equador (frente a conflitos que envolvem a posse da terra, a água e o gás). Ora, ao falarmos dos sujeitos que confrontaram o avanço do agronegócio, devemos agregar a presença de outros movimentos de base camponesa, em países como Paraguai e Brasil. Especificamente neste último, vários intelectuais coincidem na hipótese de que, nessa década "áspera", o eixo mais forte e radical de resistência tenha estado no campo com o protagonismo de movimentos como o MST no enfrentamento da histórica questão agrária. Finalmente, não poderíamos deixar de mencionar o destaque de diversos movimentos urbanos, em especial os movimentos de desempregados ou sem teto (sobretudo em países como Brasil e Argentina), que evidenciam a tendência do capitalismo atual à geração de uma massa enorme de trabalhadores supérfluos, tencionando a relação com as políticas sociais, o acesso à habitação e à cidade, ao emprego etc.

É nesse quadro latino-americano onde irrompem — de forma *aparentemente tardia* no Brasil[3] — as mobilizações de massa de junho de 2013, gravitando em torno de um caldo de cultura que se engrossa ao ritmo de uma cidade que se desenha conforme as necessidades da acumulação do capital (utilização de fundo público para a produção de megaeventos, remoções e "leis de exceção"); da precarização

3. Coincidimos com as análises que destacam a importância das diversas lutas e tentativas de organização (de movimentos sociais, partidos de esquerda, sindicatos, organizações populares) travadas ao longo das décadas de 1990 e 2000 na contramão das tendências políticas que se afirmavam no país, funcionando como *precedentes fundamentais* e *reservas de luta* para momentos de fissura da hegemonia política, como o que se observa com as mobilizações de junho.

da política social; da superexploração da força de trabalho; do desemprego de mais de 6 milhões de trabalhadores (sem contar as centenas de jovens que não procuram emprego nem estudam); da violência das classes dominantes que vêm utilizando-se sistematicamente do extermínio dessas massas supérfluas. É nesse caldo de cultura que se observam interessantes intervenções como as do MTST, o MPL, os Comitês Populares da Copa, ou as greves de trabalhadores que rompem com suas desgastadas direções sindicais — nos belíssimos exemplos dos garis no carnaval carioca de 2014 ou os metroviários em São Paulo (Harvey, Maricato e Zizek, 2013; Badaró, 2014).

Se estas mobilizações chegaram de forma "tardia" ao quadro latino-americano de crise política e rebeliões populares, ou se elas "irrompem repentinamente" frente a um conjunto de expressões da barbárie que vem se alargando nas últimas décadas sob os olhos aparentemente "anestesiados" de lideranças sindicais e partidárias tradicionalmente de esquerda, não parece ser uma questão central. Mas é importante registrar, não aquilo que é evidente há muito tempo — que o PT não representa nenhuma alternativa de poder para os de baixo —, mas o que pode ser útil para o aprendizado histórico dos grupos subalternos: para trabalhar contra os efeitos deletérios nas condições de vida e humanidade das massas trabalhadoras é necessário apostar na sua auto-organização, na experimentação das suas reservas de luta lançando mão de todos seus instrumentos clássicos e atuais de organização — sindical, partidária, territorial —, na contramão de qualquer ilusão governista que possa desarmar — ainda mais — a classe.

Resulta claro que essas manifestações convivem com outras tantas de grande heterogeneidade ideológica, espontâneas e contraditórias, mas alguns desafios podem ser apontados, no sentido dos possíveis cenários que se abrem na perspectiva de movimentação das classes subalternas. Dentre as potencialidades das mobilizações de junho destacamos: a aproximação à vida política por parte de alguns segmentos da juventude; a politização das expressões da questão social; a possibilidade de pautar a agenda de debates públicos (por exemplo, a partir das intervenções de movimentos como o MTST); uma maior visibilidade ao genocídio policial da população pobre e negra nas favelas; a intervenção dos Comitês Populares na construção de uma consciência coletiva (bastante ampliada) acerca do significado dos megaeventos para a acumulação do capital; a fissura e o descrédito da aparente inconteste hegemonia da mídia burguesa no seu avassalador poder de convencimento das maiorias sociais. Seria precipitado sugerir que estas mobilizações possam abrir, por si mesmas, uma nova conjuntura de lutas de massa; entretanto podemos afirmar que elas funcionam como uma espécie de "fotografia" da dinâmica de movimentação das classes subalternas que se estrutura nas últimas décadas: ora com ritmos mais caóticos e espontâneos, ora com movimentos de maior agregação orgânica em torno de reivindicações "nada novas" (como o preço e a qualidade do transporte coletivo ou outros serviços essenciais para a reprodução dos trabalhadores); a repulsa da violência policial; a denúncia do monopólio da informação por parte das corporações empresariais da mídia; as deficiências da saúde e da educação; a concentração fundiária ou o déficit habitacional etc.

Dessa forma, alguns dos sujeitos que vemos em movimento, sobretudo a partir da última década (e para além das mobilizações de junho) representam um pouco a "cara" das massas trabalhadoras nos dias de hoje: profundamente heterogêneas; com inserções precárias e diversificadas no mundo do trabalho; ora com trajetórias organizativas territoriais ou sindicais, ora sem experiências precedentes, ora com inserções vivenciadas a partir das necessidades mais radicais da sobrevivência; disputando sua existência entre a barbárie e a possibilidade de experiências organizativas — nada simples nem harmônicas — que trazem a promessa de novos horizontes de humanização; lançando mão de instrumentos organizativos clássicos da sua classe ou reinventando-os a partir destas novas condições. Estamos frente a sujeitos diversificados do antagonismo de classes cujas formas de organização (territoriais, sindicais, econômico-corporativas ou políticas), suas bandeiras de luta, seu potencial de enfrentamento do capital, ou de construção de outro projeto societário devem ser profundamente reinventados.

Assim, acampamentos e assentamentos sem terra são cenários de um segmento da classe que ensaia, nestes territórios, tentativas de reprodução da sua existência na contramão das amarras do agronegócio. São também espaços onde se experimenta a organização de relações sociais em tensão com a miséria das relações próprias desta ordem social, ou também a construção de outras referências de socialização política que não reproduzam a separação/alienação das próprias capacidades coletivas de intervenção nos rumos da vida social. É evidente que esta não é uma tarefa simples para os processos de auto-organização desses trabalhadores, sobretudo se considerarmos fenômenos recorrentes como, por exemplo: vivências prévias de convívio com a violência urbana; ausência de qualificação e perda de atributos produtivos da sua força de trabalho por pertencerem a segmentos da classe considerados como "supérfluos" para o capital; trajetórias de vida marcadas pela pobreza e a negação dos direitos mais elementares; reprodução de valores regressivos (como o machismo ou a homofobia) e relações de subalternização, respeito a sua própria condição de trabalhadores etc.

Entretanto, seria limitado não reconhecer como, apesar dessa complexa realidade, acampamentos e assentamentos sem terra são cenários atuais onde também se disputa a reconstrução da sociabilidade da classe. E é este um dos desafios que deve ser cuidadosamente pensado pelos movimentos sociais, pela intelectualidade, e pelos diversos sujeitos coletivos que tenham como foco as formas contemporâneas como se constrói o antagonismo de classes.[4]

3. Extensão universitária e movimentos sociais: de aprendizados e conquistas

As práticas de extensão universitária não estão isentas da intensa reformulação experimentada nas últimas décadas pela política de educação superior à luz das orientações neoliberais, inspiradas no

4. Alguns intelectuais — inclusive no sentido gramsciano — trazem reflexões interessantes para pensar nesses desafios, como, por exemplo, Boulos (2014) e Machado (2007).

modelo educativo propagandeado pelo Banco Mundial para os países da periferia do capitalismo. Assim, o estímulo de "parcerias" que buscam a captação de recursos privados para o financiamento de atividades acadêmicas (de ensino, pesquisa e extensão) ou os programas que materializam o "acesso à educação superior" através da isenção fiscal para cursos privados (como o PROUNI), a proliferação de políticas de avaliação que reproduzem uma lógica meritocrática e produtivista e o apoio a uma política de educação superior a distância são algumas das situações que evidenciam uma ressignificação das funções sociais da universidade pública — cada vez mais reduzida a uma universidade de "ensino", e suas atividades político-pedagógicas, sendo submetidas à lógica do mercado. O caráter regressivo destas tendências observa-se não apenas nos processos de privatização em curso (pela ampliação dos cursos privados ou pela privatização interna da universidade), mas também nos impactos no processo de formação e no próprio perfil dos profissionais que essa universidade produz (Lima, 2009).

Por isso, para falar de uma experiência de extensão universitária que se propõe uma articulação e trabalho conjunto com movimentos sociais não podemos deixar de reconhecer que estas práticas se constituem como subalternizadas em relação às práticas de pesquisa (ou em relação a aquelas que implicam venda de recursos e serviços), retratando marcas de um certo perfil de universidade pública elitista e distante das principais necessidades sociais do seu tempo. Exemplo disso é a dinâmica de financiamento que prevalece e se concentra, sobretudo, na garantia de bolsas para alunos de graduação; ainda que também existam editais específicos bastante ricos nas suas linhas de intervenção (como o PROEXT), porém que demandam uma excessiva carga administrativa por parte da equipe executora. Ao mesmo tempo, os limites em matéria de financiamento institucional não são, necessariamente, um obstáculo para a realização e desenvolvimento desses projetos — os quais se relacionam com compromissos e objetivos que envolvem significativas apostas políticas, éticas e profissionais dos docentes e discentes envolvidos —, porém se materializam numa sobrecarga de trabalho e de responsabilidades sobre esses sujeitos envolvidos, não sempre devidamente reconhecida pelas universidades públicas às quais se vinculam.

A experiência de extensão que trazemos para a reflexão baseia-se nos projetos e programas criados desde 2010 no seio do Curso de Serviço Social da UFF de Rio das Ostras, nutrindo-se de importantes articulações interdisciplinares com outros cursos e parcerias com entidades vinculadas a movimentos populares.[5] Essas propostas buscam construir um laço mais orgânico entre a universidade pública e os movimentos das classes subalternas, acompanhando diversos processos de organização e expressões de luta popular da região,[6] destacando-se o trabalho junto ao então acampamento e hoje assentamento Osvaldo de Oliveira do MST.

Dentre as questões que nos levaram a elaborar esta proposta de trabalho — de acompanhamento do processo de construção de um acampamento/assentamento por parte de trabalhadores sem terra — é importante mencionar a riqueza que representa essa tentativa de enfrentamento coletivo das desigualdades sociais frente às precárias condições de vida de famílias procedentes de diversas regiões peri-

5. Referimo-nos ao Programa "Assessoria interdisciplinar em saúde e cidadania a movimentos populares" que compreende os projetos "Ações para a afirmação do direito à saúde e a qualidade de vida no acampamento Osvaldo de Oliveira" (Curso de Enfermagem); "Assessoria em questões de cidadania a movimentos sociais e populares: parcerias inter-universidades para a gestação de processos de formação política e humana para militantes sociais" (Curso de Serviço Social) e Semana de Cultura Afro-Brasileira em Rio das Ostras (Curso de Serviço Social). Todos eles têm um caráter relativamente permanente desde 2010 e estão devidamente registrados na PROEX da UFF. Cabe destacar que em 2013 fomos contemplados com recursos do Edital PROEXT para implementar o Programa "Universidade Itinerante: formação político-cultural em direitos humanos voltada para comunidades rurais da baixada litorânea e região norte do estado", o que nos permitiu estender e aprofundar o trabalho que já desenvolvíamos no acampamento Osvaldo de Oliveira (na região de Rio das Ostras — Macaé), também para o acampamento Luiz Maranhão, em Campos dos Goytacazes. Um excelente trabalho de pesquisa de graduação que sistematiza esta experiência encontra-se em Oliveira (2013). Ver também Alves, Dulcich, Marro, Silva, Soares e Vasconcelos (2013 e 2014).

6. Ainda que se destaquem os trabalhos realizados junto ao MST, já acompanhamos como Programa de Extensão as mobilizações do Grito dos Excluídos, pelo fim da violência sexual contra as mulheres em Rio das Ostras, pelo esclarecimento do assassinato de lideranças sem terra em Campos dos Goytacazes, assim como também temos promovido trocas com grupos quilombolas, sindicatos e organizações sociais e políticas locais.

féricas de Rio das Ostras e Macaé; cidades também caracterizadas por uma invisível concentração fundiária. Por outro lado, a experiência contém a possibilidade de problematizar certos valores arcaicos (patrimonialismo; clientelismo; subserviência) da cultura política local e trabalhar as dificuldades enfrentadas pelos processos de organização popular nesse contexto adverso à mobilização autônoma dos subalternos. Daí que o resgate de instrumentos de resistência político-cultural que fazem parte do universo de alguns movimentos locais (como a capoeira ou as práticas de saúde alternativas) tenha sido uma estratégia bastante explorada. Por tanto, uma premissa fundamental deste trabalho é de que a universidade pública pode contribuir com os processos organizativos das classes subalternas que lutam pela ampliação do acesso à riqueza e aos bens socialmente produzidos, orientando sua produção intelectual às principais necessidades desses grupos sociais.

Dentre os *principais objetivos* se destacam a realização de ações de formação política que possam contribuir com os processos de organização já existentes, a afirmação do direito à saúde numa perspectiva integral e de melhoria das condições de vida das famílias, o acompanhamento da organicidade interna — inclusive com vistas à negociação com o poder público na luta por direitos sociais, a articulação e visibilidade de diversas manifestações de resistência sociocultural (de raiz afro-brasileira e outras próprias do meio rural), dentre outros.

Então, o que podemos dizer sobre a *metodologia de trabalho* construída para a efetivação destes objetivos? Neste trabalho, tem sido de fundamental importância: a) a formação interdisciplinar de um coletivo de professores e alunos de diversos cursos abocados ao estudo e à preparação para a realização do trabalho de campo com movimentos sociais, estando em profundo diálogo com a coordenação política e os representantes dos núcleos de famílias do assentamento; b) especificamente sobre as estratégias pedagógicas, destacamos a construção de oficinas de formação política que incluem debates, cinema, rodas de conversa ou outros instrumentos de educação popular, visando trabalhar as principais necessidades organizativas da comunidade. Temos promovido também a utilização de momentos e atividades culturais como vias alternativas para a qualificação do trabalho de formação política e humana; c) utilizamos também oficinas de formação de agentes multiplicadores de saúde, abordando necessidades concretas por grupos etários, as condições de vida, o acesso aos equipamentos públicos, a relação com o meio ambiente, dentre outros; d) realização de estudos sociais e epidemiológicos, levantamento de demandas, traçado do perfil socioeconômico e outras demandas das famílias para a elaboração conjunta de reivindicações e negociações com o poder público local; e) organização de mutirões que envolvem o esforço coletivo da direção política do movimento, os coordenadores de núcleo, as famílias e a comunidade universitária, para tratar de diversos assuntos relacionados com a organização interna ou as condições de vida da comunidade, promovendo o protagonismo dos próprios sujeitos, assim como também o envolvimento dos estudantes com a realidade social do assentamento; f) promoção de debates, eventos (como seminários, encontros) e estudos entre a comunidade acadêmica e as famílias acampadas/assentadas de forma a possibilitar a construção de agendas de pesquisa e de trabalho que partam das necessidades e problemas identificados a partir das oficinas.

Esta metodologia de trabalho é fruto do amadurecimento da equipe a partir da relação de troca estabelecida com esses sujeitos, e nesse sentido é importante refletir sobre *o significado dessas estratégias para a qualificação do processo de auto-organização do movimento*. Destacamos que as ações de formação política e as atividades culturais vêm tendo impactos consideráveis no fortalecimento da organização interna dos acampamentos rurais onde trabalhamos; especificamente no acampamento Osvaldo de Oliveira (Rio das Ostras/Macaé), esse trabalho desempenhou um papel importante na preparação das famílias para o planejamento do futuro assentamento, recentemente conquistado. A utilização da literatura, o teatro e a capoeira tem possibilitado a abordagem de diversos assuntos também relacionados com a organicidade interna ou as necessidades sociais das famílias, através de outros instrumentos (menos convencionais para a formação política clássica) que enriquecem o universo cultural de todos os seus participantes e têm impactos significativos na aglutinação interna, na construção de identidade, na resolução de conflitos, na maior apropriação dos conteúdos propostos. Dessa forma, viemos acompanhando um rico e complexo — pois não está isento de contradições e dificuldades — processo de crescimento da comunidade para problematizar a organização interna do assentamento, sobretudo nas suas relações de convívio e de gênero; a distribuição de tarefas; a auto-organização para resolução de necessidades coletivas etc. Por sua vez, as diversas atividades de saúde desenvolvidas têm impactos importantes na melhoria das condições de vida e na organização do ambiente, assim como também para a construção de encaminhamentos de demandas coletivas ao poder público e a garantia de direitos.

Por outro lado, gostaríamos de refletir também sobre *os aprendizados que esta experiência traz para a universidade e especificamente para a formação dos estudantes e futuros profissionais* (grifo do autor). O primeiro mérito é a vivência das condições de vida e o conhecimento das formas de organização — nas suas riquezas e contradições — das classes subalternas na atualidade, a partir da experiência concreta de um acampamento ou assentamento sem terra. Esta é então uma possibilidade de problematizar a "questão social" a partir dos seus traços de luta, trazendo interrogações acerca das formas de organização e resistência acionadas por esses sujeitos para dar resposta a suas manifestações, para construir uma relação de negociação e tensão com o poder público. É, ao mesmo tempo, uma oportunidade para questionar os mecanismos estatais (assistenciais, legais, repressivos) acionados frente a essas reivindicações legítimas, assim como também a relação que existe entre as políticas sociais e as expressões do conflito de classes que se tornam objeto de ação pública e estatal. Apesar das inúmeras dificuldades e contradições que se observam num assentamento sem terra, é um cenário privilegiado para observar que as expressões da "questão social" e os seus sujeitos só aparecem passivos, despidos de conflitos coletivos e formatados para serem enquadrados nas inúmeras exigências individualizantes das políticas sociais pelo efeito de um árduo e cotidiano trabalho de disciplinamento social.[7] Por isso é também um cenário privilegiado para aprender o significado das lutas coletivas para a conquista dessas políticas sociais na perspectiva da ampliação da cidadania dos subalternos.

A realização de estudos sociais e de saúde, ou as diversas atividades orientadas ao conhecimento, sistematização e visibilidade das condições de vida dos acampados e assentados são de fundamental importância porque permitem o aprendizado de estratégias profissionais que se alimentam do protagonismo e da organização coletiva desses sujeitos, podendo dialogar inclusive com as práticas históricas de auto-organização frente às necessidades sociais que se observam em diversos movimentos sociais atuais. A "leitura" que os acampados ou assentados têm sobre suas condições de vida, lembra também a "leitura" das expressões da "questão social" que os Comitês Populares da Copa construíram nos diversos documentos elaborados para estabelecer um diálogo com a sociedade acerca dos impactos regressivos das remoções; ou também a "leitura" que os movimentos dos sem teto têm sobre as políticas habitacionais.

Assim, a integração da equipe de docentes e estudantes de diversos cursos; o trabalho realizado numa perspectiva interdisciplinar; a aprendizagem dos instrumentos de assessoria técnica e política que o Serviço Social e a Enfermagem podem desenvolver junto aos movimentos sociais; a apropriação de instrumentos de mobilização e educação popular, utilizados para a realização das atividades de organização interna ou de saúde; oferecem possibilidades de formação profissional que abrem novas perspectivas de trabalho, pautadas na socialização do conhecimento socialmente produzido — ainda que

7. Ao acompanhar negociações com órgãos como o INCRA, o MP, ou com diversas secretarias que estruturam políticas públicas, ficam evidentes as contradições e os *mecanismos de passivização das expressões de uma "questão social" que deve ser reduzida a um "conjunto de problemas sociais"* — e vedada nas possíveis relações com o antagonismo de classes. Daí que sejam comuns procedimentos que apontam para o obscurecimento e neutralização dos conflitos e sujeitos; ou a transformação de conflitos coletivos em meros objetos de políticas assistenciais centradas no indivíduo; a reprodução de relações clientelistas e de favor (grifo do autor).

enclaustrado nas paredes de uma universidade elitista e meritocrática. Esta experiência permite então problematizar a dimensão pedagógica da nossa profissão na contramão de um perfil tradicional de subalternização e controle das massas trabalhadoras (Abreu, 2002). São exemplos as atividades realizadas que apostam no debate político acerca dos direitos sociais; na socialização de conhecimentos relacionados com o controle democrático e participativo da política social; na articulação com técnicos que possam brindar assistência para a construção de formas de trabalho coletivo e experiências de autoprodução; na capacitação para intervenções mais qualificadas dos grupos subalternos na reivindicação por melhores condições de vida; nas estratégias de formação política e nos diversos instrumentos orientados a fortalecer os processos de organização coletiva dos sujeitos através de oficinas, assembleias comunitárias, fóruns de debate; elaboração de materiais didáticos e audiovisuais (Cardoso e Lopes, 2009; Cardoso e Maciel, 2009).

A modo de conclusão

Nestas páginas buscamos refletir sobre o significado de uma experiência de extensão universitária realizada junto ao MST, resgatando seus impactos positivos na democratização e abertura progressiva desta instituição às necessidades das massas subalternas; na possibilidade de pautar novas agendas de ensino, pesquisa e extensão realmente articuladas com as necessidades das maiorias sociais — que raramente têm acesso à educação pública; no redimensionamento crítico da formação universitária de docentes, estudantes e profissionais de Serviço Social; na construção de criativas propostas coletivas de trabalho que desafiam as rotinas de produção e as lógicas meritocráticas e individualistas próprias da universidade burguesa; e no enriquecimento da vida político-acadêmica e da função social da universidade pública.

Observamos a importância da estratégia de articulação das oficinas de formação política com as atividades culturais, que potencializa os efeitos da proposta extensionista. Isso não apenas possibilita que as famílias acampadas e assentadas tenham acesso a atividades culturais e de lazer de qualidade, mas também oferece outros resultados positivos para a organicidade interna do assentamento, como, por exemplo: na criação de uma identidade comum; na melhoria das condições para a resolução de conflitos internos; na reconstrução de laços comunitários em contextos extremamente degradados e violentos; pelo aprendizado, através de instrumentos pedagógicos renovados, acerca da importância da luta para a conquista e garantia dos direitos sociais.

O investimento em diversas estratégias pedagógicas para o processo de formação político-cultural dos acampados e assentados é uma questão que nos desafia como equipe de trabalho. Se tratando, na sua grande maioria, de trabalhadores analfabetos e submetidos a degradadas condições de vida; morando historicamente em locais segregados; vítimas de contextos de grande violência social e institucional; tem sido um grande desafio pensar e elaborar os caminhos mais adequados para socializarmos conhecimentos; propormos determinados debates; construirmos condições de troca pautadas na defesa dos direitos sociais; e capazes de dialogar com essas trajetórias de vida e universos político-culturais diversos. A linguagem audiovisual, a música, o teatro e a capoeira, a utilização de mapas e fotografias, a democratização do conhecimento acerca da história da luta pela terra vêm sendo algumas das estratégias pedagógicas construídas por esta equipe.[8]

Por outro lado, a aproximação dos estudantes com a realidade das famílias acampadas e assentadas tem sido uma grande contribuição para o seu processo de formação: pelo contato com as condições de vida dessas famílias; pela compreensão da questão agrária e sua relação com as políticas públicas; pelo conhecimento dos usuários

8. É interessante destacar que essas estratégias não são mérito desta equipe específica, já que práticas pedagógicas similares podem ser observadas no grupo de educadores militantes que frequentam a Escola Nacional Florestan Fernandes do MST.

clássicos dessas profissões (Serviço Social e Enfermagem, sobretudo), na perspectiva de construção de propostas inovadoras de trabalho para além de modelos assistenciais clássicos; pelo desafio da busca de novas ferramentas, linguagens e estratégias comunitárias de abordagem das demandas sociais desses sujeitos.

Especificamente para o Serviço Social, esta experiência representa uma oportunidade que *abre novos horizontes para o exercício profissional* — na medida em que as lutas dos sem terra tensionam as correlações de força na relação com a política pública; colocam novas requisições que desafiam os procedimentos institucionais que individualizam o acesso aos direitos sociais; questionam as rotinas que reproduzem relações clientelistas que despolitizam e esvaziam a cidadania —, assim como *trazem novas temáticas, competências e conhecimentos que enriquecem o perfil profissional do Serviço Social*. É uma experiência de formação que constitui a possibilidade de *criação de novas bases de legitimidade da profissão junto aos grupos subalternos*, constituindo-se, na atualidade, num momento importante do processo de concretização dos compromissos e princípios apontados no projeto ético-político.

Referências

ABREU, Marina Maciel. *Serviço Social e a organização da cultura*: perfis pedagógicos da prática profissional. São Paulo: Cortez, 2002.

ALVES, Hayda Josiane et al. *Universidade itinerante*: formação político-cultural em direitos humanos voltada para comunidades rurais da baixada litorânea e região norte do estado. Relatório Final de Extensão. Rio das Ostras: UFF/PROEXT 2013, 2014. (Mimeo.)

______. *Assessoria interdisciplinar em saúde e cidadania a movimentos populares*. Programa de Extensão. Rio das Ostras: UFF/PROEX, 2014. (Mimeo.)

BADARÓ, Marcelo. Greves no Brasil: o despertar de um novo ciclo de lutas? *Correio da Cidadania*, 23 maio 2014. Disponível em: <http://www.correiocidadania.com.br/index.php?option=com_content&view=article&id=9641:-submanchete230514&catid=72:imagens-rolantes>. Acesso em: jun. 2014.

BOULOS, Guilherme. *Por que ocupamos?* Uma introdução à luta dos sem teto. 2. ed. São Paulo: Stortecci, 2014.

CARDOSO, Franci Gomes; LOPES, Josefa Batista. O trabalho do assistente social nas organizações da classe trabalhadora. In: CFESS-ABEPSS. *Serviço Social*: direitos e competências profissionais. Brasília: CFESS-Abepss, 2009.

______; MACIEL, Marina. Mobilização social e práticas educativas. In: CFESS--ABEPSS. *Serviço Social*: direitos sociais e competências profissionais. Brasília: CFESS-Abepss, 2009.

GRAMSCI, Antonio. *Cadernos do cárcere*: notas sobre o estado e a política. Rio de Janeiro: Civilização Brasileira, 2000a. v. 3.

______. *Cadernos do cárcere*: notas sobre a história da Itália. Rio de Janeiro: Civilização Brasileira, 2000b. v. 5.

HARVEY, David; MARICATO, Erminia; ZIZEK, Slavoj et al. *Cidades rebeldes*: passe livre e as manifestações que tomaram as ruas do Brasil. São Paulo: Boitempo, 2013.

LIMA, Katia. *Contrarreforma da educação nas universidades federais*: o Reuni na UFF. Niterói, Aduff, 2009. Disponível em: <http://www.aduff.org.br/especiais/download/20090917_contra-reforma.pdf>. Acesso em: jul. 2014.

MARRO, Katia. *A rebelião dos que "sobram"*: reflexões sobre a organização dos trabalhadores desempregados e os mecanismos sócio-assistenciais de contrainsurgência na Argentina contemporânea. 2009. Tese (Doutorado em Serviço Social) — Programa de Pós-Graduação em Serviço Social, Universidade Federal do Rio de Janeiro, Rio de Janeiro, 2009.

MACHADO, Eliel. A (des)constituição de classe no MST: dilemas da luta anti-sistêmica. *Lutas Sociais,* São Paulo, Neils, v. 17-18, p. 170-182, set. 2007.

OLIVEIRA, Jéssica Monteiro. *Das trincheiras de contra-hegemonia em tempos sombrios*: contribuições de uma experiência de extensão universitária com processos de formação política junto ao MST. Trabalho de Conclusão de Curso. Rio das Ostras: UFF, 2013.

TADDEI, Emilio. Movimentos Sociais. In: SADER, Emir; JINKINGS, Ivana. *Enciclopédia da América Latina e do Caribe*. Rio de Janeiro: LPP/Boitempo, 2006.

8

A inserção da temática étnico--racial no processo de formação em Serviço Social e a sua relação com a educação antirracista

Roseli da Fonseca Rocha*

A inserção da temática étnico-racial no processo de formação em Serviço Social e a sua relação com a educação antirracista[1]

De acordo com Iamamoto (1993), a proposta de currículo mínimo, realizada pela Associação Brasileira de Ensino em Serviço Social

* Assistente social do IFF/FIOCRUZ; doutora em Serviço Social pela Universidade Federal do Rio de Janeiro (UFRJ).

1. O presente artigo é resultado de algumas reflexões que realizei durante a pesquisa de Doutorado, que teve como objeto de estudo a inserção da temática étnico-racial no processo de formação em Serviço Social.

(ABESS)[2] em 1979, e aprovada pelo Conselho Federal de Educação em 1982, foi implementada pelas unidades de ensino a partir de meados da década de 1980. A sua materialização no currículo pleno possibilitou que houvesse mudanças substantivas em relação ao debate no campo da história, teoria e método no Serviço Social. Tais mudanças contribuíram para o avanço da análise das políticas sociais e dos movimentos sociais (Iamamoto, 1993).

A partir das conclusões da pesquisa "Avaliação da Formação Profissional do Assistente Social Brasileiro Pós-Novo Currículo — avanços e desafios", realizada pela ABESS no período de 1982-1985, algumas questões básicas foram levantadas para a reflexão acerca da direção do Serviço Social. Dentre elas, uma de natureza epistemológica: "Qual a concepção de Ciência e Pesquisa que predomina, de fato, na vida acadêmica das Unidades de Ensino em Serviço Social responsáveis pela formação profissional?" E "o que as UESS[3] entendem e realizam enquanto pesquisa?"

E ainda no conjunto das questões, outra se colocou de forma bastante emblemática, pois diz respeito diretamente ao exercício profissional: "Qual o nível de exigência, em termos de complexidade de estudos, necessário à formação do assistente social, enquanto profissional que precisa desenvolver uma intervenção crítica e consciente?" (ABESS, 1991, p. 143).

Buscando responder estas entre outras questões, tais como as referentes ao processo histórico de inserção do Serviço Social na divisão sócio-técnica do trabalho, a categoria profissional se mobilizou nacionalmente com vistas à realização da revisão curricular.

Sob a coordenação da ABESS, as unidades de ensino, bem como o Conselho Federal de Serviço Social (CFESS) e a Executiva Nacional dos Estudantes de Serviço Social (ENESSO) realizaram, entre os anos

2. Em dezembro de 1998, por ocasião da mudança do seu estatuto, a ABESS passou a denominar-se Associação Brasileira de Ensino e Pesquisa em Serviço Social (ABEPSS) (Cardoso, 2000).

3. Unidades de Ensino de Serviço Social.

de 1994 e 1996, cerca de duzentas oficinas locais nas 67 unidades acadêmicas filiadas a ABESS, 25 oficinas regionais e duas nacionais (ABESS, 1997, p. 58).

Após intenso e profícuo debate, a "Proposta nacional de currículo mínimo para o Curso de Serviço Social" foi apreciada na II Oficina Nacional de Formação Profissional e aprovada em assembléia geral da ABESS, entre os dias 7 e 8 de novembro de 1996 (ABESS, 1997, p. 59), na cidade do Rio de Janeiro.

Vejamos que é a partir dos pressupostos que nortearam a concepção de formação profissional impressa na revisão curricular e dos princípios que fundamentam a formação profissional que sao definidas as diretrizes curriculares, que defendem a capacitação teórico-metodológica, ético-política e técnico-operativa.

Nesse contexto, a temática étnico-racial é inserida como um tópico de discussão no núcleo de fundamentos da formação sócio-histórica da sociedade brasileira. A introdução dessa temática como conteúdo indispensável à formação em Serviço Social confirma a sua relevância, já reconhecida através dos princípios postulados no Código de Ética profissional aprovado no ano de 1993:

> Empenho na *eliminação de todas as formas de preconceito,* incentivando o respeito à diversidade, à participação de grupos socialmente discriminados e à discussão das diferenças; opção por um projeto profissional vinculado ao processo de *construção de uma nova ordem societária, sem dominação, exploração de classe, etnia e gênero* (CFESS, 2012, p. 23-24; grifos nossos).

Assim, se as leis e normas, bem como a constituição do projeto ético-político-profissional, são considerados avanços significativos no processo de fortalecimento do Serviço Social e de sua direção política comprometida com a classe trabalhadora e com a luta pela construção de uma nova ordem societária, o processo de sua consolidação se faz na luta permanente. O advento do novo tende a carregar consigo o velho. E este, muitas vezes, permanece ali, incrustado nas frestas de antigas estruturas e sistemas. Assim, o passado pode ainda se fazer presente com maior ou menor força, dependendo das correlações de forças que se colocam no presente. Nesse sentido, no que tange a um passado não tão distante do Serviço Social, Ferreira (2010) faz a seguinte afirmação sobre a ausência da discussão étnico-racial na gênese da profissão.

> Sabe-se que os assistentes sociais exerceram junto às classes trabalhadoras papel difusor e mediador na consolidação da noção burguesa de trabalho durante a era Vargas. Entretanto, a subproletarização dos negros (resultado do complexo processo que envolve desde a escravidão-abolição até sua periférica inserção nas relações capitalistas), foi sistematicamente sonegada nas elaborações teóricas dos primeiros assistentes sociais (Ferreira, 2010, p. 12).

Ainda segundo a autora, o silêncio sobre os negros nas primeiras produções do Serviço Social dizia algo sobre a constituição do Serviço Social no Brasil. Chama a atenção para "a condição negra como uma das mediações possíveis para auscultar a história no Serviço Social brasileiro, num esforço de distingui-la das demais" (Ferreira, 2010, p. 13).

Esta constatação sobre a ausência do tema raça e etnia nas produções do Serviço Social permaneceu ainda sentida nos anos posteriores. Pinto (2003), por ocasião da construção de seu trabalho de conclusão de curso (TCC), no ano de 1986, realizou entrevista com trinta usuários negros (homens e mulheres) e trinta assistentes sociais de ambos os sexos. Constatou o desconhecimento dos profissionais sobre a atuação frente às demandas relativas à questão racial. Segundo o resultado da pesquisa, em resposta à pergunta sobre o que tinha sido feito pelo Serviço Social quanto à questão do negro no Brasil até aquele momento, 46,7% dos entrevistados responderam que nada havia sido feito e 30% informaram que desconheciam o tema (Pinto, 2003, p. 148).

Em 2004, Silva Filho (2006) pesquisou sobre essa temática, a partir dos TCCs de Serviço Social disponíveis na biblioteca central da

Universidade Federal Fluminense (UFF) e identificou que, entre os anos de 1948 e 2002, apenas seis TCCs, em um universo de 1.237, trataram da temática étnico-racial.

Em relação à pós-graduação, uma pesquisa sobre as suas produções, realizada por Carvalho e Silva (2005), através dos dados do Datacapes, constatou que das 760 teses e dissertações defendidas junto aos Programas de Pós-Graduação na área de Serviço Social no período de 1998-2002, o eixo "Etnia, gênero, orientação sexual" representou 4,60% das teses e dissertações defendidas naquele período e 7, 64% dos temas abordados nos projetos de pesquisa dos Programas de Pós-Graduação da área de Serviço Social do triênio 2001-2003 (Carvalho e Silva, 2005, p. 93-104). Entretanto, quando destacamos os trabalhos que dão ênfase à questão étnico-racial, as produções são menos expressivas:

> Na produção bibliográfica: livros e coletâneas, o eixo "Etnia/raça" é abordado em cinco obras (2,25%), ocupando a décima colocação no *ranking* dessa modalidade de produção acadêmica. Esses números decrescem um pouco mais quando as autoras analisam os eixos temáticos em capítulos de livros (2001-2003). Nessa modalidade de produção, o eixo "etnia/raça" tem três produções (0,81%), ocupando o 14º lugar (Rocha, 2009, p. 554-555).

Resta-nos, contudo, investigar quais fatores estão contribuindo para que a temática étnico-racial ainda continue não alcançando relevância no Serviço Social. Se essa realidade tivesse ficado apenas circunscrita à história da gênese do Serviço Social já seria um fator a ser questionado, como assim o fez Ferreira (2010) em sua pesquisa:

> A conclusão mais evidente disso, dentro dos limites dessa pesquisa, é que é possível afirmar a existência de práticas racistas no Serviço Social em sua gênese. Tirante o simplismo da afirmação, isso não é mais que afirmar, em última instância, o que já há muito é negado, que existe racismo no Brasil, afinal, "no Brasil, o racismo está entranhado nas relações sociais" [...]. Ora, o Serviço Social, enquanto instituição profis-

sional, não está fora da sociedade brasileira, nem tampouco seus agentes (Ferreira, 2010, p. 172).

Todavia, se naquele período histórico, que caracterizou a gênese do Serviço Social, os profissionais de Serviço Social se alinhavam a uma perspectiva conservadora de manutenção do *status quo* e de fortalecimento das estruturas vigentes — fortemente marcadas pelas desigualdades étnico-raciais, a luta pela ruptura com esse modelo travada a partir da década de 1960 e vitoriosa nas décadas seguintes, abriu novas possibilidades de reflexão e análise crítica acerca das relações de dominação e opressão sobre as classes trabalhadoras.

Assim, nos marcos da tradição do pensamento marxista, a perspectiva de totalidade, que compreende a realidade social como a síntese de múltiplas determinações, permite uma apreensão crítica acerca das relações sociais constituídas historicamente sobre os pilares da desigualdade racial, que teve no período pós-abolição da escravatura, a ciência, com as suas teorias raciais estrangeiras e nacionais, e as políticas de branqueamento, como elementos fundamentais de justificação e perpetuação do sistema de dominação racial.

Buscando contribuir com esse debate no Serviço Social, elegemos os currículos das Unidades Acadêmicas de Serviço Social de universidades federais filiadas à Associação Brasileira de Ensino e Pesquisa em Serviço Social (ABEPSS) para analisarmos de que forma a temática étnico-racial vem sendo incorporada nos currículos de Serviço Social. Pesquisamos 25 cursos, que correspondem a 22% do total dos cursos filiados a ABEPSS até o ano de 2013.

Nos currículos das 25 unidades acadêmicas federais filiadas à associação,[4] buscamos analisar em que medida e extensão os cursos de Serviço Social estão em consonância com as diretrizes curriculares da Associação, no que diz respeito à inserção da temática étnico-racial em seus currículos.

4. Distribuição das 25 Unidades Acadêmicas por Região, conforme organização da ABEPSS: 2 na Região Centro-Oeste; 7 na Região Leste; 6 na Região Nordeste; 5 na Região Norte; 4 na Região Sul e 1 na Região Sul II.

Para acesso aos currículos, recorremos aos Projetos Político-Pedagógicos dos Cursos (PPCs) selecionados para a nossa pesquisa. Nosso primeiro contato com os PPCs foi por intermédio dos *sites* dos cursos. Contudo, quando estes não estavam disponíveis para consulta virtual, solicitávamos à coordenação ou docentes dos referidos cursos a sua disponibilização.

Ao analisar o conjunto dos currículos das 25 unidades acadêmicas foi possível constatar que há uma diversidade de modelos de organização curricular, que expressa certa flexibilidade e diversidade de organização de conteúdos, buscando atender às demandas mais gerais, sob o ponto de vista socioeconômico, político e cultural, e às de caráter mais regional, que se colocam com complexidades e particularidades também diversas.

Considerando as diretrizes curriculares, os currículos de graduação em Serviço Social devem conter: disciplinas básicas, disciplinas optativas e/ou eletivas e atividades complementares. São oferecidas a partir de uma lógica de integralidade, em uma perspectiva de totalidade, superando a ideia de currículo como um conjunto de disciplinas isoladas e conteúdos muitas vezes extensos e fragmentados.

As disciplinas são organizadas tendo como fio condutor os conteúdos fundamentais para a formação profissional, e que, por sua vez, organizam-se a partir dos núcleos de fundamentação para a formação: Núcleo de fundamentos teórico-metodológicos da vida social; núcleo de fundamentos da particularidade da formação sócio-histórica da sociedade brasileira; e núcleo de fundamentos do trabalho profissional.

A partir das diretrizes curriculares, em que o conteúdo "relações étnico-raciais" se insere no Núcleo de Fundamentos da Formação Sócio-Histórica da Sociedade Brasileira, buscamos identificar, através dos títulos e ementas das disciplinas curriculares, as palavras-chave relativas ou associadas à categoria *"relações étnico-raciais"*, constante no texto das diretrizes. Destacamos assim, as seguintes palavras-chave: etnia, raça, racial, racismo, étnico, etnocentrismo, discriminação racial, negro/a, afrodescendente, afro-brasileiro/a, indígena, etnicidade, matriz africana, quilombo, quilombola, movimento negro, democracia racial, diversidade étnica e diversidade racial.

Pudemos verificar que no conjunto das disciplinas contidas nos 25 currículos analisados, 39[5] fazem referência à temática étnico-racial.

É possível observar que nem sempre o título da disciplina enuncia o seu conteúdo referente ao tema étnico-racial contemplado na ementa (26 disciplinas):[6] São os mais diversos conteúdos que fazem mediações com a temática. Há, contudo, certa predominância nas disciplinas de antropologia e nas que abordam questão social, movimentos sociais e relações de gênero. Das 39 disciplinas identificadas nos currículos como as que abordam o tema raça e etnia, apenas 13 já enunciam esse conteúdo em seus títulos.

A priori essa constatação nada de importante acrescentaria, principalmente em se tratando de uma disciplina obrigatória, por exemplo. Entretanto, em relação às disciplinas optativas ou atividades complementares, essa informação já registrada no nome da disciplina pode fazer alguma diferença no momento em que o discente precisará escolher, dentro do universo das disciplinas optativas, uma para cursar.

Dentre os conteúdos das disciplinas analisadas, o tema "movimento negro", por exemplo, aparece como um tópico a ser estudado em apenas 4 currículos, o que, de alguma forma, está na contramão das diretrizes curriculares, especialmente no que tange ao tópico de estudo "Movimentos sociais e classes sociais", que aborda "Relações de gênero, étnico-raciais, identidade e subjetividade na constituição

5. Há currículos que possuem mais de uma disciplina com conteúdo sobre a temática. Ressalta-se, contudo, que dos 25 currículos analisados, em 2 (um da região nordeste e outro da Região Sul) não identificamos nenhuma disciplina abordando a discussão étnico-racial.

6. Destacamos algumas dessas disciplinas como exemplo: "Relações gênero e questão social", "Acumulação capitalista e questão social", "Envelhecimento e Políticas Sociais", "Indivíduo, cultura e sociedade", "Serviço Social: Famílias e segmentos sociais vulneráveis", "Antropologia II", "Oficinas sobre políticas específicas I", "Oficinas sobre políticas específicas II", "Antropologia — Introdução", "Diversidade e desenvolvimento humano", "Educação e movimentos sociais", "Classes Sociais e Movimentos Sociais", "Sociedade e gênero", "Antropologia cultural", "Temas contemporâneos, diversidade e Serviço Social".

dos movimentos societários" (ABESS, 1996). Nesse sentido nos chama a atenção Iamamoto (2001), quando afirma que os assistentes sociais trabalham com a questão social em suas diversas expressões cotidianas e, que sendo a questão social desigualdade, ela é também rebeldia, pois envolve "sujeitos que vivenciam as desigualdades e a elas resistem" (Iamamoto, 2001, p. 28).

Na pesquisa realizada por Marques e Moro (2011) sobre os trabalhos apresentados nos ENPESSs e nos CBASs, no período de 1995 a 2008, que abordaram a temática "movimentos sociais", foram encontrados 237 trabalhos dentre os 6.204, representando 3,82% do conjunto. Entre os 237,[7] o movimento negro aparece como tema em 1,5%, ficando apenas na frente do movimento indígena, que teve apenas 1,0% do total dos trabalhos. Ambos os movimentos estão dentro do campo de estudo das relações étnico-raciais.

A articulação do Serviço Social com os movimentos sociais com vistas ao fortalecimento das lutas populares em defesa de direitos é uma importante estratégia política como mediação necessária à construção de um projeto de ruptura com a ordem social vigente e de construção de uma nova ordem societária.

O conhecimento sobre a importância histórica dos movimentos de resistência negra, sem desconsiderar as lutas empreendidas por outros segmentos sociais, no processo de construção da identidade e formação social brasileira é matéria fundamental para qualquer área de formação. Entretanto, para o Serviço Social, que tem a questão social como seu elemento fundante, a apropriação dessa discussão torna-se imprescindível, pois é sobre as múltiplas expressões da questão social que irá atuar. Assim, interrogamos: *Quem são os sujeitos sociais historicamente discriminados e alvos preferenciais das ações de violações de direitos? Quem são os sujeitos que mais demandam a intervenção do profissional de serviço social em seus diversos espaços sócio-ocupacionais?*

7. Dentre os movimentos sociais encontrados nos trabalhos apresentados, as autoras encontraram: movimento sindical, movimento urbano, movimento cultural, movimento de mulheres, movimento de saúde etc.

Sobre quem as políticas de repressão e controle do Estado agem mais fortemente? (grifos do autor). Conhecer esses sujeitos vai para além de conhecer o seu "registro de identidade". É preciso conhecer a sua história e com ela apreender as diversas formas de resistência às opressões que são forjadas individual e coletivamente.

Os profissionais que atuam em defesa do fortalecimento do Projeto ético-político profissional, tendo como referência teórico-política o pensamento crítico marxista, ao se eximirem desse debate correm o risco de: primeiro, contribuir com a manutenção de relações discriminatórias e de ampliação das desigualdades sociais em decorrência do racismo e suas múltiplas expressões na realidade brasileira; segundo, de deixar brecha para que outros referenciais teórico-políticos, de cunho conservador ou pós-moderno, apropriem-se dessa discussão e ocupem grande parte dos recursos político-pedagógicos (referencial bibliográfico, atividades de extensão e de pesquisa etc.) utilizados como instrumentos de formação. Ou seja, ou a categoria profissional incorpora essa discussão, dando relevo ao tema a partir de uma perspectiva teórico-crítica, ou deixará que esse debate seja realizado de forma *a-histórica* e descolada das múltiplas determinações históricas e materiais.

> A luta anticapitalista não deve caminhar separada da luta contra o machismo e a desigualdade social, contra o racismo e a desigualdade racial e étnica, contra as diversas formas de segregação, desigualdade e preconceito. Ela deve reunir todos estes campos de batalha, orientados no curto prazo contra a forma específica de desigualdade (para a emancipação política específica), e, no longo prazo contra a ordem burguesa, a sociedade de classes (para a emancipação humana) (Duriguetto e Montaño, 2010, p. 132).

A partir da perspectiva da totalidade, há que se romper com o pensamento *a-histórico* e com a superficialidade da apreensão fenomênica do real. Na contramão da lógica que aprofunda "as mazelas sociais", negando os conflitos oriundos das contradições de classe, o pensamento teórico-crítico marxista oferece elementos de análise que permitem o desvelamento do real na sua totalidade e historicidade concreta, ou seja, na produção/reprodução da vida, com vistas à supressão de todas as formas de opressão e exploração da ordem capitalista.

Embora saibamos que o currículo é avaliado em seu conjunto e que o seu conteúdo, conforme as diretrizes que o norteiam, tem uma lógica constituída que busca garantir uma formação profissional competente teórico-crítica, ético-política e técnico-operativa, a sua estruturação é fruto de embates teórico-políticos e correlações de forças que representam projetos em disputa na arena acadêmica. Portanto, a sua forma final expressa muito do que os sujeitos autores de sua elaboração elegeram como elementos fundamentais e imprescindíveis para uma formação que se pretende de qualidade.

Das 39 disciplinas encontradas nos currículos analisados, 23 são de caráter obrigatório, oito são eletivas, sete são optativas e apenas uma aparece como atividade complementar. As disciplinas obrigatórias representam 59% do total das que abordam a temática étnico-racial.

Considerando que a questão étnico-racial está inserida como conteúdo obrigatório do tópico de estudo "Classes e Movimentos Sociais" das Diretrizes Curriculares, compreende-se que deva ser assim abordada no currículo pleno. Das 23 disciplinas obrigatórias que discutem o tema étnico-racial, 13 são ofertadas até o 4º período e dez a partir do 5º ou quando o discente já tiver cursado 82 créditos. Embora a maioria dos cursos aqui analisados discuta esse conteúdo antes ou no momento da inserção no campo de estágio, que, na maioria das vezes, acontece a partir do 5º período do curso, uma parcela significativa oferece a disciplina com esse conteúdo somente a partir do 6º período. Há, ainda, currículos cujo tema étnico-racial aparece como disciplina optativa ou eletiva no 8º período. A possibilidade de o discente concluir o curso sem ter acesso ao conhecimento sobre a temática étnico-racial é enorme, pois, as disciplinas optativas e eletivas são oferecidas dentro de um universo amplo de alternativas, que em alguns cursos chegam a ter mais de trinta opções de escolha.

A questão étnico-racial é elemento estruturante das relações sociais brasileiras, assim, não é possível tratarmos, por exemplo, da formação social brasileira deixando fora dessa discussão a história das populações negras e indígenas. Concordamos com Ianni quando diz: "a questão racial sempre foi, tem sido e continuará a ser um dilema fundamental da formação, conformação e transformação da sociedade brasileira" (Ianni, 2004, p. 143).

Das 23 disciplinas obrigatórias que contêm o tema étnico-racial, *cinco* delas são oferecidas pela disciplina de antropologia. Ainda que reconheçamos a importância dessa área do conhecimento para a formação profissional, as relações étnico-raciais e suas múltiplas expressões não se restringem ao campo da cultura. Com vistas ao fortalecimento do projeto ético-político profissional, esse debate precisa, sobretudo, ser tratado pelo Serviço Social sob a perspectiva da construção de outra sociabilidade, que passa, sem dúvida, pelo campo da cultura, mas também pelas relações econômicas, políticas, sociais, regionais, ambientais. É nessa direção que o estudo sobre temas como o etnocentrismo deve ser tratado. Não como mais um elemento histórico e cultural das relações sociais de um povo ou povos, mas, sobretudo, como um fenômeno constituinte de relações de opressão e dominação, que, no caso brasileiro, manifesta-se através do pensamento hegemônico eurocêntrico que, historicamente, constrói e mantêm relações de discriminação e desigualdades raciais.

Para Ianni (2004) quando nos debruçamos sobre a leitura da história do Brasil, nem sempre encontramos referências substantivas sobre os problemas raciais. Diante dessa constatação, diz ele:

> São relativamente poucas as contribuições sobre as condições sociais, econômicas, políticas e culturais do negro, índio e outras etnias discriminadas [...] sem esquecer a situação da mulher, particularmente quando vista também em sua condição étnica. É como se grande parte do pensamento brasileiro estivesse em estado de amnésia, não só com relação aos séculos de escravismo, mas também no que se refere às graves desigualdades sociais, étnicas, de gênero e regionais que constituem o Brasil (Ianni, 2004, p. 152).

Como já salientamos anteriormente, o projeto ético-político do Serviço Social, ao ter como direção política a construção de uma nova sociabilidade, sem dominação, exploração de classe, etnia e gênero, está em consonância com as lutas históricas da população negra contra o preconceito racial e o racismo em suas múltiplas dimensões. Os instrumentos ético-políticos que dão forma a esse projeto, tais como o Código de Ética profissional e as diretrizes curriculares, afirmam esse compromisso. Entretanto, como em todo processo político, a realidade é mais ampla que o universo do desejo e, muitas vezes, é maior que as lutas já consideradas conquistadas; assim, é preciso superar o hiato ainda existente entre as conquistas já materializadas nas normas e instrumentos legais da profissão no que se refere à incorporação do tema étnico-racial, e a sua consolidação na realidade concreta dos processos de formação e de intervenção profissional.

Somando-se às diretrizes curriculares do Serviço Social, temos as "Diretrizes Curriculares Nacionais para a Educação das Relações Étnico-Raciais e para o Ensino de História e Cultura Afro-Brasileira e Africana", que foram aprovadas e promulgadas por meio da Resolução n. 1, de 17 de junho 2004[8] do Conselho Nacional de Educação (CNE). Esta Resolução institui as diretrizes que devem ser observadas pelas instituições de ensino, que atuam em todos os níveis e modalidades da educação brasileira.[9]

Essas diretrizes buscam atender às determinações estabelecidas no parecer do *Conselho Nacional de Educação* n. 3, que foi aprovado em março de 2004. Conforme as Diretrizes Curriculares Nacionais

8. CNE/CP Resolução n. 1/2004. *Diário Oficial da União*, Brasília, 22 jun. 2004, seção 1, p. 11.

9. Conforme o primeiro artigo da Resolução: "As Instituições de Ensino Superior incluirão nos conteúdos de disciplinas e atividades curriculares dos cursos que ministram, a Educação das Relações Étnico-Raciais, bem como o tratamento de questões e temáticas que dizem respeito aos afrodescendentes, nos termos explicitados no Parecer CNE/CP n. 3/2004" e ainda: "O cumprimento das referidas Diretrizes Curriculares, por parte das instituições de ensino, será considerado na avaliação das condições de funcionamento do estabelecimento (CNE, 2004a)".

para a Educação das Relações Étnico-Raciais e para o Ensino de História e Cultura Afro-Brasileira e Africana, os sistemas de ensino e os estabelecimentos de Educação Básica, nos níveis de Educação Infantil, Educação Fundamental, Educação Média, Educação de Jovens e Adultos, Educação Superior, precisarão providenciar diversas mudanças de natureza organizacional, teórica e metodológica[10] que busquem atender aos objetivos da Educação das Relações Étnico-Raciais e do Ensino de História e Cultura Afro-Brasileira e Africana.

Vale aqui destacarmos que a elaboração do Parecer do CNE n. 3/2004, e da Resolução n. 1/2004, do CNE, ocorre em decorrência da existência da Lei federal n. 10.639/2003, que altera a Lei n. 9.394, de 20 de dezembro de 1996, que estabelece as diretrizes e bases da educação nacional (LDB), para incluir no currículo oficial da rede de ensino a obrigatoriedade da temática "História e cultura afro-brasileira". No ano de 2008, a história da cultura indígena também é incorporada à LDB por meio da Lei federal n. 11.645/2008.

Observamos que, além de regulamentar a Lei n. 10.639/2003, a Resolução n. 1 chama à responsabilidade todas as modalidades de ensino, inclusive a Educação Superior, para a incorporação da Educação das Relações Étnico-Raciais e do Ensino de História e Cultura Afro-Brasileira e Africana.

A inclusão nos conteúdos de disciplinas e em atividades curriculares dos temas sobre Educação das Relações Étnico-Raciais e dos conhecimentos de matriz africana e/ou que dizem respeito à população negra é premente no processo de formação em Serviço Social. Para além de cumprir ditames legais, o compromisso ético-político profissional com a construção de uma sociedade mais justa e igualitária deve assegurar que essa discussão não fique à margem dos debates macrossociais, como a contrarreforma do Estado; a reestruturação produtiva,

10. Constam nas diretrizes 23 itens que deverão ser providenciados pelos sistemas de ensino e os estabelecimentos de Educação Básica, nos níveis de Educação Infantil, Educação Fundamental, Educação Média, Educação de Jovens e Adultos, Educação Superior.

que joga para a informalidade números exorbitantes de trabalhadores; a criminalização da pobreza; o extermínio da juventude. Estas, entre tantas outras expressões da questão social, têm na população negra o seu peso maior, ou, como diz Menegat (2008), "O negro pobre é sempre mais pobre que o branco pobre. Esse racismo funcional ninguém questiona, no dia a dia" (Menegat, 2008, p. 15).

Ainda de acordo com o Parecer CNE/CP n. 3/2004, as instituições de educação superior devem elaborar uma pedagogia antirracista e antidiscriminatória e construir estratégias educacionais orientadas pelo princípio de igualdade da pessoa humana como sujeito de direitos, bem como se posicionar formalmente contra toda e qualquer forma de discriminação.

Na mesma direção trilhada pelas diretrizes curriculares do Serviço Social, que há quase vinte anos vêm buscando consolidar-se nos currículos acadêmicos, as diretrizes curriculares para a *Educação das Relações Étnico-Raciais e para o Ensino de História e Cultura Afro-Brasileira e Africana*, também dependerão do esforço empreendido pelos(as) profissionais da educação em particular e, por toda a sociedade de modo geral, por meio dos movimentos sociais de enfrentamento da discriminação (em todas as suas expressões) e de defesa de direitos, para ganharem concretude no processo de formação acadêmica.

Acreditamos que este é o movimento necessário no processo de construção de uma sociabilidade que se sustente em valores emancipatórios e busque a superação de relações baseadas no individualismo exacerbado, que tem no ideário de liberdade burguesa a sua compreensão de ser e estar no mundo. É certo que as normas, leis e instrumentos regulatórios fazem parte desse processo, mas não devemos superdimensioná-los; é na luta travada cotidianamente que o projeto de uma nova sociedade livre de preconceitos, de discriminação e do racismo será forjado. Como já nos dizia o poeta: *as leis não bastam. Os lírios não nascem da lei.*[11]

11. Poesia *Nosso tempo*, de Carlos Drummond de Andrade.

Referências

ASSOCIAÇÃO BRASILEIRA DE ENSINO EM SERVIÇO SOCIAL (ABESS). Diretrizes Gerais para o Curso de Serviço Social (com base no currículo mínimo aprovado em Assembleia Geral Extraordinária de 8 de novembro de 1996). *Cadernos ABESS*. São Paulo: Cortez, n. 7, nov. 1997.

______. Formação profissional: trajetória e desafios. *Cadernos ABESS*, São Paulo: Cortez, n. 7, 1997.

______. Relatório do momento preliminar da pesquisa: avaliação da formação profissional do assistente social — pró-novo curriculum / avanços e desafios. *Cadernos ABESS*. Ensino em Serviço Social: pluralismo e formação profissional. São Paulo: Cortez, n. 4, 1991.

CARDOSO, Franci G. As novas diretrizes Curriculares para a Formação Profissional do Assistente Social: principais polêmicas e desafios. *Temporalis*, revista da Associação Brasileira de Ensino e Pesquisa em Serviço Social. Brasília, ABEPSS, Valci, ano I, n. 2, jul./dez. 2000.

CARVALHO, Denise B. B.; SILVA, Ozanira (Org.). *Serviço Social, pós-graduação e produção de conhecimento no Brasil*. São Paulo: Cortez, 2005.

CONSELHO FEDERAL DE SERVIÇO SOCIAL. *Código de Ética Profissional do Assistente Social/1993 e Lei n. 8.662/1993, que regulamenta a profissão de Serviço Social*. 10. ed. rev. e atual. Brasília, 2012.

CONSELHO NACIONAL DE EDUCAÇÃO. Resolução n. 1/2004, de 17 de junho de 2004. Diretrizes Curriculares Nacionais para a Educação das Relações Étnico-Raciais e para o Ensino de História e Cultura Afro-Brasileira e Africana. *Diário Oficial [da] República Federativa do Brasil*, Brasília, p. 11, 22 jun. 2004, seção 1.

______. Parecer n. 3, de 10 de março de 2004. Diretrizes Curriculares Nacionais para a Educação das Relações Étnico-Raciais e para o Ensino de História e Cultura Afro-Brasileira e Africana. Relatora Petronilha Beatriz Gonçalves e Silva. *Diário Oficial [da] República Federativa do Brasil*, Brasília, p. 341-357, 18 maio 2004.

DURIGUETTO, Maria Lúcia; MONTAÑO, Carlos. *Estado, classe e movimento social*. São Paulo: Cortez, 2010. (Biblioteca Básica do Serviço Social.)

FERREIRA, Camila. M. *O negro na gênese do Serviço Social (Brasil, 1936-1947).* Dissertação (Mestrado) — Programa de Pós-Graduação em Serviço Social da UFRJ, Rio de Janeiro, 2010.

IAMAMOTO, Marilda. *O Serviço Social na contemporaneidade*: trabalho e formação profissional. 4. ed. São Paulo: Cortez, 2001.

______. Ensino e Pesquisa no Serviço Social: desafios na construção de um projeto de formação profissional. *Cadernos ABESS*, São Paulo: Cortez, n. 6, set. 1993.

IANNI, Octavio. *Raças e classes sociais no Brasil.* 3. ed. São Paulo: Brasiliense, 2004.

MARQUES, Morena, G.; MORO, Maristela D. A relação do Serviço Social com os movimentos sociais na contemporaneidade. *Temporalis*, revista da Associação Brasileira de Ensino e Pesquisa em Serviço Social. Brasília, ABEPSS, ano 11, n. 21 jan./jun. 2011.

MENEGAT, Marildo. Sem lenço nem aceno de adeus: formação de massa em tempo de barbárie — como a esquerda social pode enfrentar esta questão? *Praia Vermelha*, n. 18, p. 146 a 177, 1º sem. 2008.

PINTO, Elisabete Aparecida. *O Serviço Social e a questão étnico-racial*: um estudo de sua relação com usuários negros. São Paulo: Terceira Margem, 2003.

ROCHA, Roseli da F. A questão étnico-racial no processo de formação em Serviço Social. *Serviço Social & Sociedade*, São Paulo, n. 99, set. 2009.

SILVA FILHO, José B. *O Serviço Social e a questão do negro na sociedade brasileira.* Rio de Janeiro: Marques Saraiva, 2006.

9
Quilombos:
cultura e resistência

Juliana Abramides dos Santos*

1. Introdução

O trabalho social junto às populações pressupõe o conhecimento da realidade sócio-histórica, econômica, política e cultural para a apropriação dos caminhos de lutas, de resistência e anseios destas. O reconhecimento da cultura na ação profissional junto aos sujeitos sociais da classe trabalhadora parte de suas condições de vida, moradia e trabalho na dimensão simbólica, de identidade, das práticas culturais, dos saberes, das corporalidades, das (con)tradições culturais expressas no cotidiano, incidindo nas ações políticas e coletivas, como forma de recuperação, manutenção, superação e transformação das práticas, saberes, símbolos e cultivos, como objetivações humanas.

* Doutoranda em Serviço Social na PUC-SP.

A observação e análise do cotidiano é fundamental para pensar estratégias e instrumentos do trabalho profissional a partir da realidade sociocultural das comunidades estudadas na direção estratégica do projeto ético-político profissional de ruptura com o conservadorismo e assentado em valores emancipatórios.

Nesses tempos de barbárie e desumanização, de criminalização e judicialização das expressões da questão social, coloca-se como urgente a criação de estratégias de enfrentamento profissional que possibilitem buscar novas formas para a renovação da práxis profissional de maneira a dialogar, potencialmente, com os sujeitos sociais, tendo em vista os desafios apresentados pela realidade social. Experiências, expressões culturais, artísticas e valores revelam uma dada realidade social e possibilitam a construção de propostas sociais de enfrentamento às demandas sociais de maneira mediada e imediata.

Culturas em vias de desaparecimento tornam-se praticamente incapazes de se reproduzir no bojo da sociabilidade capitalista, daí a importância de ressaltar as expressões culturais das comunidades quilombolas e originárias.

São conhecidos os imensos valores culturais legados ao Pará por grupos quilombolas de tradição ancestral que resistem na região do Baixo Tocantins, na forma de grande variedade de manifestações tradicionais, que vão do samba de cacete ao marierrê, das folias de reis ao Bambaê do Rosário, das ladainhas em latim aos mais diversos tipos de artesania. É uma população criativa, corajosa e trabalhadora, com uma história empolgante de lutas, vitórias e desencontros e de intermináveis problemas, também, causados por um acúmulo de desigualdades, exploração e opressão que se arrastam ao longo de vários séculos.

Entretanto, a beleza, a pujança e o talento desses grupos tropeçam em sérias dificuldades de sobrevivência. Do isolamento causado pelas distâncias, pelo regime das chuvas e pela falta de serviços de infraestrutura aos críticos índices de desenvolvimento humano, as comunidades vêm, pouco a pouco, enrouquecendo as vozes desses verdadeiros protagonistas quilombolas. A despeito de se sustentarem e de resistirem na prática infatigável e cíclica da música, dança, canto, religiosidade — do cabo da enxada e da proa da canoa ao braço de seus instrumentos e ao couro de seus tambouros — eles sabem que um patrimônio valioso já se perdeu e ainda está ameaçado de perda.

As conquistas de quilombolas no Pará[1] são pioneiras e deram abertura para a efetivação de direitos das comunidades quilombolas em todo o Brasil. A comunidade Boa Vista — Oriximiná foi a primeira terra de quilombo titulada no Brasil, em cumprimento ao artigo 68 do Ato das Disposições Transitórias da Constituição Federal[2]. Nesse processo de lutas, os quilombolas paraenses contaram com o apoio de organizações e movimentos sociais.

As comunidades remanescentes ampliaram a consciência e a dimensão da resistência e estratégias de sobrevivência física e cultural no estado do Pará. A conquista das terras, um direito social das populações quilombolas, representa a luta de (re)construção da indentidade étnica, suas conquistas e histórias.

Legalmente, são definidos como remanescentes das comunidades dos quilombos os grupos étnicos constituídos por descendentes de negros escravos que compartilham identidades e referências históricas comuns. Assim sendo, o que é importante na demarcação de terras quilombolas é a própria comunidade se reconhecer como originária de africanos escravizados e, a partir daí, buscar o seu reconhecimento formal como comunidade remanescente de quilombo.

---

1. No estado do Pará, existem em torno de 420 comunidades remanescentes de quilombos em, pelo menos, 51 dos municípios. Em 2005, o estado do Pará concentrava mais da metade (58%) da dimensão total de terras quilombolas tituladas do país. São 27 territórios, ocupados por 79 comunidades (com cerca de 3.700 famílias), que somam 527.139 hectares. Hoje, 193 comunidades quilombolas de todo o Brasil já receberam títulos de propriedade da terra, segundo informações da Coordenação Nacional das Comunidades Negras Rurais Quilombolas (Conaq). Destas, 118, ou seja, mais de 60%, estão no Pará, o que faz do estado o campeão brasileiro em titulação de terras quilombolas. São, ao todo, 57 títulos entregues (cada título abrange várias comunidades), a maioria dos quais outorgados pelo Instituto de Terras do Pará (Iterpa).

2. Por meio desse ato, foi reconhecida a propriedade definitiva das terras ocupadas aos remanescentes das comunidades dos quilombos, devendo o Estado emitir-lhes títulos.

O debate e as práticas para a conquista de direitos dessas populações compreendem a relação entre a condição simbólica e material de pertencimento, a coletividade e a identidade atrelada ao território. O território é mediação entre as sociedades locais e nacionais. O espaço no determinado tempo vivido torna-se cultural, político, econômico e social.

A maioria da população do Baixo Tocantins reside em áreas rurais, sobrevive da agricultura familiar e apresenta práticas, saberes e religiosidades vinculadas às atividades de subsistência. A terra é fundamental para a produção, a reprodução e o consumo dessa população.

Os quilombos organizados no Pará tiveram como rota de fuga os rios e igarapés. É nessa região marcada pela luta contra a escravidão e pela participação na Cabanagem,[3] onde estão situados os vilarejos Matias, Maú e Juaba.

2. Quilombos Cametá, Pará

2.1 Matias

> Primeiro a nossa terrinha garantida, pra roçar e poder comer
>
> Morador do quilombo Matias

Matias é cheia de crendices. A única vila das três demarcadas pelo Estado, como área quilombola com título de posse, é um bairro do distrito de Juaba. "O Matias desceu pelos Igarapés, 'primeiro ser de coragem' roçou esta terra cheia de onças" (Benedito Nunes relatou

3. Cabanagem (movimento cabano) foi uma revolta popular que ocorreu de 1835 a 1840, na qual índios e negros insurgiram-se contra a elite política e tomaram o poder do então Grão--Pará. Para saber mais, consulte: *Pródromos da Cabanagem: geografia e capítulos da história do Grão-Pará*, de Flávio Moreira (2012).

que o primeiro colono pra lá não ficou, "e pra quê? Pras onças comerem seus filhos?").

Ali vivem 68 famílias, aproximadamente, 360 pessoas, na maioria, em casas à beira da estrada. A base de sua economia agrícola é a policultura: mandioca,[4] pimenta-do-reino e cana-de-açúcar. O roçado mais frequente é o da mandioca e os moradores sobrevivem por meio desse cultivo e de derivados, como a farinha de mandioca e de tapioca e o tucupi trabalhados na casa de forno, local para preparar as farinhas. A mandioca é um alimento especial nessa região — um arbusto que tem origem ali nas proximidades do sudoeste amazônico; o caule do pé da mandioca ou maniva é usado no seu plantio.

Todos os componentes dessa raiz tuberosa são consumidos, o caule é um veneno poderoso que se cozido por sete dias se transforma em um prato típico paraense — a manissoba. Este alimento "muy rico" é fonte de carboidratos, cálcio, ferro, fósforo, potássio, vitamina C, vitaminas do complexo B e tem ação antioxidante. Na prática religiosa bastante comum na Região Amazônica, o Santo Daime utiliza-se de uma dieta de sete dias comendo mandioca em preparação para os rituais.

O historiador da memória coletiva da Vila Matias, Benedito Nunes da Silva, professor de história na escola[5] da comunidade, exercita sua memória de bichos e gentes na preocupação com o registro das histórias do surgimento dessas comunidades. O historiador nunca saiu de Matias, vai a um ou outro vilarejo, mas permanece ali para narrar a tradição local quilombola.

Matias é o nome do primeiro homem a desbravar as matas, entre as vilas de Juaba e Matias. O homem abriu estrada, construiu casa e

---

4. A origem da palavra é tupi e vem de Mani-Oca, casa da deusa Mani. A mandioca pode ser consumida frita ou cozida ou, então, se transforma em diversos tipos de farinha, a depender do tipo de ralagem, prensagem e secamento.

5. A Escola Municipal Aquiles Raniere atende diversos vilarejos da região, equipamento conquistado, em 2010, após organização e luta empreendidas com o apoio da associação de moradores.

levou a família, mas logo fugiu de lá, pois teve medo de ataques de onças; alguns dizem que a família de Matias chegou a ser atacada.

2.2 Vila Maú

É um vilarejo, no fim da estrada, onde vivem outros povoados, que representam sociedades menos complexas na produção econômica, que plantam, prioritariamente, mandioca e pimenta-do-reino. Esse condimento utilizado para troca comercial é vendido a preço irrisório aos chineses; além disso, a Vila Maú se vale da pesca artesanal para subsistir. A entrada do vilarejo é circular onde se concentram as principais famílias. As casas ficam bem próximas umas das outras e vivem, por ali, aproximadamente 50 famílias.

A música está bastante presente na vila. O principal grupo musical é o "5 de Ouro", formado hereditariamente há 100 anos. Eles tocam valsas, folias de reis e o banguê. A composição instrumental é de bandurra, bandolim, reco-reco, onça (tambor fino), cuica feita de madeira grossa e bumbo. Os instrumentos artesanais são feitos por *luthiers* da região.

Vale lembrar, um exemplo, às avessas, trazido pela lenda do Flautista de Hamelin (Rattenfänger von Hamelin).[6] A história ocorre na cidade de Hamelin Minden, em 1924, na qual um músico com sua flauta diz acabar com a praga de ratos que assola a cidade, atraindo--os para o rio; de fato, todos os ratos morreram. O povo não acreditou que tivesse sido o homem a dar fim nos ratos e não lhe pagou o soldo devido. Em resposta a isso, o flautista retorna à cidade com sua flauta, mas dessa vez atrai crianças com o sonido, elas são atraídas para um rio e morrem ao seguirem o apito metalizado. Das 130 crian-

6. O flautista de Hamelin é uma famosa lenda alemã, traduzida em mais de 30 línguas, modernizada e repaginada pelos irmãos Grimm. Para mais informações, consulte *sites* e informações em alemão e coloque em traduzir. Disponível em: <http://www.hameln.de/_mediafiles/1263-rattenfaengersage-hameln.pdf>.

ças, apenas três sobrevivem: uma cega que não consegue seguir o flautista e se perde no caminho, uma surda que não consegue ouvir a flauta e uma deficiente que usa muletas e cai no caminho.

Um estranho anda pelas ruas,
saca a sua flauta e a toca. Um som flutua pelo ar.
O pessoal de Hamelin pôde ouvir uma linda nota
em cada canto da vila, paralisados a ouvir os encantos do som.
Lenda na Boca do Povo

Em Maú, as flautas soam pelas tardes e no lugar dos ratos, os patos quaquejam e comem pelos pátios, e são as crianças que tocam flautas nesse quilombo vilarejo. O nome da vila refere-se ao mal que assolou a população, quando foram tomados por uma virose que matou muita gente no início do século XX. Há uma estrada de terra de 15 km de extensão, que separa o vilarejo dos demais, tendo ao final a vila de Maú, situada entre roças queimadas e novos roçados. As mulheres são bem ativas e em todas as comunidades o trabalho do roçado é feito por homens e mulheres.

2.3 Vila de Juaba

Nós que vivemos aqui somos mistura de raças: negros, brancos e indígenas

Lucilene, moradora da Vila

A Vila de Juaba encontra-se em Cametá fundada no início do século XX, à beira do rio Tocantins. Descendente do Mola, aos poucos, essa vila ribeirinha, a maior da região, passou a ser o centro de encontro dos moradores. Ouve-se, ali, propaganda política e música pop americanizada e eletrônica por entre sons da natureza e das conversas à beira do rio.

Juaba concentra as relações de troca de outras vilas. A feira dominical é "pai d'égua" (algo muito bom), isto é, as vendas são para compras no local; vende-se caranguejo pra comprar farinha, roupa por carne de boi, galinha por sal, tapioca, laranja, lápis, caderno, arroz, biscoito, pasta, óleo, radinho de pilha, água sanitária e sabão em pó.

A vila de Juaba é simples e de extrema riqueza cultural. Uma vez ao ano acontece o Festival de Cultura, criado há mais de vinte anos, com apresentação das manifestações culturais da vila: farinhada; samba dos negros; xote juabense; mandioca (dança); dança do açaí; samba de cacete; bicharada e a manifestação religiosa bambaê. Dentre elas, o Bambaê do Rosário é uma dança criada pelos negros refugiados em louvor à Nossa Senhora do Rosário, cujas músicas falam do cotidiano, das histórias de vida e a santa é venerada com essa dança nas comemorações de outubro. O pessoal que dança o Bambaê do Rosário vem de toda a redondeza, de todas as comunidades do distrito — são os promesseiros.

Algumas mulheres entrevistadas dizem que a comunidade não se autodenomina quilombola e falam da importância das danças e da devoção a Nossa Senhora do Rosário no Bambaê do Rosário e, apesar de reproduzirem a cultura do quilombo matriz Mola não se sentem parte de um quilombo.

Houve época em que havia devoção dos brancos e devoção dos negros. O Bambaê é uma manifestação cultural de cunho religioso que homenageia santas brancas e santo preto. Mas a comunidade matriz desta manifestação é Mola. Dizem elas: "nós temos ancestralidade, indígena, remanescentes de quilombos, como de Mola e de outras colônias das redondezas, de negros e de brancos. Não somos quilombolas".

3. Quilombos no Pará e manifestações culturais

Quilombolas no interior do Pará fazem parte do grupo de negros de histórias banidas. Há uma crescente contradição entre a criativa produção cultural dessas comunidades e o esquecimento a que têm sido relegadas as manifestações tradicionais, como o samba de cacete, o banguê (cantoria), as folias, as ladainhas em latim, o Bambaê do Rosário, a contação de visagens (assombrações), religiões, conhecimentos e sabedorias ligadas à saúde, cura e partos. A historiadora Maria Antonieta Antonacci lembra que é impossível entender o Brasil sem as Áfricas e as Áfricas sem o Brasil.

> Ao conjugar narratividades da diáspora no Brasil, despontaram sensibilidades de herdeiros de matrizes orais africanas, prefaciando disjunções sonoras e gestuais. Nestas, protagonistas de histórias e culturas acústicas, em regime de símbolos e energias de seus corpos comunitários, traduziram traumas e transgressões a sofrimentos cotidianos. Em contínuo negociar e refazer se suas inserções, povos e linguagens africanas seletivamente (re)ssignificaram suas tradições, reinventando Áfricas no Novo Mundo. Áfricas de difícil recriação e reconhecimento, como em Cascudo no revela/esconde de Áfricas no Brasil (Antonacci, 2013, p. 15).

A tradição oral brasileira mostra-se com sensibilidade própria da ancestralidade africana, e é herdeira de matizes nascidos na oralidade reinventada nas narrativas em meio a traumas e repressões. A cultura de tradição oral, de modo particular, os causos e as lendas quilombolas podem ser rememorados, como um conjunto de histórias que remontam nossa formação sociocultural e transmitem visões de mundo e aprendizado. No Brasil, a oralidade encontra-se em algumas comunidades de pescadores, quilombolas, mulheres marisqueiras, indígenas e, ainda, como resquício da prática em muitos centros urbanos. Para Benjamin (1994), a oralidade é um elemento que dá às experiências individuais e coletivas o peso tradicional por meio de testemunho histórico autêntico, passado de geração em geração. Segundo ele, são os saberes que vêm de longe: o longe espacial das terras estranhas ou do longe temporal contido na tradição.

A narração é um meio de transmissão da tradição em grande parte realizada pela oralidade para a comunicação de fatos, técnicas, saberes e valores agregados pelo tempo ou espaço. A arte de narrar, então, aparece como a arte de manter vivo o processo de desdobramento de histórias.

O contador de visagens narra histórias que acontecem no meio do mato e nas noites em que caçadores passam remela de cachorro em suas lanternas para enxergar as assombrações; a parteira narra o que viveu pelas estradas e qual caminho empreender para cumprir seu desígnio e o historiador que nunca saiu de suas terras reconta tradições aprendidas.

> O cachorro vê tudo e late à noite toda que nem quando é luar. Uma vez, certa mulher disse que queria enxergar tudo o que o cachorro enxerga. E diziam: é só passar remela no olho que tu vê. Ela passou a remela de cachorro no olho. Ela enxergou e ficou doida. Porque à noite ficou pros mortos, pros das trevas e de dia pra gente. Benedito Nunes da Silva.

O narrador conta suas próprias histórias ou de outrem, guardadas e maturadas em sua memória e transformadas em experências para transmiti-las a quem possa reinterpretar. Aquilo que está guardado serve para ser recriado — é essa a capacidade da memória "penetrar para além dos véus estendidos pelo tempo" (Tarkovski, 1998, p. 165). Ora, toda a literatura universal não é herança da oralidade?

Danças e tambores são também narrativas com outra escritura sonora e corporal, a linguagem tonal de fonética grave está presente nos povos africanos que vieram para cá. Na formação cultural no Brasil, há três influências principais: a indígena — originária, a portuguesa — domínio da língua e a africana — religião, musicalidade e corporalidade, vistas no boi-bumbá, no carimbó[7] e no jongo (danças folclóricas), que são expressões culturais dos negros, até hoje existentes na África, transmitidos pela oralidade, ancestralidade e memória presentes nos grupos musicais e de dança da região paraense.

7. Apenas para exemplicar, o carimbó apresenta movimentos de dança lusitana, canto e movimento de pés de influência indígena e musicalidade e batuques africanos.

As histórias de quilombolas no Tocantins têm sido reconstituídas na evocação da memória e lembrança de histórias de vida e experiências de seus ascendentes. A história da constituição de povoados negros é contada por esses guardiões. "A experiência que passa de pessoa a pessoa é a fonte a que recorreram todos os narradores" (Benjamim, 1994, p. 198).

O município de Cametá tornou-se área de aglutinamento de quilombos, na medida em que se mostrava região de resistência, até mesmo depois da abolição da escravatura com mesclas ideológicas, inspiradas no movimento cabano. Segundo Benedita Celeste de Moraes Pinto, historiadora da região do Baixo Tocantins, o quilombo matriz Mola, existente desde meados de 1750, foi um importante espaço de resistência e referência para a formação identitária de outros quilombos menores.

As histórias da formação desses povos dominados, fugidos e libertos podem ser recompostas na evocação de lembranças, experiências e histórias de vida daqueles que ficam para semente — os velhos e velhas, guardiões da memória. Narrativas que, no campo da moral, normatizam vidas, transmitem saberes e curas, lembram o que deve ser lembrado e assumem identidades. O cotidiano dessas comunidades é marcado pelo sentido do trabalho na terra, isto é, pelo tempo do arado, do roçar e do plantio, o tempo da colheita e de novos frutos.

Compreender a identidade quilombola no repertório das festas que ocorrem nas vilas Matias, Maú e Juaba é fundamental para o entendimento da relação entre cultura e trabalho em uma região habitada por população, majoritariamente, afrodescendente que apresenta grande diversidade étnica com traços indígenas. Tal intento tem como suporte a música, a dança e a memória, que se entrelaçam, constituindo a base sobre a qual se forma a cultura.

Expressões culturais das comunidades quilombolas na Amazônia paraense adquirem significado e existência nas relações de trabalho e, particularmente, na lavoura. O samba de cacete é manifestação musical muito importante em Matias e Juaba que nasce no preparativo para mutirões de colheitas. O início dessa festa é na noite anterior à colheita e os mutirões são realizados em terra de cada família, alternadamente. A família da vez é responsável por oferecer a comida e a gengibirra — bebida de gengibre para todos que vão trabalhar. A dança rola até a manhã seguinte ao som do tambouro ou curimbó. Dependendo do tamanho da terra, esse mutirão pode durar mais dias; sabe-se da existência dessa manifestação em outras localidades da região.

A batucada, a dança, suas músicas em duas vozes emergem do cotidiano, do trabalho, do repouso e do lazer. Os gestuais de movimento realizam-se de acordo com as canções e, por suposto, a partir de gestos do cotidiano. O ritmo da dança é marcado por dois tambouros, tocados por dois homens na frente, que cantam o "verso-pergunta" das músicas do samba e dois atrás que tocam com cacetes (dois pedaços pequenos de pau) no corpo dos tambores. As cantigas são curtas e repetidas várias vezes, a resposta é cantada pelos dançantes, principalmente, pelas mulheres mais velhas. Os batedores e caceteiros cantam as estrofes e os dançarinos fazem o coro. A música e a dança iniciam em ritmo moderado e aceleram. A dança acontece em roda, as mulheres giram em torno de si, esquivando-se dos homens que buscam seus pés. Os gestuais realizam-se de acordo com as canções a partir de gestos do cotidiano. Em Maú, as composições do grupo musical "5 de Ouro" advêm também do cotidiano, são os banguês, surgidos do plantio do roçado.

A dança que acontece nas noites de lavouras também se torna manifestação da cultura mostrada em festivais e festejos e imita os movimentos da semeadura, como aragem, semeio e colheita na relação entre cultura e trabalho.

> Como suporte material de memória entre grupos oralmente constituídos, ritmos, simbologias, perfis corporais foram se revestindo de complexos significados a serem analisados e culturalmente articulados. Impossível perder de vista que sendo os corpos, na dinâmica de cadências vocais e gestuais, sustentáculos de poéticas, saberes e políticas orais, assumem posturas e intercâmbio com outros corpos em cadências no

bater de pernas, pés, palmas, acompanhando instrumentos musicais fabricados a partir de rituais simbólicos e palavras consagradas (Antonacci, 2013, p. 136).

Os quilombolas são grupos que têm suporte oral, como os ritmos, simbologias, corporalidades e músicas. Nos quilombos Matias, Maú e Juaba, dissidentes do Mola, hoje pertencentes ao município do Carapajó-Pará, encontrei alguns narradores: a parteira, o contador de visagens, os festeiros e tocadores de tambouro e historiador, todos com a prática de contar e dizer a memória do lugar onde moram, mantendo a cultura e a tradição local.

> O que as pessoas contam tem uma história que suas palavras e ações traem, mas que suas narrativas não revelam imediatamente; uma história que explica porque usam as palavras que usam, dizem o que dizem e agem como agem; uma história que explica os significados específicos por trás da universalidade ilusória sugerida pelas palavras — uma história de que muitas vezes elas não se dão conta. Suas afirmações não são simplesmente "declarações" sobre a realidade, mas comentários sobre experiências do momento, lembranças de um passado legado por precursores e antecipações de um futuro que desejam criar (Costa, 1998, p. 15).

A população quilombola tem expressões da cultura vinculadas ao trabalho, corporalidade, música, canto e dança, que falam das histórias e lutas na sobrevivência e nas relações de cooperação. Nessa realidade, a produção e reprodução social da vida e os significados simbólicos, culturais e artísticos, bem como os cancioneiros, grupos culturais, versados e tradições de cura nascem na terra.

Fica claro, na observação das comunidades quilombolas, o fenômeno da generalização no que concerne ao nascimento da cultura pelo trabalho — músicas e danças. Nesse aspecto, é importante ressaltar a singularidade, a particularidade e a universalidade, no sentido de aproximar fenômenos singulares aos universais. Conforme Lukács "[...] a dialética de universal e particular na sociedade tem uma função de grande monta: o particular representa aqui precisamente a expressão lógica das categorias de mediação entre os homens singulares e a sociedade" (Lukács, 1970, p. 53).

No âmbito do ser social entre a vida singular e a vivência genérica nessas comunidades, observa-se a riqueza e sabedoria artísticas e culturais, no trato das questões da saúde: parto natural e cura pelas ervas e de sociabilidade (amizade, solidariedade, gentileza e humildade) apontam caminhos para uma sociedade mais humanizada.

Certos eventos dramáticos, como o parto ou a morte na vida, são eternos e a passagem de um, tanto quanto a do outro apresenta singularidades em cada região. Destaca-se especialmente a sabedoria da parteira tradicional, a "mãe do corpo no baixo-ventre" responsável pela força vital e reprodução, que nasce parteira mas recebe ensinamentos de outras pela tradição oral. Ser parteira e falar de seu ofício é como falar do universal e de todas as parteiras tradicionais que ainda existem no mundo. É prática social compartilhada por todas as sociedades, mas cada uma com suas singularidades. A profissão de curar e ajudar mulheres na hora do parto foi milenarmente ofício de mulheres tradicionais ancoradas em saberes ancestrais.

Benedita Gomes, conhecida por Dona Bena, tem 94 anos, é parteira desde os 20 anos, fez seis de oito dos seus próprios partos e só dois foram aparados por outra parteira. O primeiro, uma filha, ela fez sozinha de joelhos no chão com um braço trançado na rede e com o direito aparou o bebê. Quando o marido voltou à noite, tendo passado o dia todo fora à procura de parteira, Benedita estava "parida" há seis horas; já tinha feito o café, tomado o mingau e estava preparando o almoço.

> O pai da minha mãe era preto-africano, era da África, José Viriato Luiz da Trindade. Eu comecei a pegar criança na minha pessoa, só Deus por mim, eu estava com 20 anos quando comecei a pegar. Foi meu, mesmo, minha filha. Eu peguei, eu preparei, quando me deu a dor eu sentei de cócoras.

As parteiras estão a serviço de seu dom 24 horas por dia e com Dona Bena sempre foi assim, não importa a hora, de almoço ou de descanso, ela logo se apruma para sua missão de trazer as pessoas ao mundo. O trabalho costuma ser na casa da parturiente e essa parteira já se entranhou muito em andanças pelo meio das matas e nem sempre recebe remuneração; às vezes apenas uma refeição. A profissão é desvalorizada e nem mesmo é reconhecida legalmente. É memória passada pelas mulheres porque apenas a mulher pode ser parteira, o conhecimento da parteira é essencialmente feminino. Seu ofício é curar por meio de uma medicina própria da zona rural.

A narrativa popular atrela-se à vivência coletiva. A parteira viaja e traz ao mundo pelo percurso do nascimento da vida, e Dona Bena viajou quilômetros nessa missão de partar vidas. Além de tudo, é chefe da casa, trabalha no cultivo da mandioca, é agente de saúde voluntária e participa sempre de cursos e treinamentos para parteiras tradicionais.

> Já fiz muito bem pros outros e pra mim. Olhe, já rezei pelos vivos e pelos mortos. Aparei, com a bênção de Deus e a ajuda dos meus guias, muitas crianças; benzi, curei com esses nossos remédios do mato, da terra. (...) E, também já fechei os olhos de muitos parentes e amigos na hora da morte. Então, por tudo que eu já vi, fiz e vivi, eu não choro! Vou rir, mas vou rir, meu anjo, até o fim! (Dona Benta).

Ainda com importância central, no meio rural, o partejar é ofício acumulado tradicionalmente pelas parteiras, que vem sendo recuperado no meio urbano por pessoas que decidem humanizar e valorizar o parto normal. A parteira tem um trabalho de atenção integral da mulher por acompanhar toda a gravidez. Ela não tem pressa de fazer o parto, ela sabe o que precisa ser feito inclusive se, em último caso, para salvar vidas, haja necessidade de acionar um médico para realizar cesariana.

Assim, o parto é um acontecimento social e familiar. A parteira tradicional tem essa habilidade interacional humanizada, e há muito que aprender com essas mulheres ribeirinhas, indígenas e quilombolas.

4. Resistência quilombola

As tradições orais de quilombos são fundamentalmente um meio de preservação da sabedoria dos ancestrais. Lembranças e memórias de determinados grupos sociais devem ser entendidas como relatos e versões sobre sua história.

Os africanos e seus descendentes foram se tornando pessoas escravizadas em condições desumanas ao longo da missão, dita civilizatória, realizada pelos europeus ocidentais. Suas origens étnicas são imprecisas, mas se delimitaram liguisticamente, ou por onde os povos foram capturados, ou de onde embarcaram. Os que vieram para a América e os Oestes africanos foram divididos pelos portugueses em Bantus.[8]

Os colonizadores subtraíram e capturaram histórias, culturas e identidades de povos perseguidos por motivos políticos, religiosos ou étnicos e de povos originários do Brasil, compostos de várias etnias indígenas nativas. A chegada do negro no Brasil na forma de escravidão é a apropriação violenta na posse humana. A escravidão imprimiu a humilhação, a violência, a dominação, a exploração, e a desigualdade, como regra e fundamento da sociabilidade e da esfera política do país.

O conceito tradicional de quilombos, como reduto de negros fugidos, não contempla a amplitude da luta, da resistência e das estratégias de sobrevivência física e cultural encontradas nas comunidades remanescentes de quilombos. O processo de resistência negra se reitera nas fugas, nas revoltas e na formação de quilombos contra a escravidão, o preconceito e a dominação. E, ainda, a apropriação do espaço por essas populações tornou-se referência para a construção

8. Bantu se refere a um grupo linguístico formado por muitos dialetos e línguas faladas, principalmente, na porção continental da África subsaariana, como o Umbundu, o Quibundu e o Quicongo. Os Bantus trazidos para o Brasil vieram das regiões que, atualmente, são os países de Angola, República do Congo, República Democrática do Congo, Moçambique e, em menor escala, Tanzânia.

da identidade quilombola e da afirmação cultural que se configuraram como parte das estratégias de resistência.

A existência da legislação que extingue a escravidão não tornou os negros realmente livres, a exploração, a opressão e a discriminação permanecem até hoje. Enquanto vigorava a escravidão, os quilombos, como forma de resistência, abrigavam as populações negras, e, do mesmo modo, se tornaram um dos únicos espaços de sobrevivência física e cultural dos negros discriminados, julgados e excluídos da nova sociabilidade legal.

A luta e a reconquista de um território simbólico e material é constituinte do processo de identidade quilombola. Os resquícios de lembranças compõem a memória viva repassada pela oralidade, musicalidade, grupos de danças e festas religiosas. A identidade coletiva é fortalecida pela questão cultural. Os mundos interior e exterior são enriquecidos e mesmo produzidos pelos prazeres estéticos e culinários, pela prática de valores e hábitos próprios e pelo conhecimento dos valores alheios. A oralidade, a lembrança, a memória, os saberes e as práticas conformam-se em "(...) formas materiais e espirituais com que os indivíduos de um grupo convivem, nas quais atuam e se comunicam e cuja experiência coletiva pode ser transmitida através de vias simbólicas para a geração seguinte" (Ostrower, 1977, p. 13).

Historicamente, músicas e danças são formas de resistência. A capoeira, o samba, as marchas, as festas de rua e as rodas de batuque foram duramente perseguidas no escravismo e na I República. Tais manifestações são afirmações do universo cultural africano que se contrapõem às diversas formas de opressão, exploração e barbárie a que têm sido submetidos negros, afrodescendentes e trabalhadores pobres, do escravismo ao capitalismo. Assim, nasceu o *blues*, o *jazz*, o candomblé e o samba como afirmação da força, da beleza, da criatividade, da alegria e da cooperação em contraposição à negação da redução do trabalho forçado e explorador dos negros e ao produtivismo.

A memória dos povos escravizados tornou-se oculta, historicamente reprimida e no limite da sobrevivência. A sua força relembrada transparece nas representações e identidades tradicionalmente mantidas na invisibilidade para sobreviver à violência. Multiplicam-se as marcas dessa resistência, dispersas em designações do cotidiano que reativam a memória coletiva. A diversidade dos modos de vida africanos constituem-se em outras identidades, as comunidades aqui estudadas partilham de forte pertencimento e enraizamento na tradição cultural quilombola.[9]

Referências

ABRAMIDES, Juliana. *Serviço Social e cultura*: processos criativos na mediação do trabalho profissional. Dissertação (Mestrado em Serviço Social) — Programa de Estudos Pós-Graduados em Serviço Social, Pontifícia Universidade Católica, São Paulo, 2014.

ANTONACCI, Maria Antonieta Martines. *Memórias ancoradas em corpos negros*. São Paulo: EDUC, 2013.

BENJAMIN, Walter. O narrador: considerações sobre a obra de Nikolai Leskov. In: ______. *Magia e técnica*: arte e política. Ensaios sobre literatura e história da cultura. São Paulo: Brasiliense, 1994.

COSTA, Emilia Viotti da. *Coroas de Glória, Lágrimas de Sangue* — A rebelião dos escravos de Demerara em 1825. Tradução de Anna Olga de Barros Barreto. São Paulo: Companhia das Letras, 1998.

LUKÁCS, György. *Introdução a uma estética marxista*. Rio de Janeiro: Civilização Brasileira, 1970.

MOREIRA, Flávio. *Pródromos da Cabanagem*: geografia e capítulos da história do Grão-Pará. Belém: Editora Paka-Tatu, 2012.

9. Os moradores não se reconhecem como quilombolas, por causa da miscigenação de indígenas e brancos, embora suas expressões culturais ritos, curas, partos, danças e religiões, façam parte da tradição quilombola.

MOURA, Clóvis. *Rebeliões da senzala*: insurreições, quilombos e guerrilhas. São Paulo: Edições Zumbi, 1959.

OSTROWER, Fayga. *Criatividade e processos de criação*. Rio de Janeiro: Vozes, 1977. Disponível em: <http://www.mariosantiago.net/Textos%20em%20PDF/Criatividade%20e%20Processos%20de%20Cria%C3%A7%C3%A3o.pdf>. Acesso em: 19 jan. 2013.

PINTO, Benedita Celeste de Moraes. *Filhas das matas*: práticas e saberes de mulheres quilombolas na Amazônia Tocantina. Belém: Açaí, 2010.

TARKOVSKI, Andrei. *Esculpir o tempo*. São Paulo: Martins Fontes, 1998.

10

Trabajo Social, movimientos sociales y universidades públicas en Argentina

Carolina Mamblona*
Silvia Mansilla**
Andrea Oliva***

Introducción

El presente ensayo reúne trabajos precedentes de cada una de las autoras, en base a experiencias particulares desarrolladas en tres unidades académicas de Licenciatura en Trabajo Social de Argentina.

* Magíster en Trabajo Social de la FTS-UNLP; profesora adjunta concursada de la cátedra de Trabajo Social V; coordinadora del área de investigación: "Movimientos Sociales, conflictividad social y Trabajo Social", FTS-UNLP.

** Magíster Silvia América Mansilla; profesora adjunta regular de la Cátedra II (Paralela) de "Seminario de Servicio Social con Residencia Institucional".

*** Doctora en Servicio Social por la PUC-SP; profesora titular del Departamiento Sociedad y Trabajo Social de la Facultad de Ciencias Humanas de la Universidad Nacional del Centro de la Provincia de Buenos Aires, con sede en Tandil, Buenos Aires.

En tal sentido, cabe aclarar que no es resultado de una investigación conjunta, sino de una articulación de producciones de docentes-investigadoras con residencia en Neuquén, La Plata y Tandil. La convocatoria a participar de esta compilación es resultado, por una parte, del Colectivo Trabajo Social y Lucha de Clases que hemos creado en pos de una articulación entre sectores afines con la perspectiva histórico-crítica en Argentina; y por otra, responde a las actividades que venimos realizando entre grupos de las tres universidades en el marco del proyecto de movilidad de docentes de Mercosur con unidades académicas de Brasil y Uruguay. La necesidad de tener una formación vinculada a los movimientos sociales, ha tenido distintas expresiones en virtud de las condiciones del contexto particular en cada ciudad así como con diversas inserciones del Trabajo Social dentro de la universidad y las determinaciones propias de los planes de estudio.[1] Reconocemos que existe una debilidad en el debate teórico, en tanto, no se evidencia hasta el momento la realización de estudios sistemáticos que profundicen la intervención del Trabajo Social en esos espacios, aunque se ha ampliado el espacio socio ocupacional del trabajo social con delimitación territorial, lo que implica un contacto directo con organizaciones y movimientos sociales. En este ensayo, apuntamos a contribuir a la interlocución con el colectivo profesional, aportando elementos al debate sobre los movimientos sociales desde nuestro espacio ocupacional en las universidades nacionales y como intelectuales del Trabajo Social en Argentina.

Los movimientos en la dinámica de la lucha de clases

En la sociedad capitalista, signada por el acceso desigual a la riqueza socialmente producida, el atravesamiento de clase y la relación

1. Cabe aclarar que a diferencia de Brasil, en Argentina no existe un currículo básico o directrices que determinen los planes de estudio, sino incumbencias profesionales en las que se basa el Ministerio de Educación para aprobar las reformas curriculares que se generan en cada unidad académica.

con las formas de trabajo que permiten reproducir la vida, son fundamentales para analizar cualquier expresión o movimiento social. Los movimientos sociales constituyen una categoría muy amplia y difusa, que nuclea a múltiples expresiones (género, etnia, cultura, clase, franja etaria, hábitat etc.), siendo la determinación de clase lo que les confiere su potencial en la dinámica de las contradicciones derivadas de la relación capital-trabajo.

Para Netto (1997) las reales y profundas alteraciones sufridas en las últimas décadas por el orden económico, político, social y cultural, han conducido a un reciclaje del capitalismo pero no a su eliminación o a una modificación sustancial de su lógica y dinámica de funcionamiento. El sistema monopolista, ahora redimensionado globalmente, mantiene de modo inalterable sus características inherentes y constitutivas, aunque revistiendo trazos inéditos. La profundización de la desindustrialización, la desregulación del mercado, la tercerización de la economía, la privatización de empresas públicas, el desmantelamiento de la legislación laboral y la protección social, fueron generando profundas transformaciones que impactaron primordialmente en la esfera del trabajo, modificando, de esta manera, la relación capital-trabajo a favor del capital.

Como plantea PIVA (2009), la clase obrera argentina fue desestructurada y enfrentada con diversos mecanismos de disciplinamiento desde los años 1970 en adelante, con la implementación de la desaparición forzada de personas, desactivando las comisiones de delegados fabriles y sectores de lucha obrera, luego con la embestida ocasionada por la hiperinflación de 1989 y con la amenaza y el miedo al desempleo.

Sintetizar las décadas de 1980-90 en Argentina — en el marco de los procesos a nivel internacional de la caída del bloque soviético y avance del proyecto neoliberal — implica hacer referencias a luchas gremiales por el salario y la recuperación de los gremios intervenidos o la creación de nuevos sindicatos, recuperación/creación de organizaciones vecinales, movimiento por esclarecimiento de los crímenes de la dictadura, sobre las desapariciones, las luchas por la liberación de presos políticos, los juicios y condenas a las juntas militares, entre una variedad de luchas puntuales. En tal sentido lo transcurrido en la década de 1990 en Argentina solo puede entenderse en ese movimiento de avances y retrocesos de las luchas, con fuertes derrotas a partir de la hiperinflación que instala en los trabajadores el temor a la inestabilidad abriendo paso a imponer una serie de medidas económicas del proyecto neoliberal. Se produce un enorme proceso de pauperización e indigencia de amplios sectores de la población así como los niveles más altos de desocupación hasta entonces vividos en Argentina, siendo la fase más deshumanizada del capitalismo en la historia.

En 1993[2] se inicia un ciclo de protestas donde "reaparecen las formas más elementales y primitivas en que se manifiestan los explotados" comenzando un ciclo ascendente en el fortalecimiento y propagación de las formas de lucha que van a desembocar en el 2001 con el llamado "argentinazo"[3] (Carrera y Cotarelo, 2003, p. 212). Esa serie de protestas, la mayoría de las veces desarticuladas, que tuvieron como protagonistas a jubilados, trabajadores estatales resistiendo las privatizaciones de las empresas, estudiantes y docentes luchando contra el desfinanciamiento de la educación, trabajadores estatales contra el modelo privatizador, los desocupados reclamando recursos para cubrir necesidades básicas y/o por puestos de trabajo, diversas organizaciones de derechos humanos, entre otros. En particular el surgimiento de los desocupados organizados, se consolidaron como una nueva expresión de la resistencia social al ajuste neoliberal como

2. El Santiagazo (1993) marca el inicio de la etapa. Se trató de la pueblada en la provincia de Santiago del Estero que derrumbó el gobierno provincial. Luego se sucedieron otras rebeliones en las provincias más empobrecidas del país.

3. El saldo para el pueblo, implicó más de 35 muertos y cientos de heridos en las Jornadas del 19 y 20 de diciembre de 2001. El término "argentinazo" se instaló en el vocabulario para marcar la magnitud de los hechos enlazándolo con acontecimientos precedentes de la clase trabajadora ocurridas en otras etapas como: Cordobazo (1969) que servirá como puntapié de otros conflictos sucesivos denominados con el superlativo "-azos": Tucumanazo (noviembre de 1970); Rosariazo; Viborazo o segundo Cordobazo (marzo de 1971); Mendozazo (abril de 1972); Cipolletazo (septiembre de 1969) hasta llegar al Santiagazo (1993).

parte de la crisis capitalista, teniendo características de masividad y particulares tácticas organizativas.[4]

En esta etapa de resistencia al neoliberalismo, también surge un movimiento nuevo en argentina, constituido por el Movimiento de Fábricas Recuperadas, siendo las experiencias emblemáticas a partir de 2001 la recuperación de la fábrica ceramista Zanon[5] en 2001 en la provincia de Neuquén, y los talleres textiles de Brukman en Buenos Aires. Estas experiencias de autoorganización de los trabajadores vinieron a instalar una forma de enfrentar el cierre/quiebra de fábricas, poniendo en marcha la producción, sin patrón y bajo control obrero, exigiéndole al Estado un programa que conlleva la expropiación, el control obrero del proceso de trabajo y la compra de insumos y producción por parte del Estado.[6]

Las jornadas de diciembre de 2001 son un hito alto de la lucha de clases — aún sin haber producido un cambio radical — por su significación en la experiencia concreta de los sectores subalternos cuya movilización provoca la caída del gobierno de De la Rúa (1999-2001) y las posteriores renuncias del séquito de sucesores en el transcurso pocos días. Este fenómeno se expresó en una multiplicidad de asambleas populares que se constituyen en casi todas las ciudades; protestas contra el "corralito"[7] por parte de asalariados y ahorristas de clases medias y altas; exigencia de los trabajadores estatales de la devolución del 13% del salario recortado, diversos reclamos de organizaciones sindicales y organizaciones de trabajadores desocupados;

---

4. Nos referimos a cortes de ruta con barricadas y constituidos en puebladas como Cutral-co/ Plaza Huincul en Neuquén (1996 y 1997); Tartagal (Salta) y Gral Mosconi (Jujuy) en (1997, 2000 y 2001); Florencio Varela en Buenos Aires (1997, 1998, 2001) entre otras medidas muy significativas.

5. Hoy se llama FASINPAT, Fabrica sin patrón, y fue expropiada el 2012.

6. Dentro del Movimiento Nacional de Fábricas recuperadas existen diversas tendencias, donde el sector más combativo promueve la autogestión y el control obrero y otra, la constitución de cooperativas apelando a la legalidad burguesa.

7. Es la denominación a la política de cercenamiento del retiro de fondos depositados en Bancos. Cabe aclarar que ya existía la bancarización de los salarios, alcanzando la medida a muchos trabajadores.

protestas de los organismos de derechos humanos, nuevos agrupamientos de sectores juveniles etc. que despliegan un amplio repertorio de acciones como paros, marchas, sentadas, clases públicas, toma de edificios públicos; protestas callejeras; cortes de ruta y de calles; saqueos a supermercados; puebladas en distintos puntos del país con destrucción de edificios públicos etc.

Comprendemos los movimientos sociales en la dinámica en que se constituyen como sujetos colectivos[8] que demandan — realizando diversas medidas de acción y de lucha — la satisfacción de diversas necesidades, y no como identidades múltiples que vendrían afirmando el — a nuestro criterio falso — postulado del "fin de la clase obrera".

Los diversos movimientos sociales, desde anclajes políticos y programas diversos se constituyen para enfrentar y luchar contra la mercantilización y la barbarización de los espacios sociales. Sin duda, entre las tendencias y múltiples programas de los movimientos sociales podemos identificar sectores reformistas, cuyo horizonte se diluye en la satisfacción de demandas puntuales; sectores que amplían sus luchas y programas en procesos más amplios de enfrentamiento al proyecto neoliberal así como otros sectores revolucionarios que proyectan sus acciones anticapitalistas en un sentido emancipatorio de la humanidad. La praxis política de las diversas organizaciones populares, sectores de trabajadores y movimientos sociales componen procesos históricos de múltiples determinaciones configurando sujetos colectivos que se articulan de manera tensional, más o menos conscientes — según su posición — en sujetos de clase.

Los movimientos sociales más recientes comparten varias características, entre las cuales se puede enunciar al menos siete rasgos comunes: la territorialización; la búsqueda de autonomía material y simbólica respecto del Estado y de los partidos políticos; la revalori-

8. Por sujetos colectivos entendemos aquellos grupos que tienen la capacidad de introducir sus reivindicaciones en el espacio social de lucha entre clases y fracciones de clases enfrentando al Estado y/o a la clase dominante.

zación de la cultura y la afirmación de sus pueblos y sectores sociales; la capacidad para formar sus propios intelectuales; el nuevo papel de las mujeres; la preocupación por la organización del trabajo, la relación con la naturaleza y la reinvención de métodos de lucha que recuperan formas de acción del pasado — como la huelga — dando lugar a "formas autoafirmativas" donde los nuevos sujetos sociales logran visibilidad reafirmando su identidad (Zibechi, 2003, p. 186-187). Analizar la lucha de clases nos permite ubicar que no hay transformaciones en la estructura sin protesta y resistencia, aún siendo estrictamente defensivas.

Movimientos y universidad pública en Argentina

La formación de profesionales del Trabajo Social en Argentina tiene sus orígenes en la universidad pública a partir de 1924, ubicándose en el proceso de Reforma Universitaria que tuvo su hito fundacional en 1918. El movimiento de "Reforma de 1918" antielitista y antioligárquico tiende a la democratización de las universidades, instalando la reivindicación del derecho la educación universitaria gratuita, la autonomía en relación al gobierno y una participación efectiva de docentes, estudiantes y graduados en sus órganos decisorios denominados como cogobierno universitario.

Ese proceso debe enmarcarse al calor de la luchas obreras, desarrollándose el movimiento estudiantil como movimiento social, con características propias de organizaciones de masas, participación en luchas, reivindicaciones y pronunciamientos anticapitalistas y antiimperialistas. Las banderas del movimiento conocido como Reforma del 18 sienta las bases en la constitución y desarrollo del sistema universitario argentino, con influencia en otros países de América Latina, siendo sus banderas retomadas durante todo el siglo XX, con alcance a movimientos europeos. Este movimiento atraviesa una Universidad que se desarrolla en el sistema capitalista organizando el saber de forma fragmentaria, planteando esferas autónomas que se circunscriben a espacios dentro de la división social y técnica del trabajo. La Universidad forma parte del entramado complejo del Estado, reproduciendo las contradicciones de la sociedad, en tal sentido, atraviesa distintos momentos de avances y retrocesos en relación al movimiento de las clases sociales. La bandera de unidad obrero-estudiantil del movimiento del '18 ha reaparecido en momentos claves, marcando acontecimientos como el Cordobazo en 1969[9] y distintas expresiones durante la primera mitad de la década de 1970, hasta el golpe militar que instaura la dictadura entre los años 1976-1983.

La reforma de la educación superior de los 90 expresa la ruptura del contrato social que históricamente había ligado al Estado y la universidad. Se instalan palabras claves como calidad, eficiencia, competencia, evaluación, acreditación etc. como directrices que revelan la introducción de una lógica de mercado tanto al interior de la universidad. Se interpela la identidad de la universidad latinoamericana como universidad pública (Iazzetta, 2001) y el rol de los académicos e intelectuales como actores políticos (Suasnabar, 2006). Estas reformas son promovidas por el FMI, el Banco Mundial, el BID (Banco Interamericano de Desarrollo) y la OMC (Organización Mundial del Comercio), que representan a las clases dominantes a nivel mundial. Estos organismos internacionales tienen injerencia en los asuntos internos de cada país y de sus instituciones, particularmente de las educativas y eso se hace notoriamente visible en el terreno de las cuestiones presupuestarias y programáticas de la universidad pública.[10] Frente a estas políticas se ha desplegado un movimiento en defensa de la educación pública y gratuita al que se suman los gremios

9. Se denomina de este modo al movimiento insurreccional producido durante la dictadura militar de Onganía en la provincia de Córdoba, poniendo en jaque durante algunos días al gobierno militar a nivel nacional, constituyendo un momento de inflexión en las luchas de la clase trabajadora.

10. No podemos dejar de mencionar que este proceso no es nuevo, sino que se acentúa e institucionaliza con fuerza en los años 1990. Debemos marcar como antecedente la lógica de cooptación de intelectuales en la década de 1960 por parte de instituciones de investigación de países centrales, así como la destrucción (en el marco de los acontecimientos de la "Noche de

de trabajadores docentes de las universidades nacionales creados pos-83, que se articulan con el movimiento estudiantil en el enfrentamiento a la política neoliberal.

La intervención del Trabajo Social desde las universidades públicas

En el debate entre sectores identificados en Argentina en la llamada perspectiva histórico-crítica de distintas unidades académicas sostenemos que es necesario estudiar la intervención así como incentivar la participación en las organizaciones de la clase trabajadora y del colectivo profesional.

En lo que respecta a la formación del trabajo social nos centraremos en sectores que se apoyan en esta tradición teórico-política, desde la convicción de aspirar a una universidad que sea capaz de intervenir en los problemas contemporáneos, reafirmando el libre acceso y gratuidad de la educación laica, el desarrollo de la extensión como función articulada a la docencia y la investigación, con una efectiva participación estudiantil. Actualmente la formación de grado de Trabajo Social se realiza en las universidades nacionales, sin aranceles y con ingreso irrestricto, siendo numerosa la cantidad de alumnos por curso. Las experiencias que rescatamos tienen en común que al ser protagonistas, nos ubicamos políticamente en los procesos con las implicaciones que ello tiene en la relación sujeto-objeto. En este trabajo ejemplificamos las modalidades que se presentan en tres universidades públicas, ya sea, en sindicatos, fábricas recuperadas, organizaciones de desocupados, movimientos vecinales. Las experiencias se desarrollan en ciudades de distinto tamaño y economía con una conformación poblacional diversa. En la ciudad capital de la provincia de Buenos Aires se encuentra la Facultad de Trabajo Social de la

los bastones largos") de equipos y proyectos de investigación y desarrollo realizados en nuestro país.

Universidad Nacional de La Plata; la carrera de Trabajo Social de la Universidad Nacional del Centro de la Provincia de Buenos Aires se dicta en la Facultad de Ciencias Humanas en la ciudad de Tandil; y la Universidad Nacional del Comahue[11] tiene una carrera de Servicio Social que se dicta en dos provincias con sedes en Neuquén (ciudad capital) y en Río Negro (ciudad de General Roca) dependientes de la Facultad de Derecho y Ciencias Sociales.

a) Cátedra paralela de Trabajo Social en el Comahue[12]

La profundización de la lucha de clases y la crisis política y social Argentina de inicios del siglo XXI impactaron en la formación profesional de Trabajo Social de la Universidad Nacional de Comahue (UNCo) en un contexto de privatizaciones, especialmente del petróleo y la energía hidroeléctrica en la región "Comahue" y de empeoramiento de las condiciones de vida de los trabajadores. Las contrarreformas estatales y la precariedad del trabajo se manifestaban en la UNCo y en la enseñanza profesional.

El proceso histórico de luchas de los estudiantes por la "democratización" universitaria y contra la aplicación de la Ley de Educación Superior (LES), de los trabajadores estatales y docentes provinciales y universitarios, de los desocupados y la ocupación obrera de fabricas y empresas[13] de la región desnudaba orientación política de 40 años de gobierno del Movimiento Popular Neuquino (MPN) y del gobierno nacional de Néstor Kirchner y la continuidad a través de Cristina Fernández de Kirchner. Sin duda, la lucha más emblemática fue de los obreros de la Fábrica de Cerámicos "Zanón" en el año 2001

11. "Comahue" es una denominación de la lengua mapuche que significa "lugar de la riqueza". La región abarca a las provincias de Neuquén y Río Negro, del norte de la Patagonia argentina.

12. Elaborado por Silvia Mansilla, en base a los estudios de Doctorado en Servicio Social/ Trabajo Social en curso en la UFPE.

13. Además de la Fábrica de Cerámicos Zanón, también la quiebra del Frigorífico "Fricader" a 7 km de la ciudad de General Roca y del Policlínico ADOS (Asociación de Obras Sociales) de la ciudad de Neuquén. Todas se transformaron en cooperativas con distintas modalidades.

enfrentan el no pago de los salarios y la quiebra declarada por su propietario Luigi Zanón. Tal situación implicó la ocupación de la fábrica por sus obreros en octubre del mismo año precedida de la conquista de una dirección antiburocrática y clasista del Sindicato de Obreros y Empleados Ceramistas de Neuquén (SOECN). En marzo de 2002, los obreros activan el proceso de producción de cerámicos de dicha fábrica "los directivos de Zanón fueron condenados por el 'lockout' ofensivo — cierre ilícito que tuvo como objetivo cercenar los derechos de los trabajadores — en todas las instancias judiciales de la provincia de Neuquén y ante la Corte Suprema de Justicia de la Nación" (Chirico et al., 2006, p. 9).

La clase trabajadora y el movimiento estudiantil desarrollaron un amplio movimiento social con estrategias de difusión del conflicto, confluencia con las luchas y apoyos de organizaciones que impidió desalojos. Estas condiciones favorecieron la conquista en la UNCo en noviembre del año 2004 de no acreditar las carreras universitarias ante la Comisión Nacional de Evaluación y Acreditación Universitaria (CONEAU) de la LES. La Cátedra de "Teoría y Práctica de Áreas y Recursos" de Trabajo Social fue parte del movimiento por la asistencia técnica y social a los obreros de la Fábrica "Zanón", desarrollando investigaciones e instalando una "Consultoría Social". Estas condiciones socioeconómicas y políticas emergentes de la crisis argentina y regional posibilitaron importantes discusiones teórico-prácticas y un giro transformador en la formación profesional de Trabajo Social de la UNCo al vincularse los contenidos formativos con las necesidades y luchas de la clase trabajadora. Ello significó en julio del año 2004 la creación de la Cátedra Paralela,[14] en 5º año de la Licenciatura en Servicio Social, en la materia "Seminario de Servicio Social con Residencia Institucional". Esta Cátedra Paralela en Trabajo Social, denominada "Cátedra II" con base en los contenidos mínimos del Plan de

14. Aprobada por unanimidad hace una década (2 de julio de 2004) por el Consejo Directivo de la Facultad de Derecho y Ciencias Sociales (FADECS), de la UNCo. Su implementación comenzó en la sede Neuquén y en el año 2006 en la sede de General Roca.

Estudios nº 140/85 vigente, fue inspirada en los principios de la Reforma Universitaria de 1918 y orientada por la teoría marxista.

Este proyecto académico político de la Cátedra Paralela fue apoyado por la categoría profesional de Trabajo Social (graduados, estudiantes y docentes) y numerosas organizaciones sociales, de derechos humanos, sindicales, estudiantiles y organizaciones de izquierda. Se creó una "Comisión de Apoyo", con pronunciamientos y movilizaciones, especialmente en momentos de enfrentamiento a constantes procesos de persecución, cercenamiento de derechos laborales y estudiantiles, intentos de vaciamiento y cierre. Las Cátedras Paralelas inspiradas en el marxismo se han enfrentado históricamente a un campo universitario de luchas políticas, en particular porque el marxismo al ser una teoría social universal y científica, es negada en los ámbitos universitarios y en general en la sociedad es rotulada como simple posicionamiento político militante. Ante ello, instituir y consolidar la Cátedra Paralela de Trabajo Social de la UNCo significó una conquista académico política desde el punto de vista de la ruptura de una formación unilateral y conservadora; y teórica metodológica porque la teoría social marxista se introduce en la enseñanza profesional.

La primera década del siglo XXI es prodigiosa por el movimiento histórico de recuperar el legado de la Reforma Universitaria de 1918, en la apertura de varias Cátedras Paralelas que han significado verdaderas disputas académicas y políticas, no sólo por los contenidos, los programas, sino por los concursos y estabilidad de sus profesores.[15]

15. Rupar (2012) analiza que este proceso fue "agitado por un fenómeno que traduce la novedad de la pueblada de diciembre de 2001 al plano académico con la formación de Cátedras Paralelas en Filosofía y Letras" (p. 1). Particularmente, en Historia se crearon cinco (5) Cátedras Paralelas: "Historia Social General B", "Historia de América III", "Historia Argentina II", "Historia Argentina III", "Historia Antigua I (Oriente)" y la Cátedra Paralela de "Historia de los Sistemas Económicos". Sartelli y Kabat (2009) examinan que "las Cátedras Paralelas ofician como alternativas de espacios académicos para la expresión de corrientes teóricas de visiones diferentes de la sociedad" (p. 17). Levinas (2013) analiza que estos ámbitos fueron transformados para dirimir relaciones del poder universitario: caso de las materias de "Taller de Producción Gráfica I y II" de la carrera de Periodismo en la Universidad Nacional de La Plata, o las experiencias en Periodismo de Investigación, Radio III e Historia del Periodismo.

Es parte del movimiento que instituyó el principio de libertad de cátedra y cátedra paralela, en oposición a las cátedras "oficiales" para quebrar el monopolio feudal y obscurantista de los feudos de profesores y garantizar la pluralidad de visiones del mundo y de las relaciones sociales de los hombres.

Teniendo en cuenta que la formación profesional de Trabajo Social de Comahue, se caracteriza por la especificidad de niveles de abordaje de la realidad social, y en 5º año de la formación se encuentra el "nivel institucional", la Cátedra Paralela desarrolla la enseñanza de la práctica preprofesional en instituciones estatales y fábricas recuperadas, organizaciones populares y sindicales. Son significativas las prácticas preprofesionales en los sindicatos de trabajadores estatales (ATE), judiciales (SITRAJUR, de Rio Negro; y SEJUN de Neuquén), trabajadores de la Educación de Neuquén (ATEN) entre otros. Por lo tanto, la residencia institucional para la intervención preprofesional se basa en la construcción colectiva de proyectos que responden a necesidades de los trabajadores de las organizaciones/instituciones y el análisis del contexto social, económico y político. La confrontación teórica entre los conocimientos aprendidos y la teoría social marxista contribuye a orientar un pensamiento crítico e histórico en la profesión. Por todo ello, esta orientación y su vinculación con la clase trabajadora es constitutiva de la amplitud de los movimientos sociales regional y nacional.

b) Las prácticas de formación profesional en el Plan de estudios de la UNLP: articulación con los movimientos sociales de la región

La Facultad de Trabajo Social, fue creada recientemente (2005) aunque sus antecedentes en la universidad se remontan a 1937.[16] El plan de estudios fue construido en la etapa en que se logra la autonomía de la Facultad de Medicina (1986) con una gran participación

16. Los cursos de Cursos de Visitadoras de Higiene Social se inauguran en 1938.

de estudiantes y graduados. Se trata del Plan de estudios de 1989, de cinco años de duración, vigente hasta la actualidad[17] donde se contempla una amplia formación proveniente de las ciencias humanas y sociales junto a las prácticas de formación profesional[18] que forman parte del trayecto disciplinar. Las prácticas se organizan en cada materia teórica-metodológica denominada secuencialmente TS I a V, siendo de carácter obligatorio y se desarrollan durante cada ciclo lectivo anual. Actualmente la FTS-UNLP tiene alrededor de 1200 estudiantes, organizados en dos bandas horarias y cerca de 200 centros de prácticas. Como venimos afirmando las Prácticas de Formación Profesional son constitutivas de la formación disciplinar en el Plan de Estudios de la FTS-UNLP. Las mismas — mediadas en el proceso de formación profesional-remiten a comprender la categoría *Praxis*.

Hablar de praxis es referirse a la práctica social que es esencialmente histórica, no a la de naturaleza utilitarista, inmediata, sino aquella de la sociedad en la que se desenvuelve la lucha de las clases. Karel Kosik (1967) afirma que "en la praxis se realiza la apertura del hombre a la realidad en general. En el proceso ontocreador de la praxis humana se funda la posibilidad de una ontología, es decir, de una comprensión del ser. La creación de la realidad (humano social) es la premisa de la apertura y comprensión de la realidad en general". Desde esta concepción también, entendemos que la práctica social no se revela en su inmediaticidad sino se expresa a través de mediaciones. De allí la necesidad y exigencia teórico metodológica de aprehender el movimiento de la sociedad en sus múltiples determinaciones y relaciones como una totalidad histórica. Esta relación crítica de la teoría y la práctica se constituye en uno de los ejes orientadores de las prácticas de formación profesional. A través de las prácticas de formación se constituyen diversos espacios pedagógicos, (centros de prácticas;

17. En el último mes de julio de 2014 se aprobó un nuevo plan de estudios que entrará en vigencia en 2015.

18. Prácticas de formación profesional, experiencias en terreno, analizadas reflexivamente, que los estudiantes realizan durante los cinco años de formación, con diversos objetivos y orientaciones teórico-metodológicas según el año y la cátedra en que cursen.

talleres de la práctica, teóricos-prácticos) donde se retoman los insumos provenientes de realidad de los sujetos con los cuales se trabaja analíticamente la relación con la teoría social.

La experiencia de prácticas de formación profesional con los movimientos sociales en el marco de la cátedra de Trabajo Social V[19] comenzó en 1994 con diversos sindicatos,[20] generándonos, nuevos interrogantes y posibilidades de trabajo profesional con las organizaciones de la clase trabajadora, articulando en algunos casos en las áreas de acción social de estos gremios. Más tarde cuando hacia fines de la década de los 1990, se organizan las primeras e incipientes organizaciones que nucleaban a trabajadores desocupados, producto del proceso de cierre y privatización de numerosas fábricas en Argentina, se incorporan a los movimientos de trabajadores desocupados[21]. Con este movimiento social se desplegaron una serie de acciones entre las que se destacan los "Cursos de Formación Política para militantes populares" dictados para las diversas organizaciones en la Facultad. Durante los años 2001-2003 se incorporan a las prácticas a algunas asambleas barriales del gran La Plata[22] y en 2004 al movimiento campesino, constituido por pequeños productores familiares del área periurbana de La Plata.

---

19. Cada cátedra cuenta con centros de prácticas, donde los estudiantes eligen según el criterio de la materia, un espacio territorial o institucional donde llevar adelante las prácticas de formación profesional obligatorias. Cabe aclarar que a los fines del presente artículo estamos historizando en base al 30% de los centros de prácticas de la cátedra que corresponden a organizaciones sociales. El resto de los centros de prácticas se constituyen en dependencias estatales en su mayoría. La complejidad del quinto año involucra experiencias en cárceles, instituciones psiquiátricas, instituciones de internamiento para niños y adolescentes, hospitales especializados etc.

20. Sindicatos de trabajadores de la construcción (UOCRA), sindicato de trabajadores gastronómicos y la Asociación de Trabajadores del Estado (ATE).

21. Entre las organizaciones de trabajadores desocupados con las que se mantuvieron experiencias de articulación académica durante estos años, podemos mencionar: Movimiento de Trabajadores Desocupados "Aníbal Verón"; coordinadora de Trabajadores Desocupados "Aníbal Verón"; Corriente Clasista y Combativa; Movimiento de Unidad Popular; Movimiento de Trabajadores Desocupados de Villa Montoro; Movimiento Barrios de Pie; Movimiento Territorial de Liberación; Frente Popular Darío Santillán.

22. Nos referimos a la asamblea de Villa Elisa y a la del Barrio Autonomía de la localidad vecina de Ensenada.

Producto de la emergencia del movimiento nacional de fábricas recuperadas, desde la cátedra se incorpora a la única fábrica recuperada de la región en 2003[23] y se suman otras fábricas y sindicatos[24], como la incorporación del Sindicato de Trabajadores del Subterráneos (AGTSyP), un sindicato antiburocrático, que ya había sido centro de prácticas de la carrera trabajo social de la UBA.[25]

Resulta necesario resaltar que a partir del desarrollo de dichas prácticas con diversas organizaciones de la región, y habiendo aprehendido de la organización interna de los propios movimientos de desocupados, fuimos parte de la creación de las áreas sociales[26] al interior de algunos de los movimientos, conformadas por estudiantes, docentes y graduados de la Facultad. Esta instancia ofició como salto cualitativo para promover el diseño de líneas de intervención, planificar y ejecutar proyectos de extensión universitaria articulados a las distintas organizaciones[27] y de investigación.[28]

Todos los elementos que surgieron de las prácticas de formación y la docencia, se entrelazan en el Área de Investigación: *Movimientos Sociales, Conflicto Social y Trabajo Social. FTSUNLP*.[29] En cada una de las experiencias mencionadas los estudiantes participaron en sus procesos de formación interviniendo para el acceso y concretización

23. Nos referimos a la fábrica de papel, EX Papelera San Jorge, hoy "Unión papelera platense", recuperada por sus trabajadores en 2001.

24. Entre los años 2005 y 2007 se incorpora a la comisión de delegados de la fábrica naval estatal, Astilleros Río Santiago. En el año 2008, las comisiones internas de trabajadores del Hospital Francés y la fábrica textil Mafissa, en el Partido de La Plata.

25. Experiencia presentada como centro de prácticas por la agrupación Viejo Topo, CAUCE.

26. Se denomina de esta manera, al espacio de desarrollo de Trabajo Social al interior de los movimientos, tomando como referencia a la organización interna del movimiento de trabajadores desocupados que estaba constituido por las áreas de administración, salud, alimentos, proyectos productivos, educación y finanzas.

27. Proyectos de Extensión: "Cátedra Libre de Soberanía Alimentaria" (20012011); "Proyecto de educación popular con el MTD Aníbal Verón" (2009) y "La construcción colectiva de la memoria: De Distrito a Facultad" (2008-2010) en articulación con algunas de las organizaciones de derechos humanos.

28. Proyecto de Investigación: *Especificidad Disciplinar en Relación al Movimiento de Desocupados*, 2008-2009.

29. Área de investigación, aprobada a fines de 2009.

de derechos así como poniendo al descubierto nuevos problemas a ser abordados por la organización. Entre las experiencias, queremos mencionar las gestiones de trabajo social para el acceso a los estudios de plomo en sangre que se realizaron los trabajadores del astilleros producidos por las condiciones de trabajo, la participación en la comisión de salud laboral de los trabajadores subterráneos poniendo en evidencia la naturalización de condiciones de trabajo peligrosas; el relevamiento de salud de familias campesinas para trabajar la accesibilidad a centros de atención muy distantes; la articulación de planes de alfabetización para los desocupados así como gestiones para la accesibilidad a la tierra, trabajo con comisiones de género, entre otros. Asimismo conocer un movimiento social desde *adentro*, participar de cortes de ruta, acampes, cursos de formación política, talleres de formación, ollas populares, reuniones, asambleas etc. permite comprender esas luchas imprimiendo una marca indeleble en las prácticas de formación, que posibilitan no solo analizar la realidad, sino que nos preparan para "transformar el mundo".

c) Movimiento estudiantil, demandas urbanas y prácticas territoriales en Tandil

Al calor de las luchas pos 1983 por la recuperación y/o creación de órganos decisorios de la universidad pública con participación estudiantil, se produce en paralelo un movimiento particular de los estudiantes Trabajo Social. Se llevan a cabo numeroso encuentros de estudiantes tanto a nivel nacional como regional y local. De esos encuentros se conforma la Federación de Estudiantes de Trabajo Social (FAETS), que tiene su primer encuentro de delegados provinciales en Tandil en junio de 1985. Bajo el lema "Por un Trabajo Social Crítico, comprometido y liberador" ocupaba el centro del debate la formación profesional y en particular la modalidad de prácticas en cada unidad académica (Oliva, 2005). En ese proceso del movimiento estudiantil, que acompañaron algunos docentes, se produce en 1986 en Tandil una propuesta pedagógica para la realización de prácticas en la carrera de Trabajo Social asentada en dos instancias que tienen continuidad hasta la actualidad: espacios académicos internivel y definición de centros práctica en barrios periféricos de la ciudad.[30]

La creación del taller internivel se basa en una reivindicación vinculada a la horizontalidad en los procesos de enseñanza-aprendizaje grupales articulada a otra reivindicación basada en los principios de la Reforma del 18 referidos al involucramiento de la universidad pública en los problemas de la época. En ese sentido, la continuidad se constituye en un pilar central en el proceso de formación-intervención. En la trayectoria de más de 25 años de la modalidad pedagógica internivel se han realizado numerosas reformulaciones teórico-prácticas, ya sea, en los planes de estudio, como en la misma dinámica de incorporación de bases teóricas y la articulación de los talleres con los centros de práctica.[31] Dentro del corcet impuesto para la formación de grado en general, la modalidad internivel permite dar continuidad a procesos de intervención y formación de los futuros profesionales en relación directa a la dinámica de las luchas originadas en las desigualdades sociales con la particularidad de los pobladores de los barrios periféricos de Tandil.

La ciudad de Tandil reproduce los procesos capitalistas, con características comunes en la conformación de barrios periféricos, determinados por la falta o insuficiencia de servicios públicos tales como conexiones de agua potable, cloacas, gas de red, alumbrado, asfalto, recolección de residuos, transporte público, refugios, entre otros. Estas condiciones de vida son ejes de las prácticas territoriales por cuanto desde la universidad se realiza un doble movimiento, tanto para el conocimiento por parte de los futuros profesionales de la complejidad de la vida cotidiana en circunstancias de precariedad

30. Actualmente se han definido 7 centros de prácticas en zonas de los barrios periféricos.

31. De acuerdo al plan de estudios vigente desde 2010, las prácticas se desarrollan en 2 tramos internivel: los alumnos de 1º a 3º año en centros de práctica territoriales que forman parte del Seminario Permanente procesos de intervención I (SPPI I), mientras que durante el 4 y 5 año las prácticas se llevan a cabo con inserción en organizaciones bajo la coordinación del Seminario Permanente Procesos de intervención II (SPPI-II). No trataremos aquí las prácticas del SPPI II.

de infraestructura y equipamiento así como para desarrollar una praxis política entorno a los movimientos de reclamo.

En el primer tramo de formación se trabaja en la comprensión de la dinámica de la vida cotidiana para satisfacer las necesidades, vinculado a las relaciones de producción de la sociedad en un momento determinado. Se considera la vida cotidiana en su insuprimibilidad ontológica que "[...] no se mantiene como una relación seccionada con la historia. Lo cotidiano no se despega de lo histórico, más bien, es uno de sus niveles constitutivos: el nivel en que la reproducción social se realiza en la reproducción de los individuos como tales" (Netto, 2012, p. 23).

Nos centramos aquí en un *eje de intervención*[32] en torno a las necesidades de vivienda-hábitat, infraestructura y equipamiento urbano, que ha sido primordial en la organización de pequeños grupos, la articulación de referentes vecinales como en el desarrollo más complejo de la *demanda colectiva* retomando la tradición desarrollada por la clase trabajadora desde sus orígenes (Oliva, 2007a). Las prácticas en este proceso de formación no se restringen a una *actividad científica experimental* sino que contienen elementos fundamentales de la *praxis política* (Sánchez Vázquez, 2003). A modo de ejemplo, podemos referenciar desde esta modalidad de práctica se logró impulsar un movimiento popular entre 1992-1995 por la conexión del agua potable. Rescatamos como elemento significativo la modalidad de convocatoria a reuniones vecinales en la calle y asambleas interbarriales que motorizaron/organizaron la demanda colectiva, logrando poner en la agenda local la temática que resultó en la aprobación y realización de la obra con financiamiento público. Otras experiencias fueron la organización de vecinos entorno al saneamiento de un arroyo logrando que sea dragado, los reclamo de mejoras de las calles que consiguen obras de cordón cuneta, reclamos por la seguridad vial que se tradujeron en el ensanche de la avenida, dan cuenta de algunos resultados

32. Por cuestiones de espacio no nos referiremos a otros ejes de intervención en los que hemos participado.

papables de los procesos de intervención en el marco de la formación de profesionales del Trabajo Social.

En el transcurso de los años las necesidades habitacionales han sido abordadas con distintas modalidades, ya sea, con el formato de proyectos de autoconstrucción, con gestiones puntuales frente a desastres producidos por eventos climáticos, con reclamos de grupos por las conexiones internas de los servicios. Las tomas de tierras y viviendas en construcción de planes habitacionales en situación de abandono a partir del 2009 fijaron un escenario nuevo en la ciudad, donde se articularon diversas organizaciones en apoyo a los embates del gobierno municipal que promovía el desalojo, el impedimento a la conexión del servicio de luz eléctrica, la negativa a prestaciones básicas alimentarias. Se participa tanto en gestiones formales, elaborando cartas, entrevistando profesionales, elaborando presupuestos, como también se promueven acciones de lucha en solidaridad y contra los desalojos de las que participan a su vez organizaciones estudiantiles, sindicatos, organizaciones sociales diversas, poniendo en tensión la concepción de la propiedad privada en la agenda pública. Asimismo desde este eje se ha trabajado en el asesoramiento y organización para la regularización dominial, así como la promoción de instancias de encuentro interbarrial que fueron aportando a un espacio de asamblea por tierra y vivienda.

El movimiento estudiantil, principalmente universitario, ha promovido en los últimos años una asamblea por el transporte público, con el cual se han articulado acciones de denuncia del déficit del servicio. La inserción territorial permitió recabar información tano mediante relevamientos cuantitativos[33] como la que proviene de la

33. Hasta el momento se ha organizado en 2006 y 2011 relevamientos poblacionales autónomos de todo el territorio de los centros de práctica, alcanzando a una población de 10.000 personas. Esos relevamientos fueron realizados por la Unidad permanente de estudios y extensión de trabajo social (UPEETS) creada al calor de las luchas de los docentes universitarios, en un proceso democrático de asambleas interclaustros. En particular en la carrera de Trabajo Social organizamos debates sobre el significado de educación pública, el papel de la universidad así como sobre las prácticas.

observación directa. Se problematizó el derecho a trasladarse en contraposición con el servicio público con fines de lucro en tanto son empresas privadas la concesionarias de las líneas del transporte colectivo. Dependiendo de un posicionamiento ideopolítico estos espacios se desarrollan como praxis política plena, al ubicarse los estudiantes como sujeto y objeto.

Ponemos de manifiesto que en la universidad pública conviven diversos posicionamientos que expresan los diversos sectores de la sociedad. En esa dinámica, la direccionalidad de los procesos de intervención surge del debate de ideas, reproduciendo la *disputa ideológica entre las diversas formas de conocer e interpretar la realidad,* intentando afrontar las corrientes que equiparan fenómenos sociales y naturales abstrayendo los contenidos concretos de las relaciones que los engendran (Guerra, 2006). Coincidiendo con la autora decimos que "[...] cabe a los segmentos críticos del Servicio Social buscar, entre las diferentes formas de conocimiento e interpretación de la realidad, aquella que más se aproxime y más permita la comprensión no apenas de qué es, sino sobre todo, las tendencias, el movimiento, el devenir de esa realidad social" (Guerra, 2006, p. 2).

Los estudiantes realizan como parte de su proceso de formación actividades en terreno tales como entrevistas a referentes barriales, un minucioso trabajo de visita territorial como táctica orientada ya sea a convocar a reuniones o asambleas, consultar, mantener la circulación de la información, participación en espacios con diversos profesionales en espacios interinstitucionales, con referentes vecinales, con funcionarios etc. Se pretende poner en tensión la forma de pensar superficial, inmediata y pragmática tanto de los pobladores como de los estudiantes en un proceso de organización de la demanda colectiva. El salto cualitativo en el conocimiento y en la conciencia se produce en distintos momento de la trayectoria del proceso de intervención. En la formación estas experiencias acompañan el trabajo que se realiza desde distintas asignaturas que brindan fundamentos teóricos para la comprensión de las desigualdades presentes en la sociedad capitalista.

Problematizando la relación Trabajo Social, organizaciones y movimientos sociales

Entendemos que para fortalecer el vínculo entre el Trabajo Social y los movimientos sociales, no basta con estudiar dichas organizaciones. Es necesario participar, reflexionar y tener una posición teórico-política respecto de las disputas hegemónicas por la dirección social de la sociedad. En esa compleja y contradictoria trama, se ubica el profesional — con las posibles rupturas de mandatos conservadores — como interlocutor válido de los Movimientos de resistencia al avance del capital, siendo consciente del tipo de proyecto societal que se busca fortalecer. Volver la mirada hacia la sociedad civil, no supone comprender la relación entre Movimientos Sociales y Trabajo Social, en contraposición a la intervención profesional en el Estado; vale decir "un trabajo social con los movimientos" y "un trabajo social en las instituciones estatales", sino desentrañar los elementos constitutivos de estas experiencias profesionales, las cuales tienen particularidades a ser estudiadas. Desde los propios espacios de trabajo, que contratan profesionales se requiere articular con estos espacios de organización social, tanto en los ámbitos de implementación de políticas sociales[34] para estos sectores como *en las* diversas esferas institucionales[35] y del colectivo profesional. Poder intervenir y abordar las problemáticas manifestadas en la dinámica de las condiciones concretas de existencia de los integrantes de un Movimiento social nos permite aportar desde una mirada de totalidad, ya que las organiza-

34. En general los ministerios a nivel nacional contratan trabajadores sociales para la implementación de diversos programas y proyectos que se desarrolla en territorio. Muchas veces de forma encubierta van sólo dirigidos a organizaciones afines a la política gubernamental siendo tarea de los trabajadores sociales buscar la ampliación superando los mecanismos excluyentes.

35. Nos referimos a los espacios de inserción clásicos como escuelas, centros de salud etc. que reciben población usuaria que en muchísimos casos se organiza colectivamente pero se invisibiliza como actor social en las instituciones que priorizan un trabajo individual y familiar sin tener en cuenta esta dimensión o determinante.

ciones no fragmentan los problemas sociales. De esta manera, y acompañando las estrategias de lucha que se dan los diversos sujetos colectivos, participamos efectivamente en la ampliación de los derechos sociales pero articulando con un sujeto colectivo organizado que tiene capacidad de colectivizar las demandas individuales y convertirlas en procesos de lucha para conquistar parcial, o totalmente las mismas. Asimismo las actividades en un movimiento u organización social requieren desplegar los conjuntos de *recursos*[36] que en la mayoría de los casos, deben ser creados y/o recreados en los procesos de intervención.

Las tácticas[37] desplegadas en entrevistas, visitas domiciliarias, encuentros, reuniones que se realizan de "compañero, a compañero" pueden incorporarse a las lógicas de la organización interna. Desde allí, es posible superar la práctica tradicional, donde muchas veces, se conoce desde un lugar "adjudicado" de superioridad, donde se pretende aplicar instrumentos pre-establecidos y donde se busca adecuar la demanda a los recursos preestablecidos en las instituciones. Estas experiencias se fundamentan en la posibilidad de no secundarizar el análisis de la sociedad civil, que tal como alertara Iamamoto (2003) queda oscurecida respecto del énfasis colocado al estado las políticas sociales y las instituciones. La autora afirma que "ocultar la sociedad civil implica encubrir el movimiento de transformación histórico que ocurre en el presente" (Iamamoto, 2003, p. 269).

Los movimientos sociales contemporáneos, que enfrentan la programática del capital, en su etapa financiera, brindan innúmeros elementos para comprender cómo se organiza la resistencia de las clases subalternas desde dimensiones sociales, políticas, económicas y culturales. Y los Trabajadores Sociales, con nuestro "horizonte de intervención en la vida cotidiana", como dimensión ineliminable del ser social, podemos percibir esos cambios desde el seno de su gestación

36. Hacemos referencia a prestaciones, recursos de funcionamiento, visuales, escritos, así como el tiempo, los recursos profesionales y los vínculos (Oliva, 2007b).

37. Ver Oliva, A. Mallardi M. (2011).

buscando fortalecer prácticas sociales que rompan con el clientelismo, espacios de base que se diriman en construcciones democráticas, colectivización de demandas individuales. Significa identificar las contradicciones internas que las propias organizaciones reproducen, para tener claro cómo y en qué, aportar en la superación de las mismas, acercando los niveles de aspiraciones ideales de las organizaciones, con los espacios y prácticas concretas que muchas veces ponen en tensión y se alejan de las aspiraciones que se tienen. Ello se realiza en pos de enfrentar la impronta conservadora en cuanto "*conexión reactiva* entre el trabajo social y el protagonismo del proletariado" (Netto, 1992, p. 73).

La experiencia del Trabajo Social en los movimientos sociales nos aporta innumerables elementos en la comprensión rigurosa de la "cuestión social". Tenemos a nuestro alcance los emergentes para la construcción de mediaciones conceptuales que descifren los actuales procesos de los movimientos sociales y organizaciones de los trabajadores y los proyectos societales en los que estos se inscriben.

Referências

ANTUNES, R. *Los sentidos del trabajo Ensayo sobre la afirmación y la negación del trabajo*. Buenos Aires: Herramienta Ediciones, 2005.

BORGIANNI, E.; GUERRA, Y.; MONTAÑO, C. *Servicio Social crítico*: hacia la construcción del nuevo proyecto ético-político profesional. São Paulo: Cortez, 2003.

CHIRICO, R.; BORGOGNONI J.; SUPPICICH, María G. *Nuevas historias de una vieja lucha. La recuperación de empresas por sus trabajadores.* Neuquén: Educo, 2006.

GARDEY, M. V. et al. Procesos de reformulación del plan de estudios: lineamientos curriculares y fortalecimiento de prácticas en la formación de profesionales del Trabajo Social. In: ENCUENTRO ACADÉMICO DE LA FEDERACIÓN ARGENTINA DE UNIDADES ACADÉMICAS DE TRABAJO SOCIAL (FAUATS), Mendoza, Universidad Nacional de Cuyo, 2010.

GUERRA, Y. *Ontología social, formación profesional y política*. Tandil: GIyAS, 2006.

IAMAMOTO, M. *El Servicio Social en la contemporaneidad*. São Paulo: Cortez, 2003.

IÑIGO, C. N.; COTARELO, María C. Argentina, diciembre de 2001: hito en el proceso de luchas populares. In: SEOANE, J. (Comp.). *Movimientos sociales y conflicto en América Latina*. Buenos Aires: Clacso, 2003.

KOSIK, K. *Dialéctica de lo concreto*. México: Grijalbo, 1967.

LEVINAS, G. Persecución política en la Facultad de Periodismo de La Plata. Disponível em: <http://www.plazademayo.com/2013/05/persecucion-politica-en-la-facultad-de-periodismo-de-la-plata/> Acesso em: 3 abr. 2014.

MAMBLONA, C. Movimiento de trabajadores desocupados y conciencia de clase ("Volvimos con otra cabeza") a través de la praxis política. Tesis de Maestría, FTS-UNLP, 2012.

______; REDONDI, V.; OBACH, M. et al. Movimientos sociales y universidad: reflexiones en torno a la articulación entre movimientos sociales y la Cátedra de Trabajo Social V de la Facultad de Trabajo Social de la Universidad Nacional de la Plata. In: CONGRESO IBEROAMERICANO DE EXTENSIÓN UNIVERSITARIA "EXTENSIÓN Y SOCIEDAD", 10., Montevidéu, out. 2009.

MANSILLA, S.; SUPPICICH, G.; GROMAZ, V.; VISCARRA, A. La perspectiva crítica en la formación del Trabajador Social bajo el principio de libertad de cátedra. Una experiencia colectiva de trabajo. In: ENCUENTRO FORMACIÓN ACADÉMICA Y PROCESOS DE REFORMA CURRICULAR EN LAS CARRERAS DE TRABAJO SOCIAL, Luján, 29 set./1 out. 2004.

NETTO, J. P. *Capitalismo monopolista y Servicio Social*. São Paulo: Cortez, 1997.

______. "Para una crítica de la vida cotidiana". In: CAPPELLO, M.; MAMBLONA, C. (Comp.). *Trabajo Social: crítica de la vida cotidiana y método en Marx*. La Plata: ICEP-CATSPBA, 2012.

OLIVA, A.; MALLARDI, M. (Comp.). *Aportes táctico operativos a los procesos de intervención del Trabajo Social*. Tandil: UNICEN, 2011.

______. *Trabajo social y lucha de clases. Análisis histórico de las modalidades de intervención en Argentina*. Buenos Aires: Imago Mundi, 2007a.

OLIVA, A.; MALLARDI, M. *Los recursos en la intervención profesional del Trabajo Social*. Buenos Aires: Ediciones Cooperativas, 2007b.

______. Contribución a la historia de FAETS. In: CATALANO, J.; RECK, M. (Comp.). *FAETS, 10 años de vida y de lucha*. Buenos Aires: Federación Argentina de Estudiantes de Trabajo Social, 2005.

PIVA, A. *El país invisible*. Debates sobre la argentina reciente. Buenos Aires: Continente, 2011.

______. Vecinos, piqueteros y sindicatos disidentes: la dinámica del conflicto social entre 1989 y 2001. In: BONNET, A.; PIVA A. (Comp.). *Argentina en pedazos*: luchas sociales y conflictos interburgueses en la crisis de la convertibilidad. Buenos Aires: Continente, 2009.

RUPAR, B. La otra historia. *Pensar Históricamente. Pasado, Presente, Futuro*, año 2, n. 2, Primeiro semestre de 2012, ISSN 1853-8843.

SANCHEZ VAZQUEZ, A. *Filosofía de la praxis*. Buenos Aires: Siglo Veintiuno, 2003.

SARTELLI, E.; KABAT, M. La Cátedra Historia Argentina III-B Paralela. Por la recuperación de las mejores tradiciones universitarias argentinas. *El Aromo*, n. 46, jan./fev. 2009.

SVAMPA, M. Argentina, una década después Del "que se vayan todos" a la exacerbación de lo nacional-popular. *Nueva Sociedad*, n. 235, set./out. 2011.

LEIA TAMBÉM

▶ SOCIOLOGIA DOS MOVIMENTOS SOCIAIS

Maria da Glória Gohn

Coleção Questões da nossa época
volume 47

2ª edição (2014)
128 páginas
ISBN 978-85-249-2179-7

A obra destaca dois tempos históricos distintos no campo da sociologia dos movimentos sociais: 2011/2012 e 1968. Primavera Árabe, Indignados na Europa e Occupy Wall Street, são analisados inicialmente; as mobilizações no Brasil atual são tratadas na segunda parte; e na terceira, aborda-se o famoso Maio de 1968 na França.No posfácio desta nova edição, a autora aborda fenômenos sociais mais recentes como as Manifestações de junho de 2013.

LEIA TAMBÉM

▶ **SOCIEDADE CIVIL E DEMOCRACIA**
um debate necessário

Maria Lúcia Duriguetto

1ª edição (2007)
240 páginas
ISBN 978-85-249-1292-4

Os conceitos de sociedade civil e de democracia são discutidos com rigor e competência neste livro, que busca qualificar o debate e colocar as ideias no lugar. O leitor irá encontrar neste trabalho uma abordagem do tema do ponto de vista crítico e a perspectiva de superação dos marcos burgueses, que limitam as possibilidades da democracia e distorcem o campo da sociedade civil como arena de lutas e possibilidades emancipadoras para as classes trabalhadoras e a humanidade.

LEIA TAMBÉM

▸ COTIDIANO, CONHECIMENTO E CRÍTICA

por uma abordagem interdisciplinar

José Paulo Netto
Maria do Carmo Brant de Carvalho

10ª edição - 1ª reimpressão (2014)
96 páginas
ISBN 978-85-249-1902-2

A partir de referenciais clássicos no debate sobre a vida cotidiana (Lukács, Lefèbvre, Heller), os autores, com enfoques diferentes, abordam uma temática atual com as maiores implicações práticas para assistentes sociais, educadores e cientistas sociais. Neste livro são enfrentadas questões como: o que é a cotidianidade, quais as suas características, quais os requisitos críticos e as categorias teóricas imprescindíveis para o seu estudo.

GRÁFICA PAYM
Tel. (11) 4392-3344
paym@terra.com.br